우당퉁탕
프로젝트
수업

우당탕탕 프로젝트 수업

초판 1쇄 발행   2023년 12월 15일

지은이 배움의 숲 나무학교 PBL센터

발행인 김병주
기획편집위원회 김춘성, 한민호
마케팅 진영숙
에듀니티교육연구소 이문주, 백헌탁
디자인 디자인봄

펴낸 곳 (주)에듀니티
도서문의 070-4342-6110
일원화 구입처 031-407-6368 (주)태양서적
등록 2009년 1월 6일 제300-2011-51호
주소 서울특별시 중구 남대문로 117, 11층
출판 이메일 book@eduniety.net
홈페이지 www.eduniety.net
페이스북 www.facebook.com/eduniety
인스타그램 www.instagram.com/eduniety/
　　　　　 www.instagram.com/eduniety_books/
포스트 post.naver.com/eduniety

문의하기

투고안내

ISBN 979-11-6425-158-2 (13370)
값은 뒤표지에 있습니다.

5가지 주제로 만나는
15편의 살아있는 프로젝트 수업

우당퉁탕 프로젝트 수업

배움의 숲 나무학교 PBL센터 지음

에듀니티

차례

들어가며

수업을 공유한다는 것은
꽤 용기가 필요한 일입니다

'PBL센터'는 충남교사학습공동체 '배움의 숲 나무학교'에서 시작되었습니다. 나무학교 교육과정에 참여한 선생님들 중에서 프로젝트 수업에 관심이 있는 사람들이 모여 2019년부터 프로젝트 수업과 교육현안을 연구하고, 수업 철학을 공유하며 수업을 나누고 성찰하고 있습니다. PBL센터의 구성원과 공동체의 건강한 성장을 목표로 한 달에 한 번 오전부터 오후까지 함께하며 '함께 성장할 수 있는 안전하고 단단한 공간'을 만들고자 노력하고 있습니다. 프로젝트 수업이 학교에서의 배움을 학생의 삶과 연결하는 것을 목표로 하듯 PBL센터가 프로젝트 수업을 중심으로 공동체 안과 밖의 선생님을 연결하는 매개체가 될 수 있도록 공유회와 연수, 강의를 통해 그동안 실천했던 프로젝트 수업 사례를 나누며 프로젝트 수업에 관심이 있는 선생님들과 만나고 있습니다.

수업을 공유한다는 것은 꽤 용기가 필요한 일입니다. PBL센터의 프로젝트 수업 사례를 출판하는 일에도 용기가 필요했습니다. 모범답안 같은 사례를 제시하는 것이 아니라 교실에서 경험한 '있는 그대로'의 프로젝트 수업을 전달하고자 했기에, 수업 사례를 원고로 작성하면서도 지난 프로젝트 수업에 대한 아쉬운 점을 발견하곤 합니다. 협업하는 문화를 조성할 때에도, 수업 시간을 조절할 때에도, 결과물을 발표할 때에도 많은 어려움을 경험했습니다. 새로운 프로젝트 수업을 구상하는 것도 여전히 어렵습니다.

그럼에도 수업에서 어려웠던 점을 분석하고 아쉬웠던 점들을 개선하면서 더 나은 프로젝트 수업을 꿈꾸고, 도전하고 있습니다. 프로젝트 수업을 실천하고, 때로 실패하며 교사로서 많은 성장을 했다고 생각합니다. 실천하는 과정에서 PBL센터 선생님들이 느끼고 경험한 어려움과 한계점, 개선 방안을 바탕으로 독자들이 '이렇게도 프로젝트 수업을 할 수 있구나.', '여기서 부족한 부분을 보완해서 하면 되겠다.', '내 수업에 적용해 볼 만 하겠어.'와 같이 편안한 마음으로 프로젝트 수업에 도전하기를 바랍니다.

하나의 수업을 이해하기 위해서는 교사의 수업 철학과 그 수업이 이루어진 학교 상황, 학습자의 특성에 대한 이해가 선행되어야 한다고 생각합니다. 왜 그러한 수업 주제를 선정하였는지, 왜 그러한 활동을 하였는지, 보다 나은 수업을 함께 고민하는 주체로서 따뜻한 시선으로 봐주시길 부탁드립니다.

함께 하는 사람들이 나를 평가하는 사람들이 아니라 나와 같은 마음으로 수업을 고민하는 사람들임을 알게 되는 순간, 우리는 보다 편안하게 수업에 대해 이야기할 수 있습니다. 이번 사례집을 통해 어려운 교육 현실임에도 여전히 수업에 대해 고민하고 공부하는 교사들이 있음을, 수업에 어려움을 겪고 고민하는 것이 나뿐만이 아님을 알아주시길 바랍니다. 수업을 나누는 것이 교사인 나와 나의 수업을 평가받는 일이 아니라, 수업에서 어려웠던 점을 함께 고민하고 극복하는 기회가 될 수 있음을 공감하고 실천하기를 바랍니다.

프로젝트 수업을 함께 공부하고 실천하며 용기 있게 사례를 작성해주신 PBL센터 선생님들께 감사드립니다. 또한, 프로젝트 수업 사례집의 필요성에 공감하며 더 넓은 세상으로 사례를 나눌 수 있는 기회를 주신 충청남도 교육청과 섬세한 피드백으로 책의 완성도를 높여주신 에듀니티 대표님과 편집부에 감사의 인사를 드립니다.

프로젝트 수업 찬찬히 살펴보기

이예솔 대산고등학교

프로젝트 수업은 무엇일까?

프로젝트 수업이란 학습자가 교사, 동료, 전문가 등과 상호작용하며 다양한 방식의 탐구 활동으로 주로 실제 세계와 연결된 복잡한 문제 혹은 질문을 해결하면서 일정한 학습 목표를 달성하는 수업방식이다. 학생들은 탐구질문에 답하기 위해 주도적으로 학습과정에 참여하면서 내용지식과 역량을 습득하게 된다. 질문에 대한 학생들의 답이 담긴 최종결과물은 여러 형태로 교실 안팎의 청중들에게 공개된다.

프로젝트 수업은 기존의 장소기반학습(Place-based Learning), 문제기반학습(Problem-based Learning), 디자인 챌린지(Design Challenge), 가상상황 활용 수업(Simulation-based Learning)과 비슷한 특징을 가지고 있기도 하다. 모형들과 무조건 다르다고 인식하기보다 유사한 점들을 가지면서 확장된 수업이라고 이해하는 것이 좋겠다.

여전히 프로젝트 수업을 한마디로 정의하는 것은 매우 어렵다. 학교급에 따라, 교사에 따라, 개별 학생 및 과목에 따라 프로젝트가 다채롭게 활용되고 변주될 수 있기 때문이다.

'좋은 프로젝트 수업은 무엇일까?'라는 질문에 대한 대답 역시 여러 가지가 나올 것이다. 우리 공동체 역시 이 질문에 대한 고민을 많이 했다. 좋은, 훌륭한, 검증된, 진짜 배움이 일어나게 하는 '제대로 된' 프로젝트 수업을 기획하고 운영하고 싶다는 마음으로 여러 연구 논문과 책, 사례들을 공부하였다. 그중 프로젝트 수업에 있어 가장 권위 있는 단체로 꼽히는 벅 교육협회(Buck Institute for Education)[1]의 골드 스탠더드 PBL(Gold Standard PBL)을 중심에 두고 우리의 수업을 비평하고 개선해 왔다. 'GSPBL'이라고 줄여 부르는 이 특징들은 어떤 프로젝트가 학생들에게 의미 있을지, 교사는 어떤 것들을 고려하여 프로젝트를 기획하고 운영해야 하는지 알려준다.

골드 스탠더드 PBL(Gold Standard PBL) 살펴보기[2]

다음 표는 프로젝트 기반 학습이 다른 교육방식이나 접근, 단순 활동들

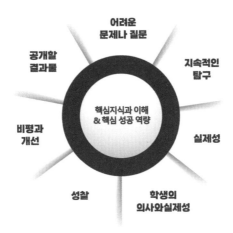

---

1 벅 교육협회(Buck Institute for Education)는 현재 "PblWorks"로 리브랜딩하여 리브랜딩하여 교사들을 위한 세미나와 연수 등을 개최하고 있으며 홈페이지에 다양한 자료를 공유하고 있다.

2 골드 스탠더드 PBL: 필수 프로젝트 디자인 요소' 참고 및 재구성. 벅 교육협회. 2023.05.30.

과 어떤 차이가 있는지 보여준다. 골드 스탠더드 PBL을 구성하는 다음의 7가지 필수 요소들은 교사가 프로젝트를 설계할 때 무엇이 필요한지 기준을 제공하고 수업을 효과적으로 수행할 수 있도록 돕는다.

학습 목표

카메라 렌즈가 제일 중요한 부분에 초점을 맞추듯 위 렌즈맵의 가장 중심에는 학습 목표에 해당하는 '핵심 지식과 이해, 핵심 성공역량'이 있다. 주변의 7가지 필수 요소들은 학생들이 이 학습 목표를 달성할 수 있도록 수업을 설계할 때 반드시 고려해야 하는 것들이다. 프로젝트의 세부사항은 상황에 따라 조금씩 달라질 수 있지만 프로젝트 수업의 궁극적인 목표는 학생들의 핵심 지식과 이해, 핵심 성공역량의 달성이다.

• 핵심 지식과 이해

핵심 지식은 학생들이 프로젝트의 질문에 답하고 문제해결을 위해 알아야 하는 필수 내용이다. 이해는 핵심 지식을 다양한 맥락에 연결하며 실제 문제나 새로운 상황에 적용할 수 있는 능력이다. 이해는 지식을 단순히 기억하는 것을 넘어서는 개념으로 교과서에 나온 정의를 그대로 외우거나 인터넷 검색을 통해 피상적인 지식을 습득하는 것으로 달성될 수 없다. 학습자 본인의 생각과 분석을 더해진 심층적인 이해로 가는 것이 중요하다.

• 핵심 성공역량

GSPBL에서는 학생들이 배운 지식을 이해하는 것에서 한 번 더 나아가는 것을 목표로 한다. 성공역량은 현실 세계에서 효과적인 협력과 문제해결에 기여할 수 있는 인지 및 대인 기술을 종합적으로 일컫는 말이다. 기관에 따라 학자나 학교, 교육기관, 교사 등에 따라 여기에 무엇을 포함시킬지 달라진다. 부르는 이름도 성공역량, 미래역량, 21세기 역량 등 다양하다. 벅 교육협회(BIE)는 가장 중요한 역량 3가지를 다음과 같이 구체적으로 제시한다.

1) 비판적 사고력 2) 협업능력 3) 자기관리 능력

이 성공역량은 프로젝트를 통해 달성할 목표이기도 하지만 동시에 성공적인 프로젝트를 위한 필요조건이기도 하다.

7가지 핵심 요소

• 어려운 문제나 질문

프로젝트에는 해결 또는 대답해야 하는 유의미한 질문이나 문제가 주어진다. 문제는 학생들이 현재 지닌 능력을 바탕으로 여러 방식의 탐구와 교사를 비롯한 전문가들의 적절한 도움을 받아 해결할 수 있는 수준이어야 한다. 학생들에게 도전의식을 불러일으키고 지식과 역량이 향상되도록 하는 복잡한 질문과 문제 상황을 제공하는 것이 중요하다.

• 지속적인 탐구

학생들은 문제를 해결하는 과정에서 질문을 제기하고, 필요한 자원을 탐색하고, 자료와 정보를 적용하는 활동을 한다. 질문들에 대한 해답을 찾아가면서 연결된 질문들을 떠올리고 이를 더 파고들수록 깊이 있는 탐구가 가능하다.

• 실제성

프로젝트는 실제 세계와 관련된 상황, 도구, 기준을 포함한다. 학생들이 일상이나 학교에서 실제로 겪는 문제, 개인적인 관심사, 지역과 국내·외에서 발생하는 여러 사회적 이슈 등이 프로젝트의 주제가 된다. 탐구과정에서 쓰이는 여러 도구와 전문가와의 소통방법, 결과물을 공개하는 방식에 서도 실제성을 높일 수 있다.

• 학생의 의사와 선택권

학생들은 어떤 결과물을 제작할 것인지, 어떻게 조사할 것인지 등 프로 젝트에 대해 아이디어를 표현하고 대안을 제시할 수 있는 권한을 가질 수 있다. 교사는 학생들이 프로젝트 수업에 친숙한지, 주제에 대한 배경지식 을 가지고 있는지, 새로운 문제에 도전하고 동료들과 협력하는 교실 문화 가 형성되어 있는지 등을 종합적으로 고려하여 어느 정도의 선택권을 줄지 결정해야 한다. 학생과 학급이 적극적으로 자신들의 목소리를 낼 준비가 되지 않았는데 결정해야 할 것이 많을 경우에는 오히려 학습에 걸림돌이 될 수 있다.

• 비평과 개선

프로젝트 진행 과정과 결과물의 질을 향상하기 위해 교사, 전문가, 멘토, 동료학습자들과 피드백을 주고받는다. 학생들은 이를 적극적으로 학습에 활용하며 자신의 배움을 점검하고 개선한다.

• 성찰

학생과 교사는 프로젝트가 효과적으로 이뤄졌는지, 결과물은 어떤지, 어 려운 점과 이를 어떻게 극복할 수 있었는지 등을 생각해보고 돌아봐야 한 다. 성찰은 프로젝트 전 과정에서 이루어져야 한다. 지속적인 성찰은 프로 젝트의 원활한 운영을 돕고 학생과 교사의 혼란을 줄인다.

• 공개할 결과물

학생들은 프로젝트의 결과물을 교실 밖의 다양한 사람들에게 전시하거나 발표를 통해 대중에게 공개한다. 결과물을 교실 밖에 공개할 때 학생들은 보다 향상된 결과물을 만들기 위해 최선을 다하게 된다. 또한, 여러 사람이 본인들의 수행을 진지하고 가지 있는 것으로 받아들이는 모습을 보며 성공적인 학습 경험을 쌓는다.

GSPBL이 너무 멀어 보이는 당신에게

과연 내가 열심히 준비한 프로젝트 수업이 처음부터 끝까지 완벽할 수 있을까? 그건 거의 불가능하다. 어떤 수업도 한 치의 부족함 없이 완전하기란 쉽지 않을 것이다. 사실 어떤 프로젝트가 학생들에게 상당히 유의미하고 성공적으로 마무리되었다고 해도, GSPBL이라는 '완벽한' 기준에 비추어보면 못 미더운 부분이 분명 있을 수 있다.

처음부터 GSPBL의 필수 요소를 다 갖춘 흠집 없는 프로젝트를 준비하다가는 쉽게 지치거나 포기하기 십상이다. 본격적인 프로젝트 수업 전에 교사도 어느 정도 자신 있고 학생들도 무리 없이 할 수 있도록 몇 가지의 필수 요소만 담은 비교적 단순한 프로젝트를 시도하거나, 프로젝트에서 쓰일 탐구방법이나 도구를 이전 활동에서 반복하여 써보는 것도 도움이 될 것이다.

프로젝트 수업에서 정말 중요한 것은 교사와 학생이 함께 시도하며 부딪혀보는 과정에서 배우고, 다음 프로젝트에서는 부족했던 부분을 보완해 나가는 것이다. 이런 반복된 과정을 통해 수업은 개선되고 학생들은 발전할 수 있다. 프로젝트 수업을 통해 교사는 학생들에게 '같이 도전해보자', '실패하는 과정에서도 배우자'는 태도를 직접 행동과 문화로 보여줄 수 있다. 교사의 도전하는 마음가짐과 문제 상황을 극복하려는 태도는 학생들의 동기 수준 향상에 큰 영향을 주며 그 자체로서 학생들에게 살아있는 본보기가 된다. 학생들에게 도전하는 용기, 회복하는 마음을 말로만 강조하는 것과는 분명 학생들에게 전달되는 울림이 다를 것이다.

프로젝트 수업 주제는 뭐로 해야 할까?

프로젝트 수업의 주제를 선정하는 방법은 여러 가지가 있다. 실제 세계에서 일어나는 일이나, 학생들의 삶과 맞닿은 부분에서 주제와 탐구 질문을 선정하여 프로젝트로 진행할 수 있다. 어떤 아이디어, 질문, 주제가 프로젝트 수업에서 다뤄질 수 있는지 살펴보자.

학생들의 일상

- 우리가 마시는 물은 얼마나 깨끗한가?
- 소비자들이 가장 선호하고 신뢰하는 제품과 브랜드는 무엇일까?
- 우리 가족에게 최적의 인터넷 요금제는 무엇일까?
- 많은 수의 학생들과 반이 어떻게 하면 합리적으로 운동장을 나눠 쓸 수 있을까?
- 등·하교 시 불편을 야기하는 학교 주변 불법 주차를 어떻게 하면 줄일 수 있을까?
- 우리 학교를 지나가는 버스 노선을 어떻게 효율적으로 바꿀 수 있을까?
- 크리스티아누 호날두와 케빈 더 브라이너 중 누가 더 훌륭한 선수인가?
- 내가 사는 동네 혹은 우리학교의 쓰레기 처리 시스템을 어떻게 효율적으로 개선할 수 있을까?

지역사회와 관련된 주제

- 우리 지역에서 농산물을 재배하는 데 어려운 점과 해결방안은 무엇이 있을까?
- 우리 지역 역사에서 가장 큰 영향을 끼친 사건 혹은 개발은 무엇인가?
- 도시의 특정 구간에서 공공 조명을 가장 효율적으로 운영하는 방법은 무엇일까?
- 어떻게 하면 지역사회를 통해 나와 세상을 더 행복하게 만들 수 있을까?
- 학교 앞 신호등 설치 확대 제안하기
- 관광지화되는 우리 동네 발자취 기록하기
- 노인 인구가 늘어나는 우리 지역 복지정책 제안하기

시사, 글로벌 이슈

- 동물의 권리 보호를 위한 올바른 행동은 무엇인가?
- 유전자 조작 식품은 안전한가?
- 우리 농산물 종자와 토종 씨앗을 지킬 수 방법은 무엇일까?
- 지속가능한 우리 농산물을 재배하기 위해 어떻게 해야 할까?
- 세계 난민 위기를 극복하기 위해 진행된 국제적 협력은 어떤 것들이 있을까?
- 세계 난민 위기는 어떻게 심화되었으며 우리는 어떤 도움을 줄 수 있을까?
- 6.25 전쟁을 겪은 우리 지역 주민의 이야기를 소개하는 팟캐스트 방송 제작하기
- 미얀마와 우리나라의 민주화 운동 비교하기

환경 관련 주제

- 기후변화는 우리나라 혹은 우리 지역의 동·식물에 어떤 영향을 미칠까?
- 우리 교실과 학교의 공기 질을 어떻게 개선할 수 있을까?
- 주변 지역의 동·식물 서식지 파괴 사례 분석하고 해결방안 찾기
- 우리 지역 자연환경을 소개하는 동·식물 도감 제작하기
- 지역의 공공 공원이나 동물원 설계하기

교육과정 성취기준에서 확장

- 성취기준) 가족생활 설계의 필요성을 인식하고 미래의 안정적인 가족생활을 준비하기 위한 요소를 파악하여 설계한다.
- 탐구질문) 복지서비스를 통해 우리 가족 삶의 질을 어떻게 높일 수 있을까?

- 성취기준) 연립 일차방정식 혹은 통계 지식을 다양한 상황에 적용한다.
- 탐구주제) 나와 우리 가족의 휴대전화 사용 패턴에 대한 데이터 분석 및 통계를 통해 최적의 휴대전화 요금제 찾기

다양한 진로와 직업 관련

- 엔지니어, 공학: 토목기술자로서 어떻게 하면 나사(NASA)의 설계 프로세스를 사용하여 구조 효율성이 높은 다리를 구축할 수 있을까?
- 경영, 경제, 디자인: 지역 상인들의 인터뷰를 통해 각 업체가 요구하는 것을 조사하고 판매상황을 분석하여 적합한 웹사이트 구축하기
- 행정: 지역에서 지속 가능한 관광산업을 개발하고 홍보하며 적절한 세금 지출 계획 세우기
- 과학, 환경: 우리 지역의 숲과 산이 봉착한 문제점은 무엇이며, 더 건

강한 상태로 만들 수 있는 방법은 무엇일까?

우리나라 금강송의 멸종 위기 및 산림 문제에 대한 인과관계를 연구하고 해결방안 제시하기

새로운 아이디어를 떠올리기 힘들다면? 기존 수업과 자료를 활용하자!

교과서에 있는 추가 활동이나 교사용 지도서에 있는 심화내용 혹은 보충 활동 등을 활용할 수도 있다. 예를 들어, 과학 교과서의 단원 마무리 부분에서 다른 활동보다 조금 더 긴 시간과 탐구가 필요한 실험이 제시되어 있다면 이것에 GSPBL의 요소들을 보완하여 프로젝트 수업으로 깊이를 더하고 범위를 넓힐 수 있다. 비교적 단순한 실험을 실생활 문제와 접목하기, 학생들이 직접 가설설정을 해보며 오개념과 핵심 개념을 추출하기, 데이터를 수집 및 정리하여 다양한 결과물로 표현하기 등으로 확장하면서 기존의 활동을 중 · 장기 프로젝트로 개선시킬 수 있다.

프로젝트 수업 설계 과정

프로젝트 수업을 설계할 때 반드시 다음에 제시하는 순서대로 설계해야 하는 것은 아니다. 다만, 이 단계를 따라 프로젝트 수업을 설계하면 정말 중요한 부분을 빠뜨려 중간에 우왕좌왕하는 일이 적어진다. 교사가 전반적인 계획과 필요한 활동들을 짜임새 있게 구성했을 때 수업 시간에 발생하는 많은 돌발 상황에도 유연하게 대처할 수 있다. 또한, 교사가 세심하게 준비하고 여러 상황을 미리 고려할수록 학생들은 자신의 학습에 더 많은 선택권을 가질 수 있다.

1. 상황 분석

1) 학생과 교실상황 분석

2) 프로젝트 실시 시기, 기간 결정

3) 참여하는 과목, 교사 결정 (단일교과 혹은 융합교과)

2. 프로젝트 아이디어 구상

1) 해당 교과, 학년, 학기, 단원의 핵심 지식과 이해(성취기준) 분석

2) 가르치고 평가할 핵심 지식과 이해, 핵심역량 구체화

3) 프로젝트 결과물 결정

3. 프로젝트 구체화하기

1) 프로젝트 주제와 탐구질문 작성

2) 도입 활동 구상

3) 탐구질문과 관련된 하위질문 목록 작성

   - 수업 중 학생들이 목록을 작성할 수 있는데, 교사가 학생들로부터 나올 질문들을 미리 예측해보고 필수 하위질문들 작성

4) 교수 · 학습 계획

5) 형성평가와 총괄평가 계획 및 채점기준표 작성

6) 프로젝트 일정표 작성

프로젝트 수업 이런 점이 좋아요!

이미 프로젝트 수업에 대해 수년간의 연구가 이루어지고 있고 학교 현장에서도 프로젝트 수업은 큰 지지를 받아왔다. 점점 더 많은 교사와 학교

가 프로젝트 수업을 시도하고 의미 있는 배움을 위해 고군분투하고 있다. 사실 프로젝트 수업의 정의와 마찬가지로 이 수업의 효과에 대해 '이런 점은 무소선 좋다'고 표현하는 것은 불가능하다. 프로젝트가 다루는 범위, 교사와 학교의 상황, 적용방식, 학습자 특성 등에 따라 수업은 매우 다양하게 구현되기 때문이다. 하지만 우리 공동체가 프로젝트 수업을 공부하며 읽은 여러 책과 논문, 연수 및 강의에서 만난 교사들의 경험을 종합하면 프로젝트 수업은 다음과 같은 뚜렷한 효과들을 보였다.

교실 안과 밖의 연결

프로젝트 수업을 진행하는 교사들은 학생들이 수업에서 배우고 경험한 것들을 자신의 삶에서 의미 있게 적용하기를 바란다. 프로젝트 수업에서 다루는 주제와 질문들은 학생들의 일상, 주변, 혹은 지역에서 과거에 발생했든 현재에 진행 중이든, 미래에 닥칠 일이든 실세계와 관련이 있다. 물론, 매우 추상적인 생각이나 개념을 탐구하는 프로젝트들도 많다. 하지만 이런 질문들을 다룰 때에도 학생들은 다양한 사례를 조사하고 적용 가능한 상황들을 생각해보고 해당 주제를 다루는 문학, 영화, 기사, 역사적 사건 등을 살펴보며 이 배움을 자신의 일부로 만들어나간다. 학생들은 학습 내용을 단순히 교과서에서만 다루는 내용이라거나 본인들과 동떨어진 곳에서 일어나는 사건이라고 생각하지 않게 된다. 자연스럽게 학생들의 동기를 올리고 지적 호기심을 자극할 수 있다. 학생들이 실제로 사용되는 도구 및 기술을 활용하게 하거나 국내 혹은 국제적인 교류에 참여하는 것 등으로 교실 안과 밖을 더욱 잘 연결할 수 있다.

학생 스스로 탐구하는 능력

프로젝트 수업에서 학생들은 주어진 질문과 문제를 해결하기 위한 다양한 시도를 하게 된다. 교사의 자료나 자원에 대한 가이드라인이 세세할 수도 있지만, 기본적인 안내 다음에는 학생들이 개별 혹은 모둠별로 해결해야 하는 항목에 따라 스스로 책을 더 읽고 인터뷰 대상을 섭외하고 이메일을 보내고 추가적인 영상을 찾기도 한다.

그렇다고 해서 교사가 학생들을 마냥 풀어놓는 것은 아니다. 교사가 신중하게 기획해놓은 일정한 단계, 하위질문들의 순서, 과업이 프로젝트의 구조를 만들고 그 구조 자체가 학생의 주도적인 탐구를 이끌게 된다.

2022 개정 교육과정과의 접점

2022 개정 교육과정에서는 미래 사회를 대비하여 핵심역량을 함양하고 포용성과 창의성을 갖춘 주도적인 사람을 길러내는 것에 중점을 두고 있다. 특히 이전 교육과정과 비교하여 몇 가지를 더 강조한다.

- 불확실성에 대응할 수 있는 변화대응력, 비판적 사고능력, 창의력
- 자기 주도적, 성장 맞춤형 교육과정
- 언어, 수리, 신기술 분야 학습 내실화
- 시민성, 생태 감수성, 지역연계 교육
- 단위학교 교육과정의 자율성
- 학습량 적정화를 통한 다양한 수업 및 평가 방식 적용

학생들이 어느 한 곳에 치우친 교육으로 달성할 수 없는 여러 지식과 기술, 역량들을 목표로 한다는 것을 알 수 있다. 프로젝트 수업을 통해 위의 2022 개정 교육과정이 지닌 특성들, 목표로 하는 것들을 수업에 효과적으로 녹여낼 수 있다. 프로젝트 수업에서는 분절화된 지식, 기능, 태도를 총체적이고 맥락성 있는 배움으로 엮어내기 때문이다.

알쏭달쏭 프로젝트 수업, 시원하게 풀고 가자

프로젝트 수업에서 가장 중요한 것은 재미있는 활동이다?

그렇지 않다. 우리는 흔히 수업을 설계할 때 '어떻게 하면 재미있는 수업을 할 수 있을까?'라는 고민에 너무 치우치는 경향이 있다. 하지만 어떤 수업이든 초점은 학생이 배우는 것, 핵심 지식과 역량을 성취하는 것에 맞춰져야 한다. 그것이 늘 교사가 염두에 두어야 하고 학생들도 잊지 말아야 할 것이다. 프로젝트 수업에서 다루는 도전적인 과제들, 학생들의 관심을 끌어올리는 문제들이 배움을 촉진하고 결과적으로 '재미있는' 수업이 될 수 있지만 '재미' 그 자체가 목적이 되어서는 안 된다. 실제로 프로젝트 수업에서는 철학적이고 추상적인 문제들도 많이 다뤄진다.

프로젝트는 활동을 위한 것이고 평가는 따로다?

프로젝트 수업 안의 활동과 평가는 매우 긴밀하고 유기적으로 연결되어 있다. 프로젝트는 내용학습 후 그냥 한 번 추가로 해보게 하는 활동이 아니기 때문이다. 물론, 프로젝트 수업에서 진행되는 모든 활동이 전부 다 명시적으로 평가되거나 점수화되거나 수행평가 점수에 최종 반영되진 않는다. 하지만 그 안에서 이뤄지는 탐구과정, 모둠 협력, 발표, 보고서, 배움일지 등은 평가로 이어질 수 있다. 형성평가를 통해 학생들의 배움을 점검하고 중간피드백을 제공하며 개선의 기회를 제공하는 것도 중요하다. 프로젝트의 평가는 다양한 행동목표와 역량 또는 영역들을 연결할 수도 있다. 하나의 프로젝트 평가 안에, 구술평가와 논술평가가 포함될 수도 있고 요약하는 평가와 발표하는 평가가 포함될 수도 있다.

프로젝트 수업은 처음부터 끝까지 학생 주도로 진행된다?

교사는 전문가적인 안목을 가지고 수업의 전 과정에 걸쳐 적절한 수준으로, 필요시 적극적으로 개입해야 한다. 학생이 무엇인가를 '하고 있다'는 것에만 매몰되어서는 안 된다. 학생들은 무엇인가를 '배우는' 과정에 있어야 한다.

이를 위해서 교사는 필요하다면 명시적으로 어떤 내용을 안내하거나 강의를 제공할 수 있다. 학생들에게 질문을 제시하며 내용을 가르칠 수도 있고, 잘못된 분석이나 오답을 제시하고 틀린 부분을 고쳐가며 중요 개념을 익히게 할 수도 있다. 학생들에게 어떤 도움과 개입이 필요한지 제대로 파악하기 위해서 교사는 학생들의 곁에 있어야 한다. 교사가 "이렇게 하는 거야, 알겠지?"하고 수업상황 밖으로 빠져있는 상황에서는 학생들이 개별적으로 혹은 모둠 안에서 어떤 어려움과 갈등으로 배움에 몰입하지 못하는지 알 수가 없다.

교사는 학생들이 생각하고 탐구하고 배울 수 있는 상황을 만들어주는 사람으로, 프로젝트를 구상하고 계획하여 학생들에게 펼쳐놓는 역할을 한다. 나아가 그 수업상황 안에서 학생들이 문제들을 탐구하고, 여러 방법을 시도하고 성찰하면서 성공적인 배움이 일어나도록 끊임없이 관찰하고 적절한 도움과 자극을 주어야 한다.

프로젝트 수업은 지금 당장 써먹을 수 있는 것만 다룬다?

많은 프로젝트 탐구질문과 주제가 실제 삶과 학생들의 생활과 밀접하게 관련이 있다 보니 이런 의문이 들 수 있다. 프로젝트 수업에서는 실생활에서 바로 쓸 수 있는 특정 기술만 가르치는 것이 아니다. 그렇게 접근한다면 우리가 교육에서 다루는 수많은 기초 지식과 과목, 학습 내용을 "쓸모없다"고 여기는 것과 같을 것이다. 프로젝트 기반 학습은 사회적 유용성만으로 교육 가치를 따지는 실용주의와는 거리가 있다.

외국어를 평생 쓸 일이 없다고 생각하는 학생에게 영어를 가르치는 것이 의미가 없는가? 실제로 그 학생이 평생 영어를 들을 일도, 쓸 일도 없다고 극단적으로 가정해도 프로젝트 수업으로 영어를 배우는 과정에서 습득하게 되는 역량과 지식은 여전히 유효하다. 어떻게 다른 언어 체계에 접근하는지, 자신이 가지고 있는 단어(사전지식)를 어떻게 문장 단위(새로운 정보)와 연결시킬지, 문장(자료)들 사이의 공통점과 규칙들을 뽑아내는 것 등 주체적으로 학습하고 응용하는 능력을 기를 수 있다. 그 과정에서 협업, 자기관리, 갈등관리, 비판적 사고력 등의 역량도 길러질 수 있다.

'프로젝트 수업 찬찬히 살펴보기'를 닫으며

그동안 우리는 여러 교육방식과 활동, 방법들이 유행처럼 교육현장을 강타했다가 사그라지는 모습을 목격해왔다. 괜찮아 보이는 교육방식도 너무 많은 연수와 교육 정책, 강의, 출판물이 범람하면서 '모두가 이것을 따라야만 한다!'는 무언의 압박처럼 느껴져 제대로 무엇인지 알아보기도 전에 질려버린 경험도 꽤 있을 것이다.

PBL센터는 현재와 미래, 학생과 교사 모두에게 효과적인 방식은 없을지 고민했고, 수업을 강의식과 활동식으로 이분법적 접근에서 벗어나 학생들에게 살아있는 지식을 가르치고자 치열한 고민과 탐구를 이어나갔다.

이 과정에서 우리가 마주한 고민과 갈등을 해결해준 것이 프로젝트 수업이다. 프로젝트 수업에서 교사는 프로젝트 목표를 달성하기 위해 하나의 모형만이 아니라 학생과 교실상황에 가장 적합한 교수 방법을 사용해야 한다. 프로젝트 수업에는 필요에 따라 강의가 있고, 토론과 발표가 있고, 글을 쓰고, 협력과 갈등 중재, 명확한 목표, 적절한 지시와 안내가 있다. 온ㆍ오프라인을 넘나들고 여러 도구를 활용한다. 동시에 학생들의 탐구와 결과물을 피드백하면서 자연스럽게 성장중심, 과정중심평가가 이뤄진다. 우리 공동체는 이런 프로젝트 수업을 그야말로 '수업의 총화'라고 부르기 시작했다.

꼭 알아야 하는 교과 지식을 배우고 이를 내 삶과 세상과 연결하며 내 것으로 만들어가는 수업. 아마 교사라면 한 번쯤은 소망하고 꿈꿔본 수업일 것이다. 마음으로 그려본 그 그림을 실제 교실에서 만들어보길, 도전해보길 바란다. 매번 성공할 수 없겠지만 교사도 계속 배우고 성찰하며 동료들과 교류하는 과정을 통해 더 나은 수업 전문가가 될 것이라 확신한다.

1부

나와 미래를
연결하는
프로젝트 수업

유비무환 프로젝트

서유리 배방고등학교

나와 타인을 이해하는 시간

수업 1시간은 교사의 1시간과 학생들의 1시간이 모여 구성된다. 1명의 교사와 34명의 학생. 35명의 1시간이 함께하는 수업 시간은 매우 소중하기에, 함께하는 그 시간이 의미 있고 알찼으면 좋겠다. 나는 수업을 고민할 때 교육과정에서 제시하는 성취기준과 학습 요소들을 보며 '이걸 왜 배워야 할까'를 고민한다. 학생들이 '이렇게 해줬으면 좋겠다', 혹은 '이렇게 해야한다'의 마음보다는 어떻게 하면 학생들이 '하고 싶은' 마음이 들 수 있을까 고민한다.

나의 수업을 통해 학생들이 자신을 이해하고 타인을 이해할 수 있었으면 좋겠다. 함께 대화하고 생각을 나눔으로써 세상에는 다양한 사람들이 있고, 다양한 가치관이 존재하며, 각자의 의견은 존중받을 가치가 있다는 것을 인식하고 느꼈으면 좋겠다.

마지막으로 나는, '고인 물'의 교사가 되고 싶지 않다. 기술·가정 교과 특성상 연차가 쌓일수록 같은 주제의 수업을 반복적으로 준비하게 되는데 같은 주제를 다루더라도 매년 같은 수업을 되풀이하고 싶지 않다. 작년의 아쉬웠던 경험을 바탕으로, 부족한 부분을 보완하고 더 촘촘한 수업을 할 수 있는 것을 목표로, 새로운 수업을 하고 싶다.

나와 너, 세상은 연결되어 있다.

    학교에서 학생들에게 10년 뒤의 모습이나 20년, 30년 뒤의 모습에 대해 질문하면 아이들은 '그때가 되면 지구가 멸망하지 않을까요?'라거나 '몰라요.', '생각 안 해봤어요.'와 같은 대답이 줄을 잇는다. 환경 오염으로 인해 기후변화를 직접 경험하며 미래에 대한 행복한 상상보다는 생존과 안전에 대한 불안감부터 가지고 있기 때문에, 아이들이 미래 계획을 세우는 데에 소극적일 수밖에 없다고 생각했다. 당장 내년에 대한 계획도 잘 세우지 않는 아이들에게 겪어보지도 않은 가족 형태나 생애에 대해 어떻게 흥미를 갖고 프로젝트에 참여하게 할 수 있을까 고민이 되었다.

    이번 프로젝트의 핵심 주제는 가족과 복지서비스이며, 학생들이 복지서비스를 탐색함으로써 가족의 삶의 질을 향상시키는 것을 목표로 한다. 이러한 주제와 목표를 포함하여 '복지서비스를 통해 우리 가족의 삶의 질을 어떻게 높일 수 있을까?'를 탐구질문으로 설정하였다. 학생들이 낯설게 느끼는 복지서비스를 필요하다고 인식할 수 있도록 프로젝트 수업을 시작할 때 다음과 같이 질문하였다. '노력하는 만큼 성공과 행복이 보장되지 않는 시대에 미래에 대한 불안감을 가진 우리가 잘 살아가려면 어떻게 해야 할까? 앞으로 닥칠 모든 문제를 대비할 수는 없지만, 생애주기나 가족 상황에 따라 많은 사람이 겪고 있는 문제를 알아보고, 그에 대해 대비를 한다면 미래에 대한 불안이 조금은 줄지 않을까?'

    프로젝트 이름은 '미리 준비해두면 걱정이 없다.'는 뜻을 가진 사자성어 유비무환으로 설정하였다. 유비무환 프로젝트에서 학생들은 다양한 가족 유형을 탐색하고 가족 구성원의 구체적인 특징을 설정하며 다른 사람의 삶에 녹아든다. '설정한 가족이 실제로 존재한다면 어떤 고민을 가지고 있을까?', '가족 구성원들 간에 어떤 갈등이 발생할까?' 등을 상상하며 이야기를 만들어내고, 세상에 다양한 형태의 가족과 사람들이 존재하고 있음을 인식하게 된다. 또한, 가족에게 적절한 복지서비스를 탐색해보며 국가 차원에서 이들을 위해 다양한 복지서비스를 제공하고 있고, 가족 형태와 상황이 다양한 만큼 맞춤형 복지서비스가 필요함을 느낄 수 있다. 이렇게 유비무환 프로젝트를 통해 나와 가족, 사회가 연결되어 있음을 인식하고, 다양한 복지서비스를 탐색하며 자신의 삶에서 문제가 생겼을 때에도 복지서비스를 활용할 수 있는 자기관리 능력과 문제해결력을 갖추기를 바랐다.

현재 근무하는 학교는 규모가 큰 학교로, 학급별 학생 수는 34명 정도이며 1학년만 해도 15개 학급으로 구성되어 있다. 학기 초 희망하는 수업 주제와 방식을 조사한 결과 모둠 활동을 선호하는 학생들이 많았고 개인 발표를 어려워하는 학생들이 있었다. 무기력한 학생은 적은 편으로 프로젝트 수업을 준비할 때 이러한 학생들의 성향을 반영하고자 하였다. 가정 수업은 주 1회 이루어지며, 유비무환 프로젝트가 8차시로 약 두 달의 시간이 필요했기 때문에 교사도 학생도 지치지 않는 프로젝트 수업이 될 수 있도록 노력하였다.

유비무환 프로젝트		
과목 기술 · 가정	학년 고등학교 1학년	기간 8차시

핵심 가치
• 다양한 가족 문화를 이해하고 존중한다.
• 가족생활 주기가 변화함에 따라 발생할 수 있는 문제를 현실적으로 분석한다.
• 예상되는 문제를 예방하고 해결할 수 있는 방법을 탐색하여 자립적 생활 능력을 갖춘다.

성취기준
[12기가03-01] 전 생애에 걸친 가정생활 복지서비스의 종류와 특징을 평가하여 가정생활에서 활용할 수 있는 방안을 제안한다.
[12기가03-02] 경제적 자립의 중요성을 인식하고 가정 경제의 안정을 위협하는 요소를 파악하여 가정경제 관리 방안을 제안한다.
[12기가03-04] 가족생활 설계의 필요성을 인식하고 미래의 안정적인 가족생활을 준비하기 위한 요소를 파악하여 설계한다.

복지서비스를 통해 우리 가족의 삶의 질을 어떻게 높일 수 있을까?

프로젝트의 흐름
1차시: 과거/미래 인생그래프를 그려보며 자신의 삶을 분석한다.
2차시: 복지서비스와 가족생애 설계에 대한 개념과 필요성을 설명한다.
3차시: 탐구할 주제(가족 형태)를 선택하고 가족 구성원의 특징을 설정하여 그에 대한 요구를 분석한다.
4차시: 설정한 가족에게 적절한 복지서비스를 탐색한다.
5차시: 크롬북으로 구글 슬라이드를 활용하여 발표자료를 제작한다.
6~7차시: 탐색한 내용을 모둠 발표를 통해 공유하고 패들렛의 댓글 기능을 활용하여 피드백한다.
8차시: 프로젝트 수업에 참여한 과정을 성찰한다.

주요 결과물
모둠 결과물: 설정한 가족 형태를 분석하고 적절한 복지서비스를 탐색한 발표자료

수업 속으로

인생그래프 그리기

가족과 복지서비스는 가정 교과의 내용 요소 중에서도 학생들의 흥미도가 낮은 주제이다. 학생들은 현재 자신들이 활용하고 있는 복지서비스의 존재에 대해 인식하지 못하고 있으며, 복지는 어려운 상황에 처한 사람들만 활용하는 것으로 인식하는 경우가 많다. 복지서비스가 어려움을 해결하고자 할 때뿐만 아니라 행복을 추구하고 삶의 질을 향상시키기 위해 활용할 수 있는 것임을 인식할 수 있도록 활동을 준비하였다.

활동지 속 과거에 대한 인생 그래프는 인상 깊었던 사건들을 중심으로 좋았던 시기와 힘들었던 시기를 곡선으로 표현하도록 구성하였다. 과거의 인생그래프를 그리며 마음 열기를 진행하고, 본격적인 도입 활동으로 생애 주기를 이해하기 위한 미래 인생그래프 그리기를 실시하였다. 미래 인생그 래프를 그리기 전 자신의 인생 목표를 적은 후 현재를 시작으로 죽을 때까

지 기간을 다섯 개의 시기로 나누어 직업과 취미, 가족 구성, 하루 일과 등 예상되는 모습을 구체적으로 적도록 하였다. 그 후 각 시기에 좋고 어려움 정도를 곡선 그래프로 표현하고 희망자를 뽑아 전체 공유를 진행하였다.

미래 인생그래프를 공유한 후 어려움이 예상되는 시기에는 문제를 예방하거나 해결할 수 있는 방안을, 긍정적인 생활이 기대되는 시기에는 더 행복한 삶을 즐길 수 있는 방안을 고민하게 하고 그것이 복지서비스가 추구하는 방향임을 인식할 수 있도록 설명하였다.

인생 목표	매 순간 사람을 먼저 생각하기 / 불행하지 않도록 모두가 행복하게 만들기				
시기	17세	20세	30세	50세	90세
예상되는 나의 모습 (직업, 취미, 가족 구성 등)	• 직업:학생 • 취미:디자인, 음악감상 • 일과:학교-학원-집 • 가족구성: 어머니, 아버지, 형, 나, 고양이	• 학생(군인) • 직업:알바 • 취미:디자인, 음악감상 • 일과:집-학교-직장-집 • 가족구성:어머니, 아버지, 형, 나, 고양이, 강아지	• 직업:디자이너 • 취미:음악감상, 제조 • 일과:직장-집 • 가족구성: 어머니, 아버지, 형, 형수, 나, 여자친구, 고양이, 강아지	• 직업:유명한 디자이너 • 취미:음악감상, 건물관리 • 일과:직장 • 가족구성:나, 아내, 딸, 고양이, 강아지	• 직업 : 백 발 의 디자이너 • 취미:음악감상 • 일과:집 • 가족구성:나, 아내, 딸, 아들, 강아지

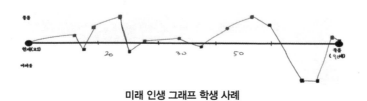

미래 인생 그래프 학생 사례

학생 참여도를 높이는 모둠 구성

모둠은 4명 내외(3~5명)로 구성될 수 있도록 기획하였다. 활동 주제에 대한 학생들의 관심이 적은 만큼 수업 참여도를 높이기 위하여 편한 친구들과 모둠 활동을 할 수 있도록 계획하였다. 학생들은 같은 모둠이 되기를 희망하는 사람들을 5명 이하로 쪽지에 적어 교사에게 제출하였다. 희망 구성원이 3명 이하인 경우 내가 임의로 조합하여 모둠 구성원을 4명 내외로 구성하였다.

모둠 구성 안내	신청 인원: 1~5명 같은 모둠을 희망하는 사람들끼리 쪽지에 적는다. 모둠 구성 희망이 1~3명인 사람들은 선생님이 임의로 조합한다.

미리 준비해두면 걱정이 없다

유비무환 프로젝트를 진행하기 위하여 프로젝트의 의미와 목표, 개념 강의를 하였다. '미리 준비해두면 걱정이 없다'는 유비무환의 뜻처럼 가족의 생애주기별로 예상되는 어려움을 알고 그에 대해 미리 준비한다면 미래에 대해 불안도 낮아지고 행복한 삶을 준비할 수 있다고 프로젝트의 의미를 설명하였다. 그리고 프로젝트 흐름을 안내함으로써 프로젝트에 대한 이해도를 높이고자 하였으며, 프로젝트 핵심 주제(가족의 기능, 가족 생애주기, 다양한 가족 유형, 복지서비스의 의미와 방향)를 학습하기 위해 강의를 실시하였다.

우리는 어떤 가족일까?

나는 칠판과 PPT를 활용하여 가족 유형을 제시하였으며, 학생들은 모둠별로 토의한 후 하나의 가족 유형을 탐구 주제로 선택하였다. 선택할 수 있는 가족 형태로 핵가족과 대가족, 이혼 가족, 재혼 가족, 다문화 가족, 입양 가족, 딩크 가족, 조손 가족, 한 부모 가족, 1인 가족, 반려동물 가족 등을 제시하였으며, 이 외에도 학생들이 희망하는 가족 유형이 있을 경우 그 유형으로 선정할 수 있도록 하였다. 선택한 가족 유형에 맞게 가족 구성하고 성별과 취미, 특징을 구체적으로 설정함으로써 학생들의 흥미를 유발하고 학생들의 선택권을 보장하고자 하였다.

가족 구성 활동 학생 사례

▶ 우리 모둠이 선택한 가족을 분석해봅시다.

	고양이1	고양이2	집사1	집사2
학생 사례1 반려동물 가족	• 마초(남) • 중성화 완료 • 3차 접종 완료 • 스코티쉬폴드 • 3살 • 직업: 백수 고양이 • 고민: 집사가 똥을 늦게 치움	• 모찌(여) • 중성화 완료 • 3차 접종 완료 • 러시안 블루 • 2살 • 직업: 백수 고양이 • 고민: 집사가 제한 급식을 함(다이어트)	• 김혜원(여) • 24살 • 직업: 대학생 • 고민: 미래. 안정적인 수입X	• 박진우(여) • 25살 • 직업: 회사원 • 고민:고양이 양육비용, 고양이 건강, 여유가 없음
			• 관계: 대학교 선후배, 동거인	

	아빠	엄마	딸	아들
학생 사례2 이혼 가족	• 성별: 남 • 나이: 47세 • 직업: 중소기업 만년 과장 • 성격: 무뚝뚝 • 고민: 돈이 충분하지 않아 딸 지원 못함. 딸 2차 성장에 도움 못줌. 엄마를 그리워함	• 성별: 여 • 나이: 46세 • 직업: 삼성 임원 • 남자친구가 있음 • 고민: 아들의 속마음을 정확하게 모르겠음. 아빠와 사는 딸이 걱정됨	• 성별: 여 • 나이: 17세 • 직업: 고등학생 • 장래 희망: 아이돌 • 고민: 2차 성징의 변화에서 조언 구할 곳이 없음. 꿈을 이루고 싶은데 아빠가 반대. 잘사는 엄마네가 부러움	• 성별: 남 • 나이: 14세 • 직업: 중학생 • 장래 희망: 없음 • 과학고 진학 예정 • 고민: 공부를 잘해 엄마가 과학고를 가라고 하는데, 정작 자기는 하고 싶은 것을 모름. 착한 아이 증후군. 자유로운 아빠네가 부러움. 엄마의 남자친구가 불편하고 아빠가 보고 싶지만 내색하지 못함
	• 2년 전 이혼 • 한 달에 한 번 다 같이 식사함			

우리 가족의 문제는 무엇인가?

　이전 탐구활동에서 설정했던 가족 구성원의 특징을 고려하여 예상되는 문제를 가족관계, 건강, 경제 측면으로 분석할 수 있도록 제시하였다. 제시한 세 가지 측면으로 분석할 때 설정한 가족 구성원의 개인적인 생애주기와 가족 생애주기를 고려하여 발생할 수 있는 문제점을 도출할 수 있도록 안내하였다. 경제적 측면으로는 가족 구성원의 요구를 반영하고 의식주 생활과 관련된 욕구를 해결하기 위해 필요한 경제적 비용 또한 고려하도록 안내하였다.

가족에게 예상되는 문제 분석 사례

▶ 우리 가족에게 예상되는 문제(어려운 점, 흔히 겪을 수 있는 위기 상황 등)를 분석해봅시다.		
학생 사례1 반려동물 가족	가족 관계	• 고양이 양육권 • 집사끼리의 갈등(성격 차이) • 동거인 배려 부족(손님 초대 문제) • 집사 가출
	건강	• 고양이 유전병 • 집사2의 과로 위험 • 갑작스러운 사고 • 고양이 불치병 • 고양이 알러지
	경제	• 고양이 양육비용(사료, 간식) • 집세 문제 • 생활비와 식비 • 고양이 병원비와 영양제 • 고양이용품(장난감, 스크래쳐, 캣닢 등)
	기타	• 고양이 관리 역할 분담 • 층간소음 • 고양이 가출

학생 사례2 이혼 가족	가족 관계	• 아빠: 아들이 서먹해짐, 엄마: 딸 서먹해짐 • 딸, 아들 사이 돈독해짐 • 엄마, 아빠 금전적 문제로 서로 불편해짐 • 연말, 추석 등 행사 때 서로 갈등 생김
	건강	• 아들: 너무 오래 앉아 있어서 거북목, 작은 키, 스트레스성 위염
	경제	• 아빠의 소득이 충분하지 않아 딸을 지원하기에 어려움
	기타	• 딸의 심리: 2차 성징에서 바른 조언을 많이 듣지 못해 몸과 마음이 들다 불안정함 • 아들의 심리: 자신의 마음을 잘 알아주는 누나에게 의존함 • 자녀들은 남은 가족마저 사라질까 봐 각각 부모의 건강 상태에 집착함 • 엄마와 아빠의 우울증 증세

삶의 질을 높이는 복지서비스

이번 활동에서는 이전 차시에 분석한 내용을 바탕으로 예상되는 문제를 예방하거나 해결할 수 있는 복지서비스를 탐색하였다. 복지서비스를 탐색한 후 복지서비스의 이름과 복지서비스 제공 대상, 복지서비스 내용, 신청 방법 등을 구체적으로 작성하도록 하였다.

먼저 가족관계와 건강, 경제 측면에서 예상되는 문제 중 핵심적인 5가지를 선정하여 〈예상되는 문제〉에 작성한다. 그 다음 '이러한 복지서비스가 있었으면 좋겠다'라고 생각되는 아이디어를 활동지 두 번째 표 〈필요한 복지〉 칸에 작성한다. 마지막으로 〈실제 복지서비스 탐색/필요한 복지서비스 제안〉 단계에서는 〈필요한 복지〉에 작성한 복지서비스가 실제로 존재하는지 탐색하였다. 복지서비스를 탐색할 때 활용할 수 있는 사이트로 복지로(bokjiro.go.kr)와 보건복지부(mohw.go.kr), 지자체 누리집의 '분야별 정보' 사이트를 소개하였다. 적절한 복지서비스가 없거나 탐색하기 어려울 경우, 적절한 복지서비스를 제안하도록 안내하였다.

예상되는 문제	필요한 복지	실제 복지서비스 탐색 /필요한 복지서비스 제안
몸이 아플 때 간호해 줄 동거인이 없다	1인 가구 간병인 복지 시스템을 만든다	• 복지서비스 이름: 1인 가구 간병인 복지 제도 • 대상: 1인 가족 • 내용 및 신청 방법: 돈이 부족한 1인 가족을 위해 다른 가족보다 간병인 비용 부담을 줄여 준다.
집에서 대화할 사람이 없어 외롭다	여가 활동 체험을 저렴하게 즐길 수 있는 복지를 늘린다	• 복지서비스 이름: 1인 가구 여가 활동 복지 제도 • 대상:1인 가족 • 내용 및 신청 방법: 1인 가족 증명을 하면 시에서 다양한 여가 활동 체험을 저렴하게 즐길 수 있는 제도이다.
집 구하기 어렵다	1인 가구에게 집을 쉽게 구할 수 있도록 도와주는 정책	• 복지서비스 이름: 1인 가족 주거 복지 제도 • 대상: 1인 가족 • 내용 및 신청 방법: 1인 가족에게는 주거 비용을 줄여 부담을 줄여준다. 1인 가족 증명서를 가지고 동사무소, 읍면동 주민센터에 문의한다.
외식이나 배달 음식을 먹을 때 불편함이 있다	1인 배달음식 복지를 늘린다 배달료 할인 복지	• 복지서비스 이름: 1인 가구를 위한 1인 배달 복지 • 대상: 1인 가족 • 내용 및 신청 방법: 밥을 먹기 힘든 1인 가구를 위해 1인분 이상 배달 가게를 늘리고 혼자 배달료를 감당하기 부담스러우니 배달료 지원을 해준다.
다방면으로 경제적 부담이 크다	1인 가구에게 지원금을 나누어주는 정책	• 복지서비스 이름: 저소득층 한시 긴급 생활 지원금 • 대상: 1인 가구~다가구 • 내용 및 신청 방법: 저소득층에 해당하는 대상 동사무소, 읍·면·동 주민센터에 문의하여 1인 가구 기준으로 40만 원을 지급받을 수 있다.

복지서비스 탐색 사례

함께 만드는 발표자료

발표자료 제작에 앞서 크롬북을 개인별로 배부하였으며, 실시간으로 협업하여 제작할 수 있도록 발표자료 형태는 구글 슬라이드를 설정하였다. 미리캔버스나 캔바와 같은 템플릿을 활용하고자 하는 학생들은 원활한 발표자료 공유를 위하여 본인들이 선택한 템플릿으로 작업 후 구글 슬라이드에 붙여넣는 방식으로 제작하도록 안내하였다.

발표자료에는 설정한 가족의 유형과 구성원을 설명하는 내용, 가족에게 예상되는 문제, 복지서비스 소개 및 제안, 프로젝트 완료 소감을 포함하도록 안내하였다. 학생 1인당 슬라이드 1개 이상을 제작한 후 자신이 제작한 슬라이드를 발표하도록 기준을 제시함으로써 모둠원 모두가 발표할 수 있는 환경을 만들었다.

학생들이 수월하게 모둠 구글 슬라이드에 접속할 수 있도록 활동 전에 반별 구글 슬라이드 폴더와 모둠별 슬라이드를 제작하였으며, 반별 구글 슬라이드 폴더의 링크는 축약하여 제시하였다. 학생들은 축약된 주소를 크롬북의 인터넷 창에 직접 입력하여 자신의 모둠 슬라이드로 접속할 수 있었다.

발표 자료 제작 안내	PPT 전체적인 디자인(구성, 글씨체 등)은 맞추면 좋음 관련 동영상 포함 가능(발표 시간 이내) 슬라이드 한 장에 너무 많은 글자 포함 X 관련 사진, 자료 첨부 시 효과적 발표 가능

모둠 발표하기

발표를 시작하기에 앞서 청중들의 태도와 피드백 방법을 설명하였다. 먼저 발표 내용을 듣고 'OO 형태의 가족에게는 ~~와 같은 문제가 있다.'라며 청중들이 편견을 가지지 않도록 발표 내용은 학생들이 구성한 가족 특징에 맞게 도출해낸 사례라는 점을 강조하였다. 또한 발표에서 가족을 소개하는 것은 설정한 가족에 대한 청중들의 이해도를 높이기 위한 과정이지, 특정 가족을 장난삼아 비하하는 목적이 아님을 설명하였다.

발표하는 모둠을 제외한 청중들은 반별 패들렛에 접속하여 댓글을 통해 피드백을 작성하였다. 의미 있는 피드백을 작성할 수 있도록 피드백 내용을 ① 발표자료의 우수한 점, ② 발표 태도에서 우수한 점, ③ 발표 내용의 우수한 점, ④ 보완하면 좋을 점으로 제시하였으며, '친절하게, 구체적으로, 도움이 되는' 피드백을 작성할 수 있도록 안내하였다. 피드백 작성 시 학번과 이름을 함께 작성하여 우수 피드백을 선정할 때 활용하였다.

발표하는 모둠은 모둠원 모두가 나와 패들렛에 올린 발표자료를 화면에 띄운 후 자신이 제작한 부분 중심으로 발표하였다. 발표가 종료되면 다음 발표 모둠이 준비하는 동안 청중들이 피드백을 작성할 수 있도록 시간을 주었다.

유비무환 프로젝트 성찰하기

발표가 모두 종료된 후 모둠별로 앉아 패들렛에 자신의 모둠 발표에 작성된 댓글들을 확인하고, 댓글 중에서 우수한 피드백을 달아준 학생 1명을 뽑아 '우수 댓글러'로 선정하였다. 모둠별로 우수 댓글러 1명을 뽑은 후 우수 댓글의 내용과 선정 이유를 전체 공유하여 다른 학생들도 좋은 피드백 사례를 접할 수 있도록 하였다.

처음에 1인 가구 증가량을 보여준 점이 인상 깊었고 경제적 부담을 줄이는 방법 부분에도 간단하게 정리해주어서 보기 편하였고 옆에 그래프도 넣어준 점이 좋았다. 복지 중에서 배달음식을 먹을 때 보통 2인 이상이라 불편한 점을 배달복지제도를 이용하여 해결하자는 내용이 깊었다. 한계점도 팀원 개개인의 의견을 넣어서 발표한 점과 각 페이지를 간단하게 하고 발표를 자세히 해준 점이 좋았다.

복지서비스 고안 과정을 세세하게 보여주어서 좋았고, 복지서비스를 잘 분석해서 해결방법을 생각해 내어서 좋았다. 전체적으로 깔끔하게 자료들을 정리해서 보기 편했다.

사실 입양 가족이 흔하지가 않아 접근하기 어려운데 발표자료를 적절히 제시하여 입양 가족을 위한 복지제도를 알 수 있어서 좋았다. 하지만 조원 몇몇의 목소리가 작은 점이 없지 않아 존재했고 발표를 할 때 자신감이 부족한 점이 있다.

여러 사진 자료를 활용하여 ppt를 더 집중해서 볼 수 있었다. 특히 복지서비스에서 신청 방법을 사진을 이용하여 설명한 점이 신청 방법에 대해 더 쉽게 알 수 있어서 좋았다. 그리고 QR코드까지 넣어서 직접 그 복지에 대해 더 자세히 알 수 있게 해준 점과 ppt의 없는 내용도 추가해서 발표한 점도 좋았다. 목소리도 잘 들려서 발표를 듣기가 편했다.

색다른 발표주제가 나와서 흥미로웠고 ppt를 매우 잘 만들어서 보기 편했다. 발표 전달력이 좋았고, 복지서비스를 깔끔하게 제시했다. 표, QR코드 등의 도구 활용도 잘해서 신뢰감이 들었으며 전체적으로 역할분배도 잘되었고 발표를 잘한 것 같다.

우수 댓글러 사례

우수 댓글러 선정 활동이 끝나고 구글 설문으로 프로젝트 과정을 성찰하였다. 구글 설문으로 제작한 프로젝트 성찰 설문을 통해 개인 성찰(프로젝트에서 내가 잘한 점, 아쉬웠던 점, 인상 깊었던 점, 느낀 점, 어려웠던 점 등)과 모둠원 동료 평가를 진행하고 우수 모둠을 선정하였다.

수업을 마치며

선생님, 이 활동 왜 하는 건가요?

작년에 프로젝트 수업이 한창 진행되고 있을 때 "선생님 이거 언제까지 해요?" 혹은 "이 활동 왜 하는 건가요?"라는 학생들의 질문을 받고 당황스러웠던 적이 있었다. 질문을 받은 후 교무실로 돌아와 학생들이 '왜 그런 질문을 했을까' 고민해보니 여러 차시로 구성된 프로젝트를 진행하며 각 활동이 왜 필요한지, 현재 하는 활동이 다음 활동과 어떻게 이어지는지, 각 활동이 학습 목표나 탐구 질문과 어떻게 연결되는지를 학생들에게는 안내하지 않은 채 나만의 흐름대로 활동을 쳐내듯이 진행하고 있었다는 사실을 깨달았다. 이러한 과거의 아쉬운 점을 보완하기 위해 이번 프로젝트에서는 매 활동이 시작될 때마다 프로젝트의 흐름을 안내하고, 한 차시가 끝나면 다음 차시에 어떤 수업이 이루어질 것인지 학생들에게 설명하였다. 그 덕분에 이번 프로젝트에서는 앞서 말한 '언제까지'나 '왜'라는 질문을 받지 않고 프로젝트를 마무리할 수 있었다.

학생들이 흥미를 느끼는 수업 주제는 선생님 주도로 모둠을 제안하여도 주제 자체가 흥미롭기 때문에 지속적인 학습 참여가 이루어질 수 있지만, '복지서비스'라는 주제는 학생들의 흥미를 이끌기에는 한계가 있었다. 이러한 한계점을 극복하기 위해 모둠 활동을 위한 인원 기준만 제시하고, 희망하는 사람들끼리 모둠 구성이 가능하도록 학생의 선택권을 보장하였다. 또한 모둠에서 토의한 내용을 바탕으로 활동 주제(가족 형태 및 구성, 특징)를 선정하도록 하여 학생들이 자율성을 발휘할 수 있도록 노력하였다. 그 결과 학생들은 친한 친구들과 편안한 환경에서 활동할 수 있었고, 2개월이라는 긴 시간 동안 높은 참여도를 보여줬다.

발표자료 제작 활동에서 구글 슬라이드를 활용한 것은 만족스럽기도 했지만 아쉬운 점도 있었다. 반별로 구글 드라이브 폴더를 미리 만들고 축약한 주소로 모둠별 구글 슬라이드 링크를 제시함으로써 모둠원과 협업하는 발표자료 제작에 대한 진입 장벽을 낮춘 것은 만족스러웠다. 하지만 구글 슬라이드 기능을 익히는 데에 시간을 보내다 발표자료를 완성하지 못한 모둠이 있었다는 점과 일부 학생들이 작업 중인 다른 모둠 슬라이드에 접근하여 장난으로 글과 사진을 남겼음에도 익명으로 접속되어 해당 학생을 찾아 지도하기 어려웠던 점은 아쉬운 점으로 남는다.

하는 만큼 뿌듯하다 #프로젝트 종료 후 개인 성찰

"모둠원들과 주제를 선정하고 토의하는 과정에서 적극적으로 참여하였고, 역할을 분담하여 맡은 역할을 성실하게 수행하였으며, 발표 및 피드백 과정 또한 적극적으로 참여하였다. 하지만 자료 제작을 보다 풍부하게 하지 못해 아쉬웠고, 조별 활동을 하며 협동심을 기를 수 있었던 것 같다."

"초반에 주제설정을 할 때 적극적으로 의견을 냈었고 선정된 주제에 대하여 여러 가지 의견을 내고 다양한 문제점, 방법을 말하였고 PPT도 나의 생각과 친구들의 의견을 반영하여 잘 만들었다. 아쉬운 점은 내가 원한 주제가 선정이 안 돼서 초반에는 대충대충 한 게 아쉬웠다. 느낀 점은 모둠활동을 할 때 안 친한 친구들과 하면 의견을 내기도 힘들고 그런데 친한 친구들과 같이 모둠활동을 하니깐 여러 의견도 나오고 더 활발하게 할 수 있어서 좋았고, 여러 가지 가족 유형과 그에 관한 현실적인 문제점과 해결방안을 알 수 있어서 굉장히 유익했다."

복지서비스, 찾아보니 재밌네? #유비무환 프로젝트에서 좋았던 점&어려웠던 점

"유비무환 프로젝트를 하면서 친구들과 함께 의견을 나누는 과정이 재밌었고 친구들과 패들렛을 제작하며 진지하게 정책을 탐구하고 생각해보는 과정이 유익했다."

"복지서비스를 찾는 과정에서 우리나라 정부와 각 시에서 시행하고 있는 다양한 부분을 알 수 있어 좋았던 것 같다. 그리고 다양한 가족의 형태에 대해 이야기하다 보니 혹시나 우리 반에 같은 형태의 가족이 있으면 어떡하나라는 걱정을 했었는데 마지막에 선생님께서 같은 형태에 가족이라고 모두 문제점을 갖고 있지는 않다고 말해주셔서 좋았다. 그러나 친구들이 너무 과장되고 다양한 문제점을 제시하다 보니 그 과정에서 해당 가정 친구들의 감정이 좋지 않을 것이라고 생각하였다. 첫 시간에도 한 번 이야기해주신다면 해당 가정의 친구가 상처받지 않고 활동에 임할 수 있을 것이라고 생각된다."

"ppt를 구글 슬라이드로 만들었는데 생각보다 내 마음대로 안 움직여

서 조금 당황했다. 모둠이 거의 다른 가족 구성원을 해서 다양한 복지
서비스를 알게 되어 좋았다. 평소라면 관심이 없어서 안 찾아봤을 것
같은데 이번 기회에 찾아봐서 좋았다."

준있겅없 프로젝트

프로젝트 디자인을 하며 프로젝트 이름 후보에 준있겅없(준비가 있으면 걱
정이 없다) 프로젝트가 있었다. 만약 유비무환 프로젝트를 다시 구상한다면
어려운 발음이지만 낯선 단어로 학생들의 흥미를 유발할 수 있는 프로젝트
이름으로 준있겅없 프로젝트를 다시 후보로 둘 것 같다. 언젠가 다시 구상
할 준있겅없 프로젝트에서는 이번 유비무환 프로젝트에서 아쉬웠던 점(도
입활동의 개연성 부족, 발표자료 제작 시간 부족, 탐색한 복지서비스의 모호함)을 보완하
면 좋을 것 같다.

먼저 도입활동에서 실시했던 인생그래프 그리기 활동에서 학생들의 흥
미를 유발하기 위해 과거 인생그래프까지 2~3명 정도 전체 공유하다보니
본래 의도한 미래 인생그래프 활동을 진중하게 전달하기에 시간이 부족했
다. 학생들이 자신의 삶의 흐름에 맞게 가족의 요구를 연결 짓고 분석까지
할 수 있는 새로운 활동을 구상해보고 싶다.

또한 이번 프로젝트에서 발표자료 제작 시간은 1차시만 수업으로 운영
하고 부족한 부분은 모둠별로 보완할 수 있도록 하였다. 학생들은 큰 불만
없이 개별적으로 시간을 내어 발표자료를 보완하였는데, 이것은 프로젝트
결과물이 수행평가에 반영되지 않았고, 심미성보다 탐구한 자료 전달이 발
표의 주 목적임을 안내한 덕분이었다고 생각한다. 다음 프로젝트 수업에
서는 발표자료 제작 시간과 보완할 수 있는 시간을 2차시 이상 보장한다면
학생들의 부담을 줄일 수 있을 것이다. 발표를 준비하는 과정에서 발표자
료 제작 시간과 보완할 수 있는 시간을 충분히 제공한다면, 발표자료 제작

에 대한 학생들의 부담은 줄고 발표자료의 질도 높아질 것이다.

마지막으로, 선정한 가족에게 적절한 복지서비스를 제안하거나 탐색하여 제시할 수 있도록 과제를 안내함으로써 모둠별로 발표한 복지서비스가 실제 존재하는 복지서비스인지, 모둠에서 토의하여 고안한 복지서비스인지 확인이 필요했던 점이 아쉬웠다. 프로젝트 목적(기존의 복지서비스를 활용하는 것인지, 기존의 복지서비스를 분석하여 아쉬운 부분을 수정·보완하는 것인지, 새로운 복지서비스를 창의적으로 제안하는 것인지 등)에 따라 탐구과정을 조정할 필요가 있다.

교사와 모든 학생이 완벽하게 만족하는 프로젝트 수업이 존재할 수 있을까? 나는 그렇지 않다고 생각한다. 유비무환 프로젝트를 진행하며 아쉬웠던 부분을 다음에 보완해도 또 다른 아쉬운 점들이 생길 것이다. 프로젝트 수업에서 많은 요소가 중요하겠지만, 놓치지 말아야 할 것은 성찰 과정이다. 프로젝트를 마무리하고 실시했던 학생 성찰을 통해 아쉬웠던 점과 좋았던 점, 의미 있었던 점들을 다시 한번 생각해볼 수 있었고, 교사의 입장에서 지금처럼 프로젝트 과정을 기록하며 성찰함으로써 프로젝트의 전반적인 운영 과정을 돌아볼 수 있었다. 이러한 성찰을 바탕으로 다음 프로젝트는 보다 더 나은, 의미 있는 수업이 되기를 기대한다.

사고 한 번 제대로 치자 프로젝트

조원행 서산중앙고등학교

프로젝트에서 답을 찾다!

나는 배움과 성장이 있는 교실을 꿈꾼다. 그 두 단어는 교직 생활 20년 동안 내가 찾아 헤맸던 화두 같은 것이다. 대부분의 사람이 학교는 당연히 배움이 일어나는 곳이라고 생각하겠지만 진정 학생들의 주도적인 배움이 일어나며 성장하고 있는지는 늘 의문이었다. 여러 가지 상황이나 주어진 환경이 힘들지만, 교사는 치열하게 고민하고 끊임없이 노력하며 학생들에게 배움이 일어나도록 수업을 설계해야 한다. 교사의 역할도 중요하지만 배움에 있어 학습자의 자기 주도성도 그에 못지않게 학습에 미치는 영향이 크다. 학생들이 자발성을 가지고 도전적인 과제를 해결해 나가는 과정에서 실제적인 배움과 성장이 일어날 수 있기 때문이다.

영어 교과는 도구교과로 프로젝트 수업을 진행하는 데 있어 여러 가지 한계가 있다. 영어로 듣고, 말하고, 읽고, 쓰는 기본적인 활동이 제대로 이루어지지 않는 상황에서 어떻게 그 언어를 토대로 생각하는 힘과 응용력을 기를 수 있을 것인가? 교과서 텍스트 자체를 제대로 이해하고 해석하는 것만으로도 벅찬 아이들에게 그 이상의 어떤 것을 요구하는 것이 무리는 아닐까 늘 고민스러웠다. 그럼에도 교과서와 연관된 주제를 확장해 그들의 삶과 연결하고 좀 더 폭넓게 텍스트 너머의 생각들을 펼쳐보는 것이 중요하다는 생각을 하고 있기에 늘 교과 연계 프로젝트를 기획하고 실천하려 애쓰고 있다.

이런 맥락에서 학생들이 실생활과 직접적인 연관성이 있는 주제에 관심을 가지고 깊게 탐구해 보는 일은 매우 중요하다. 어떤 주제를 선정할 것인가? 어떤 내용이 학생들의 자발적인 참여를 이끌어 낼 수 있을까? 이런 부분이 가장 고민스러운 지점이었는데 자신들의 삶과 직접적으로 연결되는 주제를 깊이 있게 탐구하는 과정을 통해 아이들의 배움이 성장으로 이어진다는 해답을 프로젝트 수업에서 찾았다. 5년 전 첫 시작부터 지금까지 매년 모든 프로젝트를 한 학기 동안 장기적으로 진행하면서 포기할 수 없었던 이유는 프로젝트 수업을 통해 아이들과 더 많이 소통하고 아이들에게 필요한 역량들을 키워줄 수 있다는 확신이 있었기 때문이다. 강의식 수업을 통해서는 절대로 발현될 수 없는 아이들의 잠재 역량을 찾고 공동의 목표를 향해 나아가면서 그 과정에서 협업과 의사소통 능력이 향상되는 것을 눈으로 확인하였다. 수업 시간에 존재감 없이 위축되고 소외된 아이들이 모둠에서 대화하고 협업해 가는 모습을 보이기 시작했다. 그리고 자신이 가지고 있는 재능을 발휘하며 모둠에 기여하고 자존감을 회복해 가는 과정을 지켜보면서 프로젝트 수업을 진행해야 하는 당위성을 찾을 수 있었다.

학습자 요구 중심 수업

1학기에는 그림책의 무한한 주제와 깊이감을 통해 아이들이 세상을 바라보는 다양한 관점을 이해하고, 질문을 통해 철학적 사고를 맛볼 수 있도록 그림책을 활용한 창의력향상 프로젝트를 진행했다. 모둠은 무작위로 4인 기준으로 편성하였고 다양한 그림책을 읽고 독후활동을 한 후 최종적으로 영어 그림책을 제작하여 영상으로 담아내는 활동이었다. 활동이 끝난 후 피드백을 통해 학생들이 자신의 진로 관련 활동에 대한 욕구가 크다는 사실을 알게 되었다. 또한 영어 글쓰기 심화 과정의 필요성을 인식하게 되었다. 그래서 2학기에는 진로 영어신문 제작을 최종결과물로 하는 프로젝트를 기획하였지만 여러 가지 면에서 고민되는 점이 있었다.

첫째, 한 가지 역량을 집중적으로 향상하는 활동을 구안하기도 어려운데 논리력과 비판적 사고력 두 가지를 향상할 수 있는 활동들을 어떻게 기획해야 할지 고민이었다.

둘째, 영어로 된 신문을 한 번도 접해본 경험이 없으며 활자 매체와 친숙하지 않은 학생들과 신문을 읽고, 기사를 쓰고, 직접 신문을 제작하는 활동까지 한다는 것이 다소 과한 활동이 될 수 있을 것 같아 걱정되었다.

셋째, 학생들에게 적절한 수준의 자료와 과제를 제시하고 글쓰기에 대한 형식과 내용 전반에 대한 피드백을 어떻게 효과적으로 실행할 수 있을지 막막했다.

학생들은 다양한 매체를 통해 쉴 새 없이 쏟아지는 정보를 접하게 된다. 사실과 의견을 구분하고 올바른 정보인지를 파악할 수 있는 비판적 사고력, 자기 생각과 주장을 근거로 표현할 수 있는 논리적 사고력을 촉진할 수 있는 활동이 프로젝트의 주된 목표였다. 요즘 아이들이 문해력이 많이 떨어진다고 이야기하는데 그런 면에서 신문이 학습의 매우 중요한 매체가 될 수 있다고 생각했다.

아울러 자신의 진로와 관련된 다양한 정보 탐색 과정을 통해 진로 직업 분야에 대한 전망과 최근 쟁점이 되는 진로 정보를 통해 미래를 준비할 수 있는 기회가 될 수 있다고 판단했다. 학생들의 자기 주도적인 진로 역량은 갈수록 중요해지고 있어 교과 연계 진로활동은 매우 필요하다. 대학에서는 학생 선발 시 자신의 진로를 구체화하기 위한 다양한 시도와 경험을 긍정적으로 평가하고 있다. 따라서 수업에서도 진로 탐색 활동의 기회를 부여

하는 것이 필요하고, 무엇보다도 다수 학생의 욕구를 충족시키는 것이 중
요하다고 판단하여 프로젝트에 반영하였다.

프로젝트 개요

사고 한 번 제대로 치자 프로젝트		
과목 영어	학년 고등학교 1학년	기간 17차시

핵심 가치
- 비판적인 사고를 하고 정보를 판단한다.
- 사실과 의견을 구별할 줄 아는 능력을 기른다.
- 논리적인 사고를 바탕으로 자신의 생각과 주장을 구체적인 논거를 통해 표현한다.

성취기준
[10영02-02] 일상생활이나 친숙한 일반적 주제에 관하여 듣거나 읽고 중심 내용을 말할 수 있다.
[10영02-03] 일상생활이나 친숙한 일반적 주제에 관해 자신의 의견이나 감정을 표현할 수 있다.
[10영04-02] 일상생활이나 친숙한 일반적 주제에 관하여 듣거나 읽고 간단하게 요약할 수 있다.
[10영04-03] 일상생활이나 친숙한 일반적 주제에 관해 자신의 의견이나 감정을 쓸 수 있다.
[10영04-04] 주변의 대상이나 상황을 묘사하는 글을 쓸 수 있다.

탐구질문
영자신문을 통해 비판적이고 논리적인 사고력을 어떻게 향상시킬 수 있을까?

프로젝트의 흐름
1차시: 프로젝트 소개, 모둠 편성, 팀 빌딩 활동을 실시한다. (모둠)
2차시: 영어신문 샘플을 통해 용어, 신문의 구성과 특징에 대해 학습한다. (모둠)
3차시: 헤드라인 작성법을 학습한 후 작성해 본다. (개인)
4차시: 정보의 사실과 의견을 구분해 본다. (개인)
5차시: 찬반 논쟁 이슈를 선정하고 논거를 작성하여 자신의 의견을 발표한다. (개인)
6차시: 기사 작성 방법을 학습한 후 진로 관련 이슈를 찾아 정리한다. (개인)
7차시: 자신의 진로 관련 포토뉴스를 작성한다. (개인)
8차시: 특집기사 작성 방법을 학습한다. (개인)
9차시: 광고 기사에 대해 학습 후 모둠별로 광고(홍보) 글을 작성한다. (모둠)
10차시: 자신의 실제 고민과 친구 고민에 대한 조언을 담은 상담칼럼을 작성한다. (개인)
11차시: 진로 관련 추천 도서나 영화 소개 기사를 작성한다. (개인)
12차시: 자신의 진로 관련 현직 직업인 인터뷰 기사를 작성한다. (개인)
13~15차시: 최종 진로 신문 제작을 위한 회의와 편집 시간을 가진다. (모둠)
16차시: 모둠별 제작된 진로 영어신문을 인쇄하여 구성원 모두와 함께 공유한다.(전체)
17차시: 프로젝트 전 과정을 성찰하고 축하한다. (전체)

주요 결과물
모둠 결과물: 진로영자신문

채점기준표

평가 요소	채점 기준(점수)		
말하기 (20점)	**20점**	**16점**	**12점**
	세부 채점기준 3개를 만족시 키는 경우	세부 채점기준 2개를 만족시 키는 경우	세부 채점기준 1개 이하를 만 족시키는 경우
	세부 채점 기준		
	1 정확한 영어를 사용한다.		
	2 자연스러운 발음과 발화 속도로 자신감 있게 발표한다.		
	3 자신의 주장에 대한 근거가 분명하게 드러난다.		
쓰기 (40점) =10점*4회	**10점**	**8점**	**6점**
	세부 채점기준 5개를 만족시키는 경우	세부 채점기준 3~4개를 만족시키는 경우	세부 채점기준 2개 이하를 만족시키는 경우
	세부 채점 기준		
	1 글의 주제가 분명하고 일관성이 있다.		
	2 정확한 문장구성을 통한 의미 전달이 명확하다.		
	3 양식지에 주어진 핵심 문법을 모두 사용한다.		
	4 양식지에 주어진 내용 조건을 모두 충족한다.		
	5 친구들에게 구체적이고 도움이 되는 피드백을 2회 이상 받는다.		
진로신문 결과물 (40점)		**10점**	**8점**	**6점**

진로신문 결과물 (40점)		10점	8점	6점
	완성도 (10)	10면 이상의 지면을 내용 과 형식면에서 매우 충실 하고 짜임새 있게 구성하 였다.	10면 이상의 지면을 제작 하였으나 내용과 형식면 에서 짜임새와 구성이 다 소 미흡하다.	10면 이상의 지면을 제작 하였으나 내용과 형식면 에서 짜임새와 구성이 매 우 미흡하다.
	내용 및 언어사용 (10)	상황에 맞는 적절한 어법 과 언어 사용으로 전체 내 용 전달에 무리가 없다.	어법과 언어 사용에 약간 의 오류가 있어 전체 내용 전달에 다소 무리가 있다.	어법과 언어 사용에 오류 가 많아 전체 내용 전달 이 매우 미흡하다.
	진로와의 연계성 (10)	자신들의 진로와 밀접한 관련이 있는 내용으로 구 성되었다.	자신들의 진로와 연계성 이 다소 미흡하다.	자신들의 진로와 내용 면 에서 연계성이 전혀 없 다.
	협업 (10)	모둠원의 역할 분담이 고 르고 구성원 모두가 적극 적으로 참여하여 협업이 잘 드러난다.	모둠원의 역할 분담이 고 르게 배분되었으나 구성 원이 활동에 소극적으로 참여한다.	모둠 구성원들의 참여가 거의 이루어지지 않는다.

수업 속으로

사고 한번 제대로 치자!

프로젝트 전체를 포괄하면서 학생들의 지적 호기심을 자극할 수 있는 탐구 질문을 선정하는 것은 매우 힘든 과정 중의 하나다. 프로젝트의 주제, 학생들의 탐구역량, 교사의 의도가 총체적으로 어우러지는 멋진 탐구 질문을 만드는 일은 그래서 늘 어렵다. 이번 프로젝트는 매체가 영어신문이다. 신문을 읽고 제작하는 과정을 통해 학생들의 어떤 능력을 신장시킬 수 있을 것인가를 고민하여 '영어신문을 통해 비판적이고 논리적인 사고력을 어떻게 향상시킬 수 있을까?'로 탐구 질문을 결정하였다. 비판적인 시각으로 다양한 신문 기사글을 읽고, 논리적인 근거를 제시하며 말과 글로 자신의 주장을 표현할 수 있는 역량을 기를 수 있도록 수업을 구안하고자 했다. 이번 프로젝트를 통해 비판적 사고력과 논리적 사고력 두 가지 모두를 한 번에 잡자는 생각에 프로젝트 이름을 '사고 한 번 제대로 치자!'로 정했다. 나름 매우 센스있는 이름이라고 우쭐했는데 학생들에게는 별로 인정받지 못했다.

왜 프로젝트 수업인가?

우리 학교는 여학생들로만 구성된 지역에서 오랜 전통을 가진 인문계 고등학교이고, 대체로 교사 주도의 강의식 수업방식을 선호하는 학생들이 많다. 그래서 처음 모둠수업을 할 때나 프로젝트 수업의 초기 단계에서는 익숙하지 않고 경험이 거의 없는 수업에 대해 충분히 이해할 수 있게 설명하고 공감대를 형성하는 일이 중요했다. 학생들에게 프로젝트 수업이 왜 중요하고 왜 이런 수업을 진행하는지에 대한 나름의 철학과 이유를 강조했다. 또한, 이 수업을 통해 학생들 자신에게 어떤 도움이 되는지, 우리 모두는 어떤 것들을 배울 수 있는지에 대해 인식시키려고 노력했다.

그런 다음엔 프로젝트 수업 전반에 대한 소개를 진행했다. 프로젝트명, 탐구 질문, 세부 일정, 평가계획까지 안내하고 궁금한 부분에 대해 질문을 받는다. 혹시 일정 변경이 필요한 경우나 수행 과제가 너무 많은 경우에 학생들의 의견을 반영하여 조율하기도 한다. 미리 준비한 모둠 편성표를 가지고 모둠을 배치한 후 모둠 세우기 활동까지 1차시에 운영하였다.

모둠 구성 활동

프로젝트는 주 4단위 영어 수업 중 내가 수업하는 4개 반의 수업이 모두 있는 화요일 1시간 수업을 프로젝트 수업 일로 정했다. 사전에 진행한 진로 관련 설문을 토대로 학생들을 교육, 공학, 예술, 경영, 의료보건, 언론, 홍보 등 총 7모둠(4인 1모둠 기준)으로 편성하였다.

그동안 다양한 방법으로 모둠을 구성해왔는데 이번에는 학생의 요구를 반영하여 진로와 영어 수준을 고려한 모둠을 편성하려고 노력하였다. 다만 일부 모둠에서 진로가 이질적인 모둠원들로 구성된 경우도 있었으나 오히려 이질 집단의 장점을 살려 창의적인 아이디어 산출과 시너지 효과를 낼 수 있다고 격려했다.

프로젝트 수업 시간에는 기본적 모둠수업 형태인 4인 1모둠 자리 배치로 앉아서 수업을 진행하기 때문에 모둠 세우기 활동은 매우 중요하다. 따라서 모둠원들이 협업의 중요성을 인식할 수 있도록 '협동 글자 쓰기' 활동을 진행하였다. 각 모둠에 마커와 자석 화이트보드, 줄을 배부하고 교사가 제시하는 단어를 정해진 시간 내에 최대한 빠르고 정확하게 써서 칠판에 부착하는 게임인데, 이때 중요한 것은 모둠원 각자가 줄을 잡을 때 최대한 끝을 잡고 글씨를 완성해야 한다는 것이다. 서로의 호흡과 균형이 매우 중요하기 때문에 모둠원들의 협업 정도를 확인할 수 있는 긴장감 있고 재미있는 팀 빌딩 게임이다. 가장 글씨를 빠르게 쓴 팀과 가장 예쁘고 바르게 글씨를 쓴 두 팀을 선정하여 보상한다. 교사가 제시하는 단어는 프로젝트와 매우 밀접한 연관성을 가진 핵심 단어를 선정한다. 게임 종료 후 참여 소감을 듣고 프로젝트 전 과정을 통해 협업이 얼마나 중요한 요소인지를 다시 한번 인식시킨다.

영어신문의 구성 살펴보기

학생들이 영어신문을 실제로 접해볼 기회가 없었기 때문에 익숙해지는 시간을 주고자 학교에 배달되는 샘플용 영어신문을 준비하여 모둠당 1부씩 배부하고 전체 지면과 구성을 구체적으로 살펴보게 하였다. 신문명, 출판사, 다양한 섹션, 기사 헤드라인, 사진, 광고 등을 구석구석 빠짐없이 찾아보고 활동지를 통해 학습했던 각각의 신문 구성요소가 어디에 해당하는지 찾아서 모둠별로 체크한 것을 점검해 보았다. 배운 용어들을 신문 지면에서 정확하게 모두 찾아낼 수는 없었지만, 상당히 많은 용어의 쓰임을 확인할 수 있었고 뉴스, 스포츠, 특집기사, 정치, 문화, 사설 등 다양한 섹션 구성 그리고 신문 형식에 대해 인식할 기회가 되었다. 마무리 활동으로 학습한 신문 전문용어를 워드서치 퍼즐로 제시하여 용어에 익숙해지도록 확인 점검하였다.

헤드라인 작성하기

기사 작성 시 가장 중요한 헤드라인 작성법에 대해 지도하였다. 헤드라인의 역할과 특징, 헤드라인 작성에 필수적인 항목을 간략하게 정리하고 실수하기 쉬운 문법적인 오류를 예문을 통해 구체적으로 제시하였다. 기사 전체 내용을 함축적으로 표현하면서도 사람들의 시선을 끌 수 있는 매력적인 헤드라인의 특성을 살려서 짧은 기사문을 통해 헤드라인을 작성해 보도록 했다. 학습지를 보며 헤드라인 작성 시 해야할 일과 하지 말아야 할 일을 하나씩 점검해 보면서 헤드라인 작성의 중요성을 인식시켰다.

정보의 사실과 의견 구분하기

정보를 읽고 사실과 의견을 구분하는 활동을 진행했다. 일반적으로 신문은 사실 보도를 전제로 하는 매체라고 생각하지만, 작성자의 의도에 따라 그렇지 않을 수도 있고, 정보 자체가 오류인 경우도 많다. 특히 최근 몇 년 동안 지속적으로 발생하고 있는 가짜뉴스의 폐해는 갈수록 심각해지고 있다. 매체를 통해 우리가 접하는 다양한 정보가 사실에 근거하고 있는지, 어떤 한 사람의 편향된 의견을 절대적인 사실이라고 믿음으로써 발생하는 문제는 없는지 고민해보는 시간을 갖고자 하였다. 우선 준비한 자료를 통해 정보와 사실이 무엇이 다른지 간단한 이론 수업을 진행한 후 학습지에 제시된 영어진술문을 통해 그 문장이 사실인지 의견인지 확인해 보는 활동을 전개하였다.

찬반 의견 발표하기 (말하기 수행평가)

5차시는 비판적 사고와 논리적 사고 두 가지가 모두 필요한 활동으로 찬반 논쟁이 뚜렷한 이슈를 선정하여 자기 생각과 주장을 근거로 작성하고 이를 말하기로 표현하는 활동이었다. 최종결과물이 진로 영어신문이라 쓰기 활동만으로 구성할 수도 있었다. 그럼에도 읽기 활동이 수업의 주를 이루는 고등학교 학생들에게 상대적으로 부족한 말하기 활동의 기회를 부여하고자 했다. 또한 결과물은 이후 최종 신문 섹션에도 포함할 수 있는 소재였다. 영어신문 샘플을 제공하고 토론 섹션 영작에 필요한 문장구성에 대해서도 예시를 주어 작문에 어려움을 겪는 학생들에게 도움이 되도록 하였다. 이 활동은 말하기 수행평가로 연결되기 때문에 세부적인 조건을 제시하였다. 미리 구글 클래스룸을 통해 작성 글을 제출받고 말하기 평가에 참여하도록 공지하였다. 자신의 진로 관련 논쟁 이슈를 다루기를 원했지만, 논제를 찾기가 쉽지 않아 참고 사이트[3]의 여러 이슈 중에서 하나를 선택하도록 했다.

글쓰기에 포함할 내용은 논제, 서론-본론-결론 구성, 본론에서 3가지 근거 제시, 찬반 양쪽 모두 해당하는 글쓰기 조건을 제시하였다. 학생들이 영어 작문에 대한 어려움이 있기 때문에 우리말로 내용을 먼저 정리하고 영어 번역기 도구를 활용할 수 있도록 안내하였다. 말하기 평가는 찬성과 반대 의견 중 추첨을 통해 자신이 선택한 부분을 발표하는 방식으로 진행하였다.

찬반 논쟁 이슈 예시

	Controversial Issues
1	Should tablets replace textbooks in schools?
2	Can alternative energy effectively replace fossil fuels?
3	Is artificial intelligence good for society?
4	Are multivitamins good for health?
5	Is the Internet making us stupid?

5차시 활동 학생 사례

	Agree	Disagree
Issue	Is AI good for society?	
Introduction	I agree that AI is good for society.	I disagree that AI is good for society.

---

3 https://www.procon.org/

	First of all, it can increase efficiency by automating tasks that were previously done by humans, like AirAsia, an airline in Malaysia.	Firstly, it can cause legal problems. According to the KCSC, crimes using Deepfake Technology are rapidly increasing.
Body	Secondly, it makes our lives more comfortable. For example, we can use AI speakers or kiosks for various services.	Secondly, it can take away jobs. For example, AI models are replacing tasks previously performed by real models.
	Finally, it can decrease the risks in our daily lives by finding the best and fastest solutions. For instance, AI is used in searching for missing people during disasters.	Finally, it can lead to ethical issues, such as copyright problems with AI programs.
Conclusion	Overall, I agree that AI has positive impact on society.	So, I disagree that AI is beneficial for society.

기사 작성하기

본격적으로 기사글을 작성하기에 앞서 기사문 작성에 필요한 핵심 내용을 학습하였다. 모든 정보가 준비되면 기사를 쓰기 시작하는데 기사의 주제가 무엇인지 먼저 생각해야 한다. 그다음엔 형식에 맞게 구체적이고 명확하게 글을 작성한다. 기사글은 분명하고, 간결하고, 정확해야 한다. 그리고 누가, 언제, 어디서, 무엇을, 왜, 어떻게 했는지가 가능하면 모두 포함되도록 한다. 영어로 된 짧은 예시글을 통해 육하원칙이 제대로 쓰였는지 찾아보는 모둠활동을 진행하였다. 마지막으로 다음에 이루어질 쓰기 연계 활동 관련하여 자신의 진로 관련 최신 이슈를 찾아 정리해 보는 시간을 개별적으로 가지도록 하였다.

포토뉴스 작성하기 (쓰기 수행평가 1)

7차시에는 포토뉴스를 작성하였다. 자신의 진로 분야에서 최근 관심 있는 이야기를 찾아보고 이미지 사진을 찾아 그 이미지를 영어로 묘사하는 글을 작성하는 것이다. 첫 문장은 사진에 등장하는 인물의 행동을 생생하게 표현하기 위해 현재시제를 사용한다. 뒤따르는 후속 문장에는 사진의 배경정보를 과거시제로 설명한다. 육하원칙(5W1H) 중에서 적어도 4가지 이상의 구체적인 정보가 들어가야 하며 사진 출처를 꼭 밝히도록 하였다. 이 시간에는 양식지를 제공하여 글쓰기를 진행하였고 최종완성본은 구글 클래스룸을 통해 제출받았다.

특집기사 작성하기

특집기사는 특정한 내용이나 대상에 중점을 두고 쓰는 기사로 특집기사 작성 순서에 따라 사람들이 좋아할 만한 이야기를 찾아 배경지식을 조사하고 어떤 방식으로 쓸 것인지 고민해보아야 한다. 독자와 매체, 기사의 형식을 선택한 후 개요를 작성해야 하는 내용을 지도하였다. 유형별 특집기사를 살펴보고 가능하면 조금 더 접근하기 쉬운 유형을 선택하여 실제 신문 제작 시 진로 관련 가장 심도 있는 내용을 작성해 보도록 안내하였다.

광고 제작하기

9차시 광고 글은 자신의 진로 분야에서 찾아볼 수 있는 광고를 아무런 제한 없이 상상력을 동원하여 창작해 보도록 했다. 우선 신문을 통해 휴대전화, 자동차, 소파, 호텔 등의 광고 이미지를 준비하여 목적과 용도에 따라 다양한 광고가 있음을 제시하였다. 그리고 연상, 주장, 오락, 유머, 홍보, 반복 등 다양한 광고 기법들을 학습지로 제시하여 용어와 개념에 대해 학습하도록 지도했다. 직접 광고를 제작하는 활동에서는 모둠별로 자신들이 하나의 기업이라고 가정하고 이미지와 광고 문구를 직접 써서 회사나 제품을 광고해 보도록 했다. 결과물은 최종산출물 진로 영어신문 광고 섹션에 삽입하도록 했다.

상담칼럼 작성하기 (쓰기 수행평가 2)

영어신문의 인기 섹션 중에 상담칼럼이 있다. 이 부분은 일반적인 기사와는 다르게 개인의 다양한 고민이 소개되고 그 고민에 대한 전문가의 조언을 담고 있어 공감대가 매우 큰 기사다. 그래서 상담칼럼 작성하기를 쓰기 수행과제 중 두 번째 항목으로 선정하였다. 양식지의 첫 번째 칸에는 진로, 학업, 관계, 외모 등에 대한 각자의 고민에 대해 5문장 이상 작성한다. 두 번째 칸에는 친구가 작성한 고민을 그대로 입력한다. 마지막 칸에는 친구 고민을 요약한 핵심 문장을 2문장, 친구를 위로하고 공감해 주는 내용을 3문장, 친구의 고민에 대한 충고와 조언을 해주는 내용 3문장, 마지막으로 격려와 응원 1문장 이렇게 총 8문장 이상의 글쓰기 과제를 작성하여 구글클래스룸에 제출하도록 하였다. 친구 고민에 대한 상담 글은 4명의 모둠원이 서로 겹치지 않게 조언을 해주도록 했다. 물론 이 활동에서도 실제 영어신문에 제시된 샘플 예시글과 조언을 할 때 많이 사용하는 문장들을 별도로 제시하여 학생들에게 도움을 제공하였다.

상담칼럼 작성하기

My Problem: Bad Eating Habit

My problem is my bad eating habits. I have a frequent stomach ache. And I think my eating habits are the reason. For example, I binge on or skip a meal and sometimes I eat dinner too late. I've been trying hard to solve this problem. But I couldn't. Please give me some advice.

Friend's Problem: Too Much Sleep

I'm worried because I sleep too much. As a result, I often can't do what I need to do due to excessive sleep. I've tried many ways to reduce my sleeping hours, but none of them seem to work. Could you please provide some advice on how to reduce my sleep? What should I do?
from Worry

My Advice

조건	1. 친구 고민 문제 요약 – 2문장 2. 친구를 위로하고 공감해 주는 내용 – 2문장 3. 자신의 충고와 부연 설명 – 3문장 4. 친구에 대한 격려와 응원 – 1문장
Advice	Dear Worry You have a problem with too much sleep time. You've been trying to solve this but it doesn't work, so you want to know a good solution. I have the same concerns because I like to sleep a lot. Also, I understand that fixing this is more difficult than we thought. To solve this problem, I recommend that you first set up a regular sleep schedule every day and sleep regularly. Irregular sleep for long periods of time causes more fatigue than shorter, regular sleep periods. Even if you sleep more hours, irregularities make your body more tired. Also, it is not recommended to use electronic devices before sleeping. It strains your eyes and can interfere with deep sleep. It can be difficult to maintain these little habits, but if you put in the effort and stick with them, your bed habit will change. So cheer up!"

10차시 활동 학생 사례

진로 영화, 진로 도서 추천 글 작성하기 (쓰기 수행평가 3)

　독서는 수업의 전 과정에서 가장 중요한 활동이지만 실제로 수업장면에서 체계적인 독서가 이루어지기는 힘든 여건이다. 학생들은 많은 수행평가와 학습량 때문에 책 읽을 시간이 없다고 항변하지만, 진로 관련 독서는 너무나 필요한 활동이라 억지로라도 온 책 읽기를 강조하고 있다. 적어도 일년에 2권 이상의 진로 관련 독서는 필요하다고 생각하고 미리 강조해 왔기 때문에 자신이 읽은 도서의 추천 평을 쓰는 활동은 어렵지 않게 진행할 수 있었다. 양식지 첫 부분에는 자신이 읽은 도서의 책 표지 사진을 삽입하도록 했다. 두 번째는 책 제목과 저자명, 그다음에는 줄거리 요약(5문장 이상), 느낀 점 (5문장 이상), 추천 평(3문장 이상)을 순서대로 작성하도록 했다. 의미 전달이 명확하도록 영어문장은 최대한 단순하고 짧게 쓰도록 안내했다. 추천할 도서가 없는 학생들에게는 상대적으로 시간이 적게 소요되는 진로 관련 영화를 보고 추천 평을 작성하는 것도 허용했다.

직업인 인터뷰 기사 작성하기 (쓰기 수행평가 4)

우리 학교는 1학년 전체 학생을 대상으로 진로시간과 연계하여 1학기에는 자신의 전공 탐색 활동을, 2학기에는 직업인 인터뷰 활동을 진행하고 결과보고서를 작성하였다. 그래서 거의 모든 학생이 이 활동에 참여하고 보고서까지 제출한 상황이었기 때문에 직업인 인터뷰 기사 작성 시에 별도의 자료 준비는 필요하지 않았다. 인터뷰 대상, 자신이 인터뷰했던 내용 중 5가지의 핵심 질문과 답변, 느낀 점 5문장 이상, 관련 사진을 삽입하여 구글 클래스룸에 과제로 제출하는 것이 쓰기 수행평가 4번째 항목이다.

진로신문 제작하기

13차시부터 15차시까지 3차시 동안에는 학생들이 그동안 각자 자신의 진로에 맞게 작성한 기사글을 수정, 보완하고 모둠의 전체 진로신문 콘셉트에 맞는 형식으로 배치하여 편집하는 시간을 가졌다. 모둠원들은 각자의 역할을 담당하면서도 서로 협업하여 진로 모둠의 특성에 맞게 통일성이 있는 기사글을 작성하였다. 기사글은 그동안 기사 쓰기 과정에서 작성했던 글 중에서 모둠원 각자가 선정한 글을 수정, 보완하거나 아니면 담당자가 새로운 글을 작성하도록 하였다.

모둠 구성원 4명은 각자의 역량에 따라 다음과 같이 역할을 분담하여 수행하였다. 우선 편집장은 모둠의 리더로 전체 일정을 관리하고 신문 전체 지면의 내용 점검과 교정, 편집을 담당하였다. 기자1과 기자2는 작성한 기사를 영어로 번역하거나 번역된 영어 기사문을 어법에 맞게 수정하는 역할을 담당하였다. 디자이너는 신문 내용에 대한 구성과 배치, 이미지 삽입, 만화 제작 등의 역할을 수행하였다. 모둠별로 배부한 기획서 양식에는 신문의 예상 제목과 신문 섹션별 구체적인 내용, 그 기사를 작성할 담당자를 배정하고 모둠별 신문의 콘셉트와 장점을 살려 다른 모둠의 신문과 차별화하는 방안을 고민해보도록 주문했다. 그리고 A4 기준, 최소 10면 이상으로 제작하고 1년 동안 교과서에서 배운 핵심 문법 중에서 5가지 이상 활용할 것을 조건으로 제시하였다.

자신이 쓸 기사의 영작 문장은 최대한 짧고 단순하게 쓰고, 기사 제목은 독자의 관심을 끌 수 있는 매력적이고 형식에 맞는 표현을 사용하도록 했다. 특히 이미지와 원자료의 출처를 분명히 밝히고 기사 하단에 작성자를 표기하여 각자의 기사에 대한 책임 의식을 갖도록 하였다. 신문 전체의 디자인과 구성은 깔끔하고 통일감 있게 하되, 실제 영어신문 샘플을 참고하여 최대한 유사한 형식을 갖추도록 했다. 가장 중요한 것은 모둠원의 역할을 적절하게 배분하여 무임승차가 없도록 하고 각자의 역할과 협업이 골고루 드러나도록 해야한다는 것을 주지시켰다.

최종결과물 공개하기 (수행평가)

16차시에는 제작한 최종결과물인 진로 영어신문을 파일과 컬러출력물 두 가지로 제출하도록 하였다. 컬러출력물은 자신의 모둠을 제외한 6팀으로부터 모둠별 피드백을 통해 최종 수정 보완하는 과정을 가졌다. 1차 공유회 때는 배운 점, 잘한 점 위주로, 2차에서는 수정 보완할 부분을 찾아 체크하며 피드백을 제공하였다. 학생들은 주어진 양식지에 모둠별로 전체 완성도, 신문 내용, 진로 연계성, 디자인 4가지 항목에 대해 구체적이고 도움이 되는 피드백을 작성하였다. 교사는 최종적으로 내용과 형식 면에서 빈번하게 발생한 오류 내용을 목록으로 정리하여 배부하고, 그 내용을 참고하여 수정된 최종본 파일은 학교 홈페이지에 올려 전체 공유하였다.

〈1면 Cover〉 〈2면 Photo News〉

〈3면 Cartoon〉

〈4면 Feature Article〉

〈5면 About Job〉

〈6면 Cartoon〉

〈7면 Counseling〉

〈8면 Science Puzzle〉

〈9면 Advertisement〉

〈10면 Interview〉

최종결과물 예시

프로젝트 성찰하기

성찰을 위한 활동으로 최종결과물 발표 후 구글 클래스룸을 통해 모둠별로 활동 내용을 정리하고 소감을 제출하도록 하였다. 학생들은 활동을 통해 어렵고 힘들었던 점, 자신이 기여하고 잘한 점과 배운 점을 각자 작성하였다.

프로젝트 초반에는 늘 기대감과 두려움을 가득 가지고 있던 아이들이었지만 '프로젝트가 마무리되고 성찰지를 받았을 때 많은 성장과 배움이 있었다'고 이야기해 줄 때 보람을 느낀다. 전혀 새로운 분야에 대한 활동에 참여하면서도 교사를 믿고 잘 따라와 주었고 아이들은 교사의 기대보다 늘 훨씬 더 높은 수행과 결과물로 만족을 주었다. 요즘 아이들의 특성상 모둠 수업에 대한 거부반응이 있을 법도 하지만 한결같이 서로서로 도와가면서 최종의 목표를 향해 노력해 가는 모습을 보면서 대견했다. 최종결과물 제작이 정기고사 시기와 맞물리면서 학생들의 스트레스가 상당하여 이번 프로젝트는 가능하면 정기고사 시작 전에 모두 마무리하려고 하였지만, 여전히 학생들로부터는 시간상 매우 어렵고 벅찬 부분이 있었다는 피드백이 있었다.

수업을 마치며

그래도 역시 프로젝트!

교사 관점에서 이번 프로젝트는 학생들의 요구를 반영하여 자신의 진로 관련 심화활동으로 확장하였고, 신문 제작을 위한 자료조사 과정에서 진로에 대한 구체적인 정보와 지식을 습득할 수 있는 매우 의미 있는 활동이었다고 생각한다. 특히 영어 기사문 작성법과 신문 제작에 대한 아이디어 창출을 위해 기존 선배들이 제작했던 샘플 예시자료와 구독했던 영어신문 실물 자료를 제공하여 도움을 주었고 학생들의 과제 수행과정에서 필요한 이론적인 학습 내용을 차시마다 학습지로 제작하여 배부하였다. 활동 과정에서 수행평가로 작성했던 기사문을 다듬고 보완하여 최종결과물 제작에 그대로 반영함으로써 학생들의 수고로움과 시간을 절약할 수 있었던 것도 효과적인 방법이었다.

하지만 학생 입장에서 보았을 때 비판적인 시각으로 기사나 정보를 읽고 논리력을 바탕으로 자신의 주장을 근거로 표현할 수 있는 능력이 얼마나 향상되었는지는 의문이다. 너무 많은 활동과 10페이지 이상의 신문 제작 분량 조건이 벅찬 과제였을 수 있고 특히 다양한 섹션을 구성하다 보니 기사글의 깊이감이 떨어지는 부분이 있었다. 가능한 구체적이고 도움이 되는 피드백을 제공하여 좀 더 완성도 있는 결과물 산출로 이어지도록 노력했지만 늘 그렇듯이 쓰기 수행 과제에 대한 지속적인 개인 피드백이 미흡하였다. 최종결과물 제출 전 출력물을 미리 점검하여 피드백을 제공하였다면 더 좋았겠다는 아쉬움도 남았다. 모둠활동의 고질적인 문제점 중 하나인 무임승차가 발생한 모둠도 있었다. 대부분의 모둠에서는 각자의 역할 분담이 잘 이루어지고 일정 부분 기여하면서 협업하였으나, 학업에 대한 의지가 부족하여 참여도가 현저히 떨어지는 학생이 포함된 모둠에서는 결국 한 사람에게 과도한 책임이 부과되어 리더가 힘들어하는 모습도 볼 수 있었다. 다음은 학생들의 수업 피드백 및 성찰 일부이다.

"그동안 신문을 읽는 입장이어서 몰랐는데, 이번 프로젝트를 통해 하나의 신문에는 엄청난 시간과 노력이 녹아있다는 것을 깨달았다. 특히, 나는 기사를 작성할 때 사람들의 시선을 사로잡을 만한 제목을 정하는 것이 어려웠다. 하나의 신문에는 여러 기사가 들어가는데, 그 기사들이 잘 어우러져야 하는 것과 기사를 읽게 될 사람들이 관심을 가질만한 주제를 선정하는 것, 어느 부분에 어떤 기사를 배치하는지 등이 내 생각보다 훨씬 더 중요하다는 것을 이번 프로젝트를 통해 배웠다." (1116 윤○원)

"처음 새하얀 백지를 마주했을 때는 정말 막막하고 어떻게 신문을 완성해야 하나 걱정이 많았다. 하지만 포기하지 않고 하나하나 채워나가다 보니 점점 감이 잡혔고 원하던 결과를 얻을 수 있었다. 또한 기사 오탈자를 검토할 때 여러 번 수정을 거쳤음에도 불구하고 자연스럽지 않은 문장 표현이 존재했다. 계속해서 수정하는 과정이 너무 지치고 힘들었지만, 그 덕에 조금 더 질 좋은 결과물이 나온 것 같아 뿌듯함을 느꼈다. 다양한 시도와 함께 어떻게 하면 더 나은 신문을 만들어 낼 수 있을까에 대한 고민을 거듭한 덕에 원하던 결과물을 얻어낼 수 있었다. 이번 경험을 통해 포기하지 않는 자세가 중요함을 깨달았다. 모둠의 리더로 적극적으로 활동을 주도하고 시간 관리에 신경을 썼지만, 무엇보다도 각자 맡은 몫을 잘해 내준 모둠원들에게 가장 고마움이 컸다." (1206 김○경)

"처음에는 기사를 쓴다는 것이 설레기도 하면서 잘할 수 있을지 막막하게 느껴지기도 했다. 하지만 포기하지 않고 최선을 다해서 노력하니 완성할 수 있었고, 친구들에게 도움 되는 정보들을 담을 수 있었다. 그래서 어떤 일을 하든지 포기하지 않고 계속하는 것이 중요하다는 것을 다시 한번 배우게 되었다. 또한, 모둠원이 각자 맡은 바를 성실히 해야 하나의 신문을 만들 수 있었던 활동이어서 협업의 중요성을 다시 한번 느끼게 되었다." (1427, 최○현)

아무리 치밀하게 수업을 계획해도 여러 가지 시행착오와 문제는 늘 발생한다. 그때그때 문제상황에서 최선을 다해 해결책을 찾고 그다음에 진행할 프로젝트에 반영하여 지난번보다는 조금 더 나은 활동이 되게 노력하는 수밖에는 없다. 이 힘들고 지난한 과정을 쉬지 않고 계속하고 있는 것은 서두에서도 밝혔다시피 아이들이 프로젝트 활동을 통해 지적인 사고가 깊어질 뿐만 아니라 정서적인 유대관계 또한 매우 넓어지기 때문이다.

지금도 여전히 선명한 것은 없고 해마다 학기 초가 되면 도대체 어떤 프로젝트를 구상해야 할지 아직도 막막하다. 하지만 관계를 통해 서로 배우고 성장해 가는 아이들의 힘을 믿고, PBL센터에서 동료 교사와 연대하고 실천과 공유를 통해 더 큰 시너지를 경험하고 있기 때문에 올해도 아니 교직 생활 마지막까지 프로젝트를 꾸준히 실천하고 아이들의 배움과 성장을 이끄는 교사가 되고 싶다.

나만의 인공지능 예측 모델 만들기

이지근 충남외국어고등학교

인공지능 시대 수학 수업, 어떤 배움이 일어나야 할까?

　내가 근무하고 있는 충남외국어고등학교는 독특한 에너지가 가득하다. 학생들의 눈은 호기심으로 반짝이고, 외국어, 사회, 국제 이슈에 대한 끊임없는 토론이 진행된다. 그러나 아이들의 다채로운 대화는 수학 시간이 되면 시간이 멈춘 것처럼 정적이 흐른다. 학생들은 이해하기 어려운 공식과 개념들로 인해 노력해도 성적이 나오지 않는다며 하소연한다. 학생들이 수학의 역사적 배경을 직접 느낄 수 있도록 수업을 디자인했지만, 제한된 수업 시간 내에 진도를 나가는 것조차 버거웠다. 외국어고등학교 교육과정 특성상 수학 교과의 수업시수가 턱없이 부족하기 때문이다. 학생들은 내 수업에서 무엇을 배우고 있을까?

　눈앞의 입시만을 본다면 점수를 잘 받을 수 있는 문제 풀이 중심의 수학 수업이 중요하지만, 나는 그것만이 수학 교육의 전부가 아니라고 생각한다. 교육방식은 시대변화에 분명 영향을 받기 때문이다. 영어사전에서 '전자사전'으로 발전하는 과도기에 나를 가르쳤던 영어 선생님께서는 종이로 된 영어사전을 고집하셨는데, 전자사전보다 영어사전이 영어 학습에 더 효과적이라고 주장하셨다. 그러나 지금 학생들은 스마트폰으로 영어단어를 검색하고, 자동 생성되는 단어장과 퀴즈로 단어를 암기한다. 이렇듯 수십 년간 이어져 온 정형화된 수학 문제 풀이 방법이 종이 영어사전처럼 역사 속으로 사라질 수도 있지 않을까?

현재 인공지능 기술이 빠르게 발전하며, 사회의 많은 분야에서 활용되고 있다. 많은 회사에서 인공지능을 잘 활용할 수 있는 사람을 필요로 하고, 자동화가 가능한 업무를 담당하는 인원을 감축하는 추세다. 또한 교육부는 2022년 12월 22일 발표한 '2022 개정 초·중등학교 및 특수학교 교육과 정'에서 '모든 학생이 언어·수리·디지털 소양에 대한 기초소양 함양'이 라는 교육과정 개정 방향을 제시하였고, 전 학년 모든 교과에서 디지털 기초소양 수업을 해야한다고 강조하였다. 이러한 시대의 변화, 교육의 변화 속에서 '학생들이 인공지능 기술을 능동적으로 다룰 수 있도록 수학 교사 로서 어떤 역할을 해야 할까?'

프로젝트 구상의 배경

나는 2022년 한국과학창의재단의 인공지능(AI)교육 교사연구회 '에듀파 이(EuPy) 인공지능교육공동체'[4]에 참여하여 수학 교사로서 연구회 선생님 들과 함께 연구해 왔다. 2022년에는 고등학교 3학년 담임을 맡게 되어 1학 기에는 확률과 통계, 2학기에는 경제 수학 과목을 가르쳤다. 외국어고등학 교의 교육과정 특성상 수학 과목의 시수가 법적 최소시수만 허락되었고, 진도를 나가기에도 급급한 시간이었다. 결국 정규수업 시간 외에 학생들에 게 인공지능 기초소양을 길러줘야겠다고 다짐했고, '에듀파이' 선생님들과 함께 교수학습자료를 개발하여 학년 구분 없이 희망하는 학생들을 대상으 로 프로젝트를 시도하였다.

---

4 에듀파이(EuPy) 인공지능교육공동체 : '인공지능 언플러그드 활동과 실생활 데이터를 활용한 머신러닝 교육 프로그램 개발'을 함께 연구하고 실천하는 교사연구회(서정호, 설진국, 김진형, 이지근, 김준수)

인공지능(Artificial Intelligence, AI)은 컴퓨터가 인간의 학습, 추론, 자연어 처리(NLP)[5] 등의 지능적인 작업을 수행할 수 있는 능력을 의미한다. 머신러닝(Machine Learning, ML)은 인공지능 분야 중 하나로 컴퓨터가 데이터를 학습하고, 이를 기반으로 패턴을 파악하여 새로운 데이터에 대한 예측 및 분류 등을 수행하는 것을 의미한다. 머신러닝은 알고리즘을 사용하여 데이터에서 패턴을 추출하고, 이를 통해 일반화된 모델을 구축하는 과정이다. 딥러닝(Deep Learning)은 머신러닝의 한 분야로, 인공 신경망을 기반으로 하는 기술이다. 딥러닝은 여러 층의 인공 신경망을 구성하여 입력 데이터와 출력 데이터 사이의 복잡한 관계를 모형화한다. 다음과 같은 포함관계 그림으로 쉽게 이해할 수 있다.

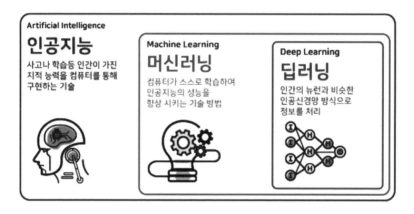

인공지능, 머신러닝, 딥러닝의 관계[6]

머신러닝에서는 컴퓨터가 수많은 데이터를 분석하여 패턴을 찾고, 이를 기반으로 예측 모델을 만들어낸다. 예를 들어, 스팸 메일 필터링 시스템을

5 골드 스탠더드 PBL: 필수 프로젝트 디자인 요소' 참고 및 재구성. 벅 교육협회. 2023.05.30.자연어 처리 (NLP) : 컴퓨터가 인간의 언어를 이해, 생성, 조작할 수 있도록 해주는 인공지능(AI)의 한 분야

6 마쓰오산 유타가, 인공지능과 딥러닝, 동아 엠앤비티, 2015

만들기 위해서는 대량의 이메일 자료를 수집하여 머신러닝 알고리즘을 이용해 스팸 메일의 패턴을 파악하고, 새로운 이메일이 스팸인지 아닌지를 예측하는 모델을 만들 수 있다. 연구회 선생님들은 고등학생들이 인공지능에 대한 개념과 원리를 이해하기 위해 머신러닝이 가장 적절하다는 데 뜻을 모았다.

머신러닝의 다양한 알고리즘 중에 학생들에게 필요한 게 뭘까? 그건 바로 '회귀분석'이다. 회귀분석은 함수 관계 중에서 변수 사이의 특정 관계를 분석하는 방법이다. 회귀분석은 '회귀'라는 용어에서 알 수 있듯이, 두 변수 간의 관계가 일반적인 선형관계의 평균으로 돌아감을 가정한다. 이러한 선형관계에서는 독립변수와 종속변수가 중요하다. 독립변수가 어떻게 종속변수에 영향을 미치는지 분석하거나, 이를 통해 종속변수를 예측할 수 있다.

그렇다면 어떻게 이런 선형관계를 찾아낼까? 여기서 '산점도'[7]가 큰 역할을 한다. 두 변수 간의 관계를 시각화하고, 산점도 위에 오차를 최소화하는 추세선을 그린다. 이 추세선이 바로 회귀분석의 결과이다. 이제 새로운 독립변수의 값이 주어지면, 종속변수의 값을 예측할 수 있다. 예를 들어, '기온'이라는 독립변수와 '아이스크림 판매량'이라는 종속변수가 있다면, 기온이 올라갈 때 아이스크림 판매량이 얼마나 증가하는지 예측할 수 있다.

선형회귀분석은 경제학을 중심으로 사회과학에서 많이 이용된다. 학생들은 주제탐구발표대회, 탐구보고서 작성 등의 교내활동에서 이를 자주 활용한다. 그러나 학생들의 보고서를 살펴보면 대체로 결과만 적혀있고, 구체적인 분석 과정을 찾기는 어려웠다. 왜 학생들은 잘 알지 못하는 '선형회귀분석'을 본인의 탐구보고서에 그럴듯하게 적어놓았을까? 탐구하는 주제

7　산점도: 2개의 연속형 변수 간의 관계를 보기 위하여 직교좌표의 평면에 관측점을 찍어 만든 통계 그래프

의 독립변수와 종속변수 사이의 관계성을 밝히는 과정에서 선형회귀분석 방법의 기본적인 틀을 차용한 것만으로도 탐구 결론에 대한 논리성을 확보할 수 있다고 생각한 것 아닐까? 학생들이 선형회귀의 수학적 원리를 이해하고, 이를 바탕으로 인공지능 모델을 만든다면 탐구하는 주제에 대한 본인 주장의 설득력을 높일 수 있다. 무엇보다 이 과정에서 학생들이 본인의 생각을 풍부하게 표현하고, 창의적인 방법으로 합리적인 대안을 제시할 수 있을 것이다.

2022년부터 전문적학습공동체 'PBL센터'에서 선생님들과 GSPBL 7가지 필수 요소를 바탕으로 다양한 프로젝트 기반 수업을 성찰해 보면서 수학 수업에도 꼭 적용해 보고 싶다고 생각했다. 이번에 시도한 인공지능 수학 프로젝트가 정규수업 시간에 지속적으로 진행되는 탐구가 아니고, 과정 중심평가와도 연결되지 않는 짧은 호흡의 단기 프로젝트 활동이었다는 점에서 아쉬웠지만, 정규수업 시간에 도입할 수 있는 발판을 마련할 수 있는 도전이었다.

프로젝트의 목적

첫째, 학생들의 인공지능 기초소양을 함양시키고자 한다. 프로젝트를 통해 학생들은 인공지능 분야에 대한 기본적인 이해와 개념을 갖추게 된다. 이는 인공지능의 원리, 알고리즘, 기술, 윤리 등을 포괄적으로 이해하는 능력을 의미한다. 프로젝트에서 인공지능을 활용하여 문제를 해결한 경험은 학생들이 데이터 과학 및 인공지능 분야에서의 진로와 전문성을 발전시키는 데에 도움을 준다. 또한 급변하는 현대 사회에서 학생들이 관심 있는 분야에 인공지능을 적용할 수 있는 방안을 생각해보는 안목을 키울 수 있다.

둘째, 실생활 문제를 수학적으로 해결할 수 있는 능력을 신장시키고자 한다. 일반적인 수학 교과서 문제는 실제 데이터를 기반으로 구성되지 않아서 학생들이 수학의 필요성을 느끼기 어려운 경우가 많다. 하지만, 교과서 속의 수학 문제로 시작하여 공학적 도구를 사용하여 점차 복잡한 데이터를 다루는 연습을 하고, 복잡한 실제 데이터를 인공지능을 이용해 해결하는 과정을 경험한다면, 인공지능과 수학의 연관성을 이해하고 수학의 유용성과 가치를 느낄 수 있을 것이다. 또한 프로젝트에서 실제 데이터를 수집하고 분석하여 선형회귀 모델을 구축하고 학습시키는 과정을 통해 학생들은 현실 세계에서의 복잡한 문제를 해결하는 능력을 향상할 수 있다.

셋째, 정답이 없는 열린 형태의 탐구를 통해 창의력과 합리적인 의사결정 능력을 신장시키고자 한다. 프로젝트를 통해 학생들은 선형회귀 모델을 활용하여 문제를 해결하는 과정에서 창의적인 사고와 혁신적인 접근법을 개발할 수 있다. 데이터 분석과 모델 구축을 통해 새로운 시각과 해결방법을 발견하고, 독창적인 아이디어와 해결책을 제시할 수 있다. 이 과정에서 학생들은 현실 세계에서의 복잡한 문제를 다루고, 창의적인 해결방법을 찾는 역량을 키울 수 있다. 또한 자신이 관심 있는 주제에 대해 자료를 수학적으로 표현하고, 분류하고, 예측하고, 최적화하는 과정을 통해 합리적으로 의사 결정할 힘을 기를 수 있을 것이다.

프로젝트 개요

나만의 인공지능 예측 모델 만들기		
과목 인공지능 수학	학년 고등학교 1, 2학년	기간 4차시

핵심 가치
- 인공지능 기술의 원리를 수학적으로 이해하여 인공지능 기초소양을 함양한다.
- 실제 데이터를 바탕으로 예측 모델을 만들고, 합리적인 의사결정을 할 수 있다.

성취기준
[12인수03-04] 자료의 경향성을 추세선으로 나타내고, 예측에 이용할 수 있다.
[12인수04-01] 주어진 자료로부터 분류와 예측을 할 때, 오차를 표현할 수 있는 함수를 구성하는 원리와 방법을 이해한다.
[12인수04-02] 함수의 최솟값 또는 최댓값을 찾아 최적화된 의사결정 방법을 이해한다.
[12인수04-03] 합리적 의사결정과 관련된 인공지능 수학 탐구주제를 선정하여 탐구를 수행한다.

탐구질문
1. 수학적 개념과 원리가 인공지능에서 어떻게 활용될까?
2. 실생활 데이터를 바탕으로 미래를 예측하는 인공지능 모델을 직접 만들 수 있을까?

프로젝트의 흐름
1차시: 언플러그드 활동 '가까운 것끼리 모여라'를 통해 선형회귀의 수학적 원리를 이해하고, 프로젝트의 필요성을 느낀다. 오차와 손실함수의 개념을 학습한다.
2차시: 데이터를 손실함수로 표현하고, 손실함수의 최솟값을 구하는 방법에 대해 학습한다. 데이터의 개수가 증가하면서 공학적 도구의 필요성을 이해하고, 공학적 도구를 활용하여 손실함수 문제를 해결한다.
3차시: 인공지능의 작동 과정을 이해하고, 체감온도와 기온 데이터를 이용하여 체감온도를 예측하는 선형회귀 모델을 만든다.
4차시: 학생 개인별로 주제를 선정하여 선형회귀 예측 모델을 만들고, 탐구보고서를 작성한다.

주요 결과물
개인 결과물: 관심 주제에 대한 인공지능의 작동 과정(데이터 수집, 데이터 가공, 모델 생성, 모델평가, 정리 및 배포)에 대한 구글 코랩 산출물, 탐구보고서

채점기준표

정규수업 시간 외에 진행된 프로젝트로서, 공식적인 채점기준표가 존재하지 않지만, '인공지능 수학' 정규수업 시간에 진행된다면 다음과 같이 작성할 수 있다.

채점기준표 1. 공학적 도구를 활용하여 손실함수 문제 해결하기

평가 요소	채점 기준(점수)		
	잘함(25)	보통(20)	노력 필요(15)
손실함수 표현	데이터의 개수가 3개 이하일 때, 손실함수를 표현하고, 손실함수가 최소가 되게 하는 조건을 찾음.	데이터의 개수가 3개 이하일 때, 손실함수를 표현했지만, 손실함수가 최소가 되게 하는 조건을 찾는 데 어려움이 있음.	데이터의 개수가 3개 이하일 때, 손실함수를 표현하는 데 어려움이 있음.
손실함수 문제해결 (공학적 도구1)	공학적 도구를 사용하여 데이터의 개수가 4~6개일 때, 손실함수 문제를 해결함.	공학적 도구를 사용하는 데 어려움이 있지만, 데이터의 개수가 4~6개일 때, 손실함수 문제를 해결함.	데이터의 개수가 4~6개일 때, 손실함수 문제를 해결하는 데 어려움이 있음.

	공학적 도구를 사용하여 데이터의 개수가 10~20개일 때, 손실함수 문제를 해결함.	공학적 도구를 사용하는 데 어려움이 있지만, 데이터의 개수가 10~20개일 때, 손실함수 문제를 해결함.	데이터의 개수가 10~20개일 때, 손실함수 문제를 해결하는 데 어려움이 있음.
손실함수 문제해결 (공학적 도구2)			
손실함수 문제 만들기	실제 데이터를 바탕으로 손실함수 문제를 만들고, 문제를 해결함.	실제 데이터를 활용하는 데 어려움이 있지만, 손실함수 문제를 만들고, 문제를 해결함.	손실함수 문제를 만드는 데 어려움이 있음.

채점기준표 2. 개인별 인공지능 수학 탐구하기

평가 요소	채점 기준(점수)		
	잘함(25)	보통(20)	노력 필요(15)
데이터 수집 및 가공	실제 데이터를 바탕으로 1개의 독립변수와 1개의 종속변수가 포함된 파일을 업로드함.	실제 데이터를 수집하였지만, 1개의 독립변수와 1개의 종속변수가 포함된 파일로 데이터를 가공하지 못함.	실제 데이터를 수집하지 못함.
데이터 분석	훈련데이터와 테스트데이터를 산점도로 가독성 있게 나타냄.	훈련데이터와 테스트데이터를 분석하였지만, 산점도로 나타내지 못함.	훈련데이터와 테스트데이터를 분석하지 못함.
인공지능 모델 생성 및 평가	훈련데이터를 활용해 회귀선(인공지능 모델)을 생성하고, R-2 Square로 모델을 평가함.	훈련데이터를 활용해 회귀선(인공지능 모델)을 생성하였지만, R-2 Square로 모델을 평가하지 못함.	훈련데이터를 활용해 회귀선(인공지능 모델)을 생성하지 못함.
인공지능 모델 정리 및 발표	독립변수를 입력하면 종속변수를 예측하는 프로그램을 생성하고, 프로젝트 전체 과정을 발표함.	독립변수를 입력하면 종속변수를 예측하는 프로그램을 생성함.	독립변수를 입력하면 종속변수를 예측하는 프로그램을 생성하지 못함.

수업 속으로

1차시 : 언플러그드 활동 및 손실함수 개념 학습

선형회귀 머신러닝을 이해하기 위한 도입 활동으로 언플러그드 활동 '가까운 것끼리 모여라'를 진행하였다. 언플러그드란 언플러그드 컴퓨팅을 줄여서 쓰는 말로 뉴질랜드의 팀 벨(Tim Bell) 교수가 주장한 컴퓨터가 없는 환경에서 컴퓨터 과학 원리를 학습할 수 있는 교수학습 방법이다. 익숙하지 않은 인공지능의 원리와 개념을 컴퓨터를 사용하지 않고 배울 수 있어서 학생들의 '인공지능'이라는 진입 장벽을 낮추는 데 도움이 된다.

선형회귀 알고리즘의 원리를 이해할 수 있는 언플러그드 활동을 연구하면서 시중에 판매되고 있는 비지도학습 중 K-평균 알고리즘의 원리를 이해할 수 있는 '가까운 것끼리 모여라'라는 보드게임이 있다. 이 보드게임은 지도학습에 해당하는 선형회귀와 다른 성격을 가졌으나, 숫자들의 군집화를 이끌어가는 과정에서 기준 카드와 그룹 내 숫자들 사이의 차이를 최소화하게 된다는 점에서 주어진 데이터에서 실제 데이터와 모델이 예측한 값의 차이를 최소화하는 선형회귀의 원리를 이해하는 데 도움이 되겠다고 생각했다.

나는 자료의 경향성을 잘 나타내는 추세선[8]을 어떻게 그려야 할지 알아보기 위해 5개의 점(자료)을 좌표평면에 나타내고, '자료의 경향성'을 가장 잘 나타내는 직선은 몇 번인지 학생들에게 물어보았다. 대부분 학생은 논리적인 답변보다는 "느낌이 그렇다"라는 직감을 바탕으로 답하였다. 이때, 나는 학생들의 답변에 대해 구체적인 피드백을 주거나, 정답과 오답을 가르쳐주지 않았다. 답을 알려주는 것보다는 자료의 경향성을 더 잘 나타내

---

8 추세선 : 추세를 나타내는 선. 예를 들어, 기온이 상승함에 따라 아이스크림 판매량이 늘어나는 추세선을 나타내어 아이스크림 판매량을 예측할 수 있음.

기 위한 방법을 함께 생각해야 학생들이 선형회귀의 원리에 한 발 더 가까이 갈 수 있었다고 생각한다. 이후, 손실함수의 개념과 교과서 예제를 풀며 연산 연습을 하고, 데이터의 개수가 많아지면, 직접 계산이 힘들다는 것을 학생들이 느낄 수 있도록 하였다.

2차시 : 공학적 도구를 활용한 손실함수 문제 해결

데이터가 많을수록 손실함수를 계산하는 것은 학생들에게 많은 부담을 준다. 인공지능이 필요한 큰 이유 중 하나는 짧은 시간에 많은 데이터를 처리할 수 있다는 점이다. 학생들이 손실함수와 관련된 기본적인 연산을 연습하고, 많은 데이터를 처리할 때 사용할 수 있는 공학적 도구(울프럼알파[9], 구글 스프레드시트)를 사용하여 문제를 해결하도록 하였다. 다음은 데이터의 개수가 5개일 때, 울프럼알파를 활용한 문제해결 과정과 데이터의 개수가 20개일 때, 구글 스프레드시트로 문제를 해결한 과정이다.

공학적 도구를 활용한 문제해결 과정

---

9 울프럼알파 : 중 · 고등학교 수학뿐만 아니라 다차 연립방정식부터 미분, 적분, 극한, 점화식 찾기, 수열, 그래프 그리기 등 대학 수준의 수학 문제도 풀 수 있는 검색엔진

3차시 : 체감온도 예측 모델 만들기 실습

　데이터의 개수가 구글 스프레드시트에서 처리하기 버거울 정도로 많으면 어떨까? 실제로 학생들이 호기심을 갖고 접근하는 두 변수의 상관관계를 밝히기 위해서는 많은 데이터가 필요하다. 데이터의 개수가 많을수록 예측 성능이 향상되고, 신뢰성을 높이는 데 도움이 될 수 있다. 학생들에게 스스로 조사한 데이터의 개수가 상당히 많더라도 상관관계를 탐구할 수 있는 핵심 도구인 인공지능의 필요성을 강조했다.

　인공지능은 학습을 통해 측정값과 예측값 사이의 오차를 줄이는 과정을 반복하여 최적의 예측 모델을 찾는다. 인공지능이 학습할 자료의 양이 적으면 측정값과 예측값 사이의 오차가 크다. 그러나 자료의 양을 늘려가며 학습시키면 인공지능은 학습을 통해 오차를 줄이고, 정확도가 높은 예측 모델을 생성할 수 있다. 예측 모델의 오차가 최소일 때, 합리적인 의사결정을 할 수 있다.

　구글 코랩을 이용하여 선형회귀 머신러닝 모델을 만드는 과정을 실습하였다. 학생들이 쉽게 인공지능 작동 과정을 이해할 수 있도록 다음과 같은 단계를 설명하고, 그 단계에 맞추어 실습을 진행하였다.

① 데이터 수집　② 데이터 가공　③ 모델 생성　④ 모델평가　⑤ 정리 및 배포

인공지능 작동 과정 – 원본 요망

　모든 학생이 구글 코랩에 로그인하게 하고, 구글 드라이브를 통해 수업

자료를 공유받았다. 그리고 코드를 입력하는 교사의 화면을 따라 학생들이 직접 텍스트 코딩을 진행했다. 하지만 학생들이 파이썬의 문법과 자료형, 제어문, 함수 등의 기본적인 개념을 배워본 적이 없어 코드를 그대로 따라 하는 중에도 수많은 오류와 부딪혔고, 개개인의 오류를 수정하느라 수업이 지연될 수밖에 없었다. 이 수업은 학생들이 코드를 입력하는 것보다 인공지능의 작동 과정을 '선형회귀'를 통해 이해하는 것이 중요하다고 생각했다. 따라서 나는 과감히 학생들에게 코드를 제공했고, 기온으로 체감온도를 예측하는 선형회귀 모델을 만드는 과정을 실습하면서 학생들이 어떤 모델을 만들 수 있을지 고민하게 하였다.

• 소소한 수업 팁 •

실습에서 파이썬을 사용하지 않고 구글 코랩을 활용한 이유

- 구글 코랩은 클라우드 기반으로 동작하기 때문에, 개발환경을 구성할 필요가 없다. 따라서 별도의 파이썬 설치나 환경설정이 필요 없으며, 웹 브라우저만 있으면 어디서나 작업을 할 수 있다.
- 공유 및 협업 기능: 구글 코랩은 다른 사람들과 공유하여 함께 작업할 수 있는 기능을 제공한다. 또한, 주피터 노트북 형태로 작업을 하므로 다른 사람들이 작업 내용을 쉽게 이해하고 참고할 수 있다.
- 다양한 라이브러리와 데이터 세트 제공: 구글 코랩은 다양한 라이브러리와 데이터 세트를 설치하지 않고 바로 활용할 수 있다.
- 무료: 구글 코랩은 무료로 제공되는 서비스이다. 따라서, 학생들과 실습하기 위해 개인 노트북 및 인터넷 환경만 준비하면 된다.

4차시 : 인공지능 수학 탐구 실습 활동

　프로젝트 수업을 준비하면서 가장 중요하면서 까다로운 것이 적절한 난이도의 비구조화된 문제를 설정하는 것이다. "실생활 데이터를 바탕으로 미래를 예측하는 인공지능 모델을 직접 만들 수 있을까?"라는 탐구 질문은 어떤 데이터를 바탕으로 데이터 간의 관계성을 탐구할 것인지 학생 스스로 찾아야 한다는 점에서 비구조화된 어려운 문제라고 볼 수 있다. 또한 의도된 상황의 데이터가 아닌 공공데이터를 활용하여 학생들의 동기를 향상시키고자 하였다. 공공데이터를 무료로 가져올 수 있는 국내 사이트 '공공데이터 포털', '서울 열린 데이터 광장', '국가통계포털', 'e 나라지표' 등을 예시로 활용했고, 이외에도 다양한 사이트가 존재하며 해외 데이터를 사용해야 하는 경우 학생들은 검색해서 방법을 찾을 수 있다.

　학생들이 본인의 관심 주제를 선정하고, 1개의 독립변수와 1개의 종속변수 데이터를 수집하고 가공하여 스스로 예측 모델을 만드는 '나만의 선형 회귀 모델 만들기' 활동을 진행했다. 주제를 선정하고 데이터를 수집 및 가공하는 과정은 학생에 따라 속도 차이가 클 것으로 예상하고, 미리 과제를 주어 준비하고 수업에 참여하도록 지도했다. 다음은 한 학생의 구글 코랩 산출물의 일부이다.

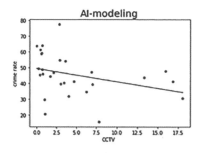

데이터 : 40개국 수도 1000명당 CCTV 수 및 범죄율 (훈련데이터 28개국, 테스트데이터 12개국)
1) 테스트 데이터 중 12개국 수도의 1000명당 CCTV 수 12개= [1.0, 3.34, 5.19, 4.04, 26.7, 0.39, 0.74, 0.68, 0.24, 0.02, 7.8, 7.15]
2) 인공지능 모델을 통한 범죄율 예측값 12개 = [48.57050412264347, 46.61581055846898, 45.07043316798915, 46.03107316747661, 27.10228848192363, 49.080060991936826, 48.78769229644064, 48.83781264423998, 49.205361861435186, 49.38913647003279, 42.8901980387176, 43.433168473210515]

3) 테스트 데이터 중 범죄율(실제값) 12개= [61.77, 68.88, 45.35, 46.79, 43.32, 61.66, 44.08, 68.15, 42.16, 26.18, 28.02, 40.48]

4) 설명력: −4.4335224090522375) 설명력이 약 −4.43로 정확도가 매우 낮음을 알 수 있다.

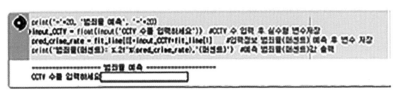

나만의 선형회귀 모델 만들기 실습 학생 사례

　이 학생은 희망 진로가 경찰이고 법과 행정에 관심이 많다. 'CCTV를 설치한 곳의 범죄 발생률이 감소하였다.', '한국의 범죄율이 낮은 이유가 CCTV가 많기 때문이다.' 등의 내용을 담은 뉴스 기사를 보고, 사실 확인을 하고 싶어 했다. 실제로 40개국의 수도 1,000명당 CCTV 수 및 범죄율 데이터를 수집하고 가공하여 다음과 같은 범죄율 예측 프로그램을 제작했다. 제작하는 과정에서 주제에 맞게 코드를 조금씩 수정하면서 진행해야 하는데, 그 과정에서 다양한 오류가 발생했다. 짧은 시간 동안에 결과물을 완성하는 데 어려움을 느꼈지만, 끝까지 포기하지 않고 본인의 탐구 질문인 'CCTV의 수와 범죄율의 상관관계'에 대한 결론을 'CCTV의 수는 범죄율과 선형적인 관계가 없으며, 다른 원인을 분석해야 한다.'라고 주장하였다. 다음은 이 학생 탐구보고서의 일부이다.

학생 개인별 선형회귀 머신러닝 주제 탐구 실습 보고서

2학년 0반 이름 000
* 내용 요소에 맞게 자신이 탐구한 내용을 1쪽에 맞추어 작성하시오.

1	주제	CCTV와 범죄율의 상관관계
2	주제 선정 동기	이데일리-가로등 · CCTV만 설치했을 뿐인데…실제 범죄 발생 줄었다(손의연, 2020.01.08.)을 보면, CCTV를 설치한 곳에 범죄 발생률이 줄어들었다고 하였다. 또한 우리나라에 범죄율이 적은 이유의 근거로 CCTV가 많다는 것을 드는 경우가 많이 있었다. 그러나 이와 반대로, CCTV가 검거율에 도움이 될 뿐이지, 발생률에는 영향을 미치지 않는다는 주장 또한 존재하였다. 그렇기 때문에 어느 주장이 맞는지 궁금하여, 직접 조사하고 싶었다.
3	데이터에 대한 설명	각 수도의 인구 1,000명당 CCTV 수를 조사한 후, 이를 각 나라의 범죄율과 비교를 하였다. 총합이 아닌, 1,000명당으로 설정한 이유는, 각 나라의 인구수와 크기가 다르기 때문에 똑같이 적용하는 것은 공평하지 않다고 판단했기 때문이다.
4	데이터 분석 결과	데이터 분석 결과, CCTV와 범죄율은 크게 영향이 없는 것으로 분석되었다. 아주 근소하게 데이터가 줄어드는 것은 발견할 수 있었지만, 대부분의 국가는 1,000명당 CCTV의 수가 10개 이하에 모여 있지만 범죄율은 다양했다.
5	결론 도출	CCTV의 수가 범죄율에 큰 영향을 끼치지 못한다. 우리나라의 범죄율이 낮은 이유는 다른 원인이 있을 것이라고 결론을 내렸다.
6	배운 점	범죄율의 차이에 CCTV의 수는 그다지 큰 영향을 끼치지 못한다는 사실을 알게 되었다. 또한 인공지능의 원리를 조금이나마 이해할 수 있었고, 이를 이용하여 결론을 내리는 것까지 할 수 있게 되었다.
7	느낀 점	지금까지는 범죄율에 CCTV가 큰 영향을 미치는 줄 알았다. 그러나 발생률 자체에는 큰 영향을 주지 못한다는 사실에 놀랐다. 또한 그러한 사실을 내가 조사한 자료와, 이를 토대로 한 인공지능을 통해서 밝혀내니 뿌듯하기도 하였다. 다음에는 검거율도 비교하여, CCTV가 검거율에 영향을 끼치는지도 확인하고 싶다고 생각하였다.

선형회귀 머신러닝 주제 탐구 실습 보고서 학생 사례

학생들의 대부분은 유의미한 선형관계를 밝히지 못하였다. 왜냐하면, 현실 세계에서는 선형관계를 만족하는 것보다 복잡하고 다양한 요인이 뒤얽힌 경우가 많기 때문이다. 나는 학생들에게 '일반적인 선형관계를 만족하는 것을 찾기 어려우므로, 선형관계가 없다는 것도 유의미한 탐구 결과라는 점'을 학생들에게 강조했다. 정해진 시간 안에 프로젝트를 완성한 학생들은 절반 정도로, 학생들은 본인이 가공한 데이터로 프로젝트 결과물을 완성하여 성취감을 느낄 수 있었다. 또한, 프로젝트를 완성하지 못한 학생들은 1:1 개인 지도를 통해 모든 학생이 프로젝트를 완성할 수 있도록 도움을 주었다.

이 프로젝트수업은 방과 후에 진행되어 세부능력 및 특기사항에 작성할 수 없다. 하지만 정규수업이나 16+1 융합 수업 등에 진행한다면 세부능력 및 특기사항에 아이들의 성장 과정을 작성할 수 있다. 내가 정규수업 시간에 이 프로젝트를 진행했다면, 위 학생의 세부능력 및 특기사항을 어떻게 작성할 수 있을까?

위 학생의 세부능력 및 특기사항을 예시로 적어 보면 다음과 같다. 위 학생을 평소 수업 시간에 만난 적이 없어서 학생에 대한 정보가 부족하고, 4차시의 짧은 프로젝트로 인해 학생의 지속적인 성장 과정보다는 프로젝트의 과정을 중심으로 간단히 작성한 점 참고하길 바란다.

〈인공지능을 활용해 논리적으로 판단하는 비판적 사고역량이 뛰어난 학생〉

최근 CCTV의 개수가 범죄 발생률, 범인 검거율에 미치는 영향에 대해 상반된 주장을 펼치는 기사들을 읽고, 스스로 사실 여부를 판단하기 위해 'CCTV의 개수와 범죄율의 상관관계'를 주제로 선형회귀 모델을 제작함. 40개국의 수도 인구 1,000명당 설치된 CCTV의 개수와 해당 수도의 범죄율 데이터를 수집하고, 데이터를 엑셀 파일로 가공함. 이후, 코드 입력을 통해 선형회귀모델을 이용해 두 변량에 대한 산점도와 회귀선을 구함. 특히, 선형회귀의 측정값과 함숫값 사이의 오차를 최소화하는 핵심 원리를 이해하고, 모델을 제작했다는 점에서 수학적모델링 역량이 뛰어남. 또한 모델을 R-2 Square로 평가하고, CCTV의 수가 범죄율과 선형적인 상관관계가 없음을 주장함. 추후 활동으로 CCTV의 수와 범인 검거율의 상관관계를 알아보고 싶다는 포부를 밝히는 모습에서 적극적인 태도와 지적 호기심이 돋보임. 사회적 문제의 수치화에만 집중하는 것이 아니라 데이터 간의 상관관계를 분석하여 합리적인 의사결정을 추구한다는 점에서 디지털 소양이 높다고 평가함.

세부능력 및 특기사항 예시

수업을 마치며

내가 이 프로젝트를 다시 한다면

첫 번째 시간, 언플러그드 활동을 통해 인공지능의 복잡한 원리를 쉽게 다가갈 수 있었다. 추세선의 개념을 학습하고, 데이터의 경향성을 가장 잘 표현하는 직선을 찾는 활동을 진행했다. 보드게임을 한 번만 했는데, 학생들이 선형회귀의 원리를 제대로 느끼기 전에 다음 활동으로 넘어간 것 같아 아쉬웠다. 프로젝트를 다시 한다면 언플러그드 활동을 좀 더 여유 있게 진행하여 학생들이 선형회귀의 원리를 명확하게 이해할 수 있게 할 것이다. 더불어, 학생들이 각자의 방법으로 최적의 추세선을 찾고, 오차를 최소화하는 다양한 전략을 함께 구성하는 시간은 의미 있는 경험이었다.

두 번째 시간, 학생들은 한 자료에 대한 두 개의 추세선을 분석하며, 추세선의 오차를 비교하는 데 어려움을 느꼈다. 이에 따라, 학생들은 오차 제곱의 평균을 통해 오차의 크기를 극대화해서 비교할 수 있음을 배웠다. 나는 복잡한 다항식 연산이 필요한 손실함수 계산에서는 울프럼알파를 도구로 활용하였고, 데이터의 개수가 많은 경우 울프럼알파로 계산하기 어렵다는 것을 학생들이 몸소 느끼게 하였다. 데이터의 개수가 20개인 자료에 대한 손실함수 계산에서는 구글 스프레드시트를 활용하였다. 학생들은 캠프 이후 수학 학습뿐만 아니라 다양한 교과에서 종속변수와 독립변수의 관계를 파악하는 탐구활동에서도 활용할 수 있을 것이다.

세 번째 시간, 구글 코랩을 이용하여 주어진 데이터를 가지고 인공지능의 작동 과정을 실습했다. 시간의 압박으로 학생들에게 미리 코드를 제공해야 했던 점은 아쉬움으로 남는다. 좀 더 긴 호흡으로 프로젝트를 진행한다면, 학생들이 기본적인 코드를 천천히 배우고 익혀나갈 수 있을 것이다. 그러나 학생들이 직접 작성하고 실습하는 과정에서 발생하는 오류를 해결하기 위해서는 보조 선생님의 도움이 필요하다는 것을 느꼈다.

네 번째 시간, 학생들이 본인이 관심이 있는 주제를 선정하고 독립변수와 종속변수 데이터를 수집하고 가공하는 시간을 가졌다. 모델을 제작하면서 코드를 본인의 데이터에 맞게 수정하는 과정은 더 긴 시간이 걸렸다. 만약 이 프로젝트를 다시 하게 된다면, 데이터 수집 및 가공에 1시간, 선형회귀 모델 제작에 1시간, 주제 탐구보고서 작성에 1시간, 총 3시간 정도 계획할 것이다.

이 프로젝트를 돌아보며, GSPBL의 목적에 따라 '이해가 있는 배움'이 이루어졌는지 살펴보자. 학생들이 다음 세 가지를 이룬다면 선형회귀 모델에 대한 이해가 있는 배움이 일어난 것으로 생각한다.

① 선형회귀의 수학적 원리를 다른 사람에게 설명할 수 있다.
② 선형회귀 모델을 바탕으로 두 요인의 관계를 설명할 수 있다.
③ 다른 맥락 속에서 선형회귀 인공지능 모델을 통해 문제를 해결할 수 있다.

GSPBL의 7가지 필수 요소를 바탕으로 이 프로젝트 수업을 돌아본다면, '개인별 선형회귀 모델 만들기' 활동은 삶과 관련된 비구조화된 문제를 다루었다고 생각한다. 또한 현실적 데이터를 바탕으로 학생들이 직접 선택한 질문에 대해 스스로 판단하고 결정했다는 점에서 '실제성'과 '학생의 의사와 선택권'을 반영했다고 생각한다.

하지만 프로젝트의 짧은 기간과 개인 중심 활동으로 인해 지속적인 탐구가 이루어지지 않았고, 학생들 간의 상호작용을 촉진하는 환경을 만들지 못했다. 더욱이, 학생들이 자신의 학습과정을 반성하고 그 결과물을 공유하는 기회를 제공하지 못했다. 다시 이 프로젝트 수업을 진행한다면, 학생 개인별 탐구발표를 통해 중간에 최소 1회의 피드백을 주고 개선할 기회를 제공할 것이다. 또한, 교실 밖의 청중들에게 학생들의 결과물을 공유하는 발표회를 진행할 것이다. 프로젝트 결과물을 공개한다고 하면, 학생들은 결과물을 만드는데 더 심혈을 기울일 것이고 그 결과 더 큰 성취감을 느낄 수 있다.

빠르게 변화하는 세계 속에서 교육 또한 도전의 연속이다. 무엇보다 이 프로젝트는 불확실한 미래에 적응해 나가는 학생들을 위해 선생님들과 함께 노력하고 연구하는 뜻깊은 경험이었다고 생각한다. 수학 교과를 넘어서 모든 교과에서 학생들이 가진 호기심을 논리적으로 탐구할 기회를 제공한다면, 앞으로 학생들의 디지털 소양을 함양하는 데 도움이 될 것이다.

메타버스를 활용한 나만의 매장 만들기 프로젝트

안소현 당진정보고등학교

미래를 준비하는 과정

상업 교과는 학생들이 졸업 후 사회에 나가서 실제로 접하게 될 가능성이 큰 내용을 다룬다. 파워포인트와 한글, 엑셀과 같은 문서 작업은 물론 복리후생 및 직급체계와 임금 계산, 기업 관리 및 운영을 위해 사용되는 프로그램인 전사적 자원 관리(ERP) 등 나중에 사회로 나가서 유용하게 쓸 수 있는 실용적인 내용들을 다룬다. 특히 대부분 곧장 취업을 하는 특성화고등학교 학생들에게 상업 교과는 매우 중요하다.

학생들은 아직 어린 나이지만 공기업 국가직무능력표준(NCS)을 준비하고, 자격증을 취득하고, 수십 곳의 회사에 제출할 자기소개서를 작성하며 취업을 준비해야 한다. 취업을 준비하기 위해서 1, 2학년 동안 차근차근 준비해 왔어야 하지만 대부분 막연하게 시간을 보내고, 3학년이 되어서야 취업의 문이 턱 끝까지 다가왔음에 당황한다. 취업을 준비하는 학생에만 국한되는 내용은 아니다. '내가 무엇을 잘하고 무엇에 관심이 있는지', '내가 학교생활 중에 의미 있게 참여했던 활동이 있는지', 적어도 '나의 진로와 흥미를 연결 지어서 생각해 본 경험이 있는지'에 답하지 못하고 마찬가지로 '뭘 해야하지?' 라는 고민을 하는 학생들이 많다. 잘하는 것과, 못하는 것을 파악하고, 흥미 있는 분야가 무엇인지 가볍게라도 알고 있다면 미래를 준비하는 데 도움이 되지 않을까? 이런 고민이 있을 때, 가장 쉽게 할 수 있는 접근이 바로 자기 주변부터 돌아보는 것이라고 생각한다.

학생들은 일과 중 대부분의 시간을 수업을 들으면서 보낸다. 가장 다양한 주제를 다루고 경험을 해보는 것도 바로 수업 시간이다. 그래서 학생들이 수업만 집중해서 참여해도 내가 무엇을 잘하고 못하는지, 어떤 분야에 흥미가 있는지 파악하기가 쉬워진다. 특히 특성화고등학교 수업은 취업과도 연관되기 때문에 해당 직무에 적성이 있는지도 파악하기 좋다. 하지만 학생들은 스펙이 먼저라고 생각해 수업은 성적을 다지는 도구라고 여기며, 자격증 취득에 몰두하는 경향이 다분하다. 따라서, 학생들이 수업에 잘 참여할 수 있는 수업을 만들고 싶었다. 접근이 쉬우면서 내가 흥미 있는 분야를 고민할 수 있는 수업을 설계하고 싶었다.

재미있는 수업을 만들기 위해 평소 수업에서는 유튜브, 짤방 등을 활용해 도입 자료로 사용하거나, 퀴즈 프로그램과 구글 클래스룸 등 에듀테크를 수업에 활용하려고 노력하고 있다. 단순하게 도구를 많이 활용하는 게 아니라 수업 내용과 관련이 있고 수업 목표를 달성할 수 있는 도구들을 적절하게 활용해 학생들에게 다양한 경험들을 제공하는 역량을 갖추는 게 교사로서의 바람이다.

일상 속에서 수업을 발견하다

프로젝트 수업의 주제와 방법을 설정하기 위해 먼저 학습자의 특성을 분석해 봤다. 경영 · 금융 계열 특성화고등학교에 재학 중인 3학년 1학기 학생들로, 수업 참여도가 비교적 낮은 학생들이 많았다. 따라서 학생들의 참여를 높이고 흥미를 이끌어내기 위해서는 조작이 익숙하면서도, 소리, 그림 등으로 결과물을 확인할 수 있는 도구를 사용하면 좋겠다고 생각했다.

이런 조건과 함께 매장관리라는 능력 단위에 맞춘 프로젝트를 고민하다 보니 '매장 만들기'라는 주제로 자연스럽게 연결되었고, 학생 개인의 경험을 돌아보면서, 학습 내용과 융합하기 위해 '내가 원하는 이상적인 매장의 모습은 무엇일까?'라는 탐구 질문이 만들어졌다.

나만의 매장 만들기 프로젝트는 본인이 창업을 한다고 가정하고 직접 매장 인테리어를 구성하는 수업이다. 창업 아이템을 구상하면서 평소에 봐왔던 것들, 경험했던 것들을 돌아보며 흥미 있는 분야들을 탐색하는 계기를 제공한다. 창업 아이템을 선정했다면 주 고객이나 시장은 어떻게 선정할 것인지, 의도한 대로 매장 분위기를 연출하기 위해서는 어떤 가구와 배치를 사용해야 할지 등 다양한 연출과 소재를 선정한다. 자연스럽게 매장 구성의 원칙들을 찾아보고 고려하는 과정에서 여러 이론을 적용하고 표현하는 경험을 하도록 수업을 구성하였다.

우리는 살아가면서 수없이 많은 매장을 이용한다. 어떤 사람들은 직접 창업을 준비하기도 할 것이고, 어떤 학생들은 부모님의 가게를 돕기도 할 것이다. 친한 친구를 만나 수다를 떨기 위해 카페를 간다거나, 소문난 맛집을 방문하거나 일상생활을 통해 만나는 모든 순간 매장을 이용하는 것이고, 매장 사장의 입장에서는 고객과 만나는 순간이며 고객 접점(MOT, Moment of Truth) 마케팅이 시작되는 순간이기도 하다. 매장은 그런 고객들의 감정과 순간을 좌우하는 장소이기 때문에 소비자로서 느껴왔던 매장에 관한 경험들을 살려 자신만의 매장을 만들어내는 과정이 더 의미 있게 다가오기를 바랐다. 학생들이 소비자의 입장에서 바라봤던 순간들을 돌이켜보면서 매장이 얼마나 나의 삶과 밀접한 연관이 있는지 쉽게 깨달을 수 있을 것으로 생각했다. 그래서 이번 메타버스를 통한 나만의 매장 만들기 프로젝트로 일상생활 속 본인의 경험을 바탕으로 바라왔던 매장 배치를 구현해 삶과 배움이 연결될 수 있는 경험을 제공하고자 했다.

ZEP을 선택한 이유

학생들은 ZEP[10]이라는 메타버스 플랫폼을 활용해 나만의 매장을 만들었다. 메타버스는 머릿속에 있는 매장을 가상으로 구현하기에 좋은 도구였다. 네트워크만 연결되어 있다면 언제든지 접근하여 매장을 만들고, 결과물을 확인할 수 있었기 때문이다. 다양한 메타버스 플랫폼 중 ZEP을 선택한 가장 큰 이유는 기본 언어가 한글이기 때문이다. 영어에 벽을 느끼는 학생들이 많기 때문에 진입 장벽을 낮추려면 기본 언어가 한글인 것이 중요했다. 또한 매장을 디자인하는 활동이 중요했기 때문에 기본적으로 제공되는 인테리어 요소가 많은 것도 장점이었다. 무료 기능이 많은 것도 중요한 요소였다.

프로젝트 개요

메타버스를 활용한 나만의 매장 만들기 프로젝트		
과목 유통관리	학년 고등학교 3학년	기간 8차시

핵심 가치
- 메타버스 플랫폼을 활용해 매장의 구조를 설계하며 디지털 리터러시를 함양한다.
- 실사례와 비교하고, 매장의 레이아웃 및 진열 방법 등을 찾아보는 과정에서 일상 생활 속 적용된 매장 이론들을 알아보고, 매장 설계 계획서를 작성한다.
- 친구들과 함께 토의하고, 설계하며 결과물을 만드는 과정을 통해 타인과 협업하는 방법을 깨닫는다.

성취기준 – 매장관리(0204030403_15v1)
- 매장 관리를 위한 점포 공간 할당을 설정할 수 있다.
- 소비자 구매 편의 증대를 위한 다양한 상품진열을 활용할 수 있다.
- 소비자 구매 심리와 구매 행동에 기초하여 매장관리 효율성을 높일 수 있다.
- 매장 연출 도구를 사례별로 활용할 수 있다.
- 비주얼 머천다이징(visual merchandising) 기술을 활용하여 소비자 구매를 촉진할 수 있다.

탐구질문
내가 원하는 이상적인 매장의 모습은 무엇일까?

---

10 네이버제트와 슈퍼캣이 출시한 국내 메타버스 플랫폼으로 2023년 7월 21일부터 접속자 20명까지 무료로 이용 가능하도록 정책이 변경되었다.

프로젝트의 흐름

1차시: 모둠을 구성하고 프로젝트에 대해 안내한다.

2차시: 메타버스 체험하기, 방탈출 맵을 통해 메타버스의 기능과 작동법을 숙지한다.

3차시: 메타버스 맵 제작 방법을 연습한다.

4차시: 내가 원하는 매장을 만든다는 가정을 두고 어떤 물건을 어떤 장소에서 어떤 배치로 구성하고 싶은지 계획서를 작성한다.

5차시~7차시: 모둠별로 메타버스 플랫폼을 활용해 매장을 만드는 실습을 진행한다.

8차시: 친구들이 만든 결과물을 공유하고 소개하는 시간을 가지며, 프로젝트를 성찰한다.

주요 결과물

나만의 매장 만들기 계획서, ZEP 맵 혹은 매장을 구성한 기타 결과물

채점기준표

평가 요소	채점 기준(점수)		
	S	A	P
계획	매장 구성 및 연출에 대한 계획(업종, 레이아웃, 진열방식, VMD, 등)을 작성함.(40)	매장 구성 및 연출에 대한 계획을 부분적으로 작성함.(30)	매장 구성 및 연출에 대한 계획을 미흡하게 작성하였음.(20)
매장연출	계획서에 따라 매장을 연출하고 제출함. 또한, 연출 방법(업종, 레이아웃, 진열, VMD등)이 적절하게 구성됨.(40)	계획서에 따라 매장을 부분적으로 연출하고 제출함. 또한, 연출 방법이 부분적으로 구성됨.(30)	계획서에 기재된 내용들을 미흡하게 반영하거나 연출방법을 사용하지 않음.(20)
포트폴리오	과제물을 모두 제출함.(20)	과제물을 부분적으로 제출함.(10)	과제물의 일부만을 작성해 부분적으로 제출함.(0)

S(superior) 등급: 새로운 아이디어를 활용하여 실행하거나 새로운 예를 만들어 설명할 수 있는 수준

A(advanced) 등급: 타인에게 설명하면서 실행하거나 예를 들어 비교하면서 설명할 수 있는 수준

P(pass) 등급: 필요 지식을 모두 이해하고 스스로 실행할 수 있는 수준

수업 속으로

퀴즈 게임으로 시작한 매장관리

우리가 이상적으로 생각하는 매장은 어떤 모습일까? 이상적인 매장에 대해서 표현하기 위해서는 어떤 유형의 제품이나 서비스를 취급하는 매장을 선정할지, 업종에 따라 매장의 취급 상품은 어떻게 구성할지, 매장의 배치를 어떻게 놓을 것인지 알아야 할 필요가 있었다. 따라서 매장의 구조와 매장관리 내용에 대해서 학습하고 잘 이해하였는지 확인하기 위해 스마트폰을 활용한 간단한 퀴즈를 진행했다. 퀴즈 프로그램은 띵커벨[11]을 활용했다. 시간은 대략 10분 정도 소요되었으며, 별도의 어플을 설치하지 않아도 참여할 수 있다. 다음은 학생들이 풀었던 문제들의 일부이다. 퀴즈에 대한 부담을 줄일 수 있는 가벼운 넌센스 문제들도 함께 섞어 놓으니 학생들의 참여율을 높일 수 있었다.

[넌센스, 객관식] 석유를 우리나라까지 가져오는데 걸리는 시간은?

[선택형] 다음 사진은 매장의 레이아웃 중 어느 유형에 해당할까요?

[선택형] 다음 사진에 해당하는 진열의 유형은 무엇일까요?

[OX] 유튜브를 영상을 보기 전 나오는 광고는 의도적 광고에 해당한다.

[선택형] 다음 사진은 VMD의 유형 중 어느 유형에 해당하나요?

[단답형] 눈보다 살짝 아래로 손이 닿기 쉬운 범위를 'OO라인(존)'이라고 한다.

[선택형] MOT에 대한 내용으로 99회까지 좋은 서비스를 제공하다 한 번의 실수로도 그동안의 서비스가 0이 된다는 법칙은?

띵커벨에서 제공된 문제들 예시

퀴즈를 풀기 전에 학생들에게 몇 가지 주의사항을 안내했다. 첫 번째로,

---

11 아이스크림연수원에서 운영하는 참여형 수업 플랫폼으로 퀴즈, 보드, 워크시트 등의 기능이 있다.

문제를 푸는 데 제한 시간이 있다는 내용이었고, 두 번째로, 정답을 맞히더라도 먼저 문제를 맞힌 사람에게 더 높은 점수가 주어진다는 내용이었다. 이러한 안내를 듣고 문제를 먼저 맞히면 점수가 높다는 측면에 집중해 마구잡이로 정답 버튼을 누르는 경우가 있었다. 이에 대해 "실수를 줄이고 정답률을 높이는 것이 좋으며, 실수를 하면 오히려 점수를 받기 어려워질 수 있다"고 한 번 더 강조하여 학생들이 문제에 집중하도록 유도했다.

퀴즈를 푸는 과정에서 학생들이 "이런 내용도 배웠구나"라며 배운 내용들을 떠올리는 모습이 눈에 띄었다. 이는 퀴즈를 통해 배운 지식을 활용하고 복습하는 좋은 기회가 되었다는 것을 의미한다. 문제를 해결하면서 자신이 얼마나 성장했는지를 느끼고, 자신의 노력과 학습의 성과를 확인하는 것은 학생들에게 큰 자신감을 심어줄 수 있다. 퀴즈가 끝나고 결과를 집계하는 동안 교실을 둘러보니, 평소 수업 시간에 엎드려있던 학생이 퀴즈 결과 화면을 함께 보고 있었던 것을 발견했다. 학생들의 수업 참여도를 높이는 데 도움이 되었음을 확인할 수 있었다.

방탈출 게임으로 ZEP과 친해지기

메타버스를 활용해 수업을 진행한다고 공지했을 때, 한 번도 해보지 못했다면서 경계하는 학생들이 있었다. 메타버스를 체험해보지 못한 학생들이 많았기 때문에 경계심을 줄이는 시간이 필요했다. 그래서 학생들에게 익숙한 소재를 활용했다. 바로 방탈출게임이다. 사이트 내에서 무료로 제공되는 방탈출 맵을 활용해서 학생들이 게임하듯이 체험하는 시간을 제공했다. 수업은 데스크톱 컴퓨터가 있는 실습실에서 진행되었지만 단순히 방탈출 게임만 참여시킬 목적이라면 교실 내에서 스마트폰만 있어도 진행할 수 있다. 학생들에게 참여 링크를 제공하면서 다음과 같은 사항을 안내했다. 이동, 오브젝트와 상호작용하는 방법 등 사용법을 익히고, 방탈출 게임에서 꾸며진 맵을 보면서 어떻게 매장을 꾸밀지까지 함께 고려해 보라고 전달했다. 게임이 시작되고 처음에는 "선생님, 이거 어떻게 움직여요?", "선생님 저 안내창은 어떻게 보는 건가요?"와 같이 사용법 중심의 질문이 많았다. 하지만 시간이 지나면서 점점 익숙해지는지 질문은 확 줄어들었다. 보통 10~15분 정도 걸리는 게임이지만 빠른 아이는 5분 만에 탈출에 성공하는 학생도 있었다.

ZEP을 활용해 매장을 만들어보자

학생들이 직접 메타버스 맵을 제작하는 방법을 배우는 단계의 활동은 계정 생성하기 → 에셋스토어 이용하기 → 맵 제작하기 → 오브젝트 생성하기 4가지 과정으로 진행되었다.

평소 구글 클래스룸을 활용해 수업을 진행하고 있었기에 학생들 모두 구글 계정을 가지고 있었다. 계정 생성하기 단계에서 이 계정을 활용해 ZEP에 회원가입을 하도록 안내했다. 계정을 생성했다면 맵을 만들 수 있는 상태가 된 것이다.

여기서는 맵을 스페이스라고 부르는데, 스페이스 내에서 꾸미는 요소로 활용되는 이미지들을 오브젝트라고 부른다. 기본적으로 제공되는 이미지들이 있지만 그 외에도 다양하게 꾸미고 싶다면 사이트 내에서 제공되는 에셋스토어에서 추가적으로 내려받을 수 있다. 기본적으로 제공되는 요소는 종류가 제한적이기에 다양한 결과물을 위해서는 에셋스토어를 이용해야 한다.

에셋스토어는 ZEP 내에서 아이콘, 템플릿을 추가로 이용할 수 있는 일종의 상점과 같은 기능을 한다. 바닥, 벽 오브젝트 모음, 건물 오브젝트 모음 등 다양한 테마의 오브젝트가 무료로 제공되기 때문에 이 기능을 활용할 수 있도록 함께 안내했다. 원하는 오브젝트 모음을 선택하고 구매하기를 누르면 맵 제작 페이지에서 자동으로 사용할 수 있다.

맵 제작하기 단계에서는 템플릿을 바탕으로 바닥타일을 설치하거나 오브젝트를 배치하는 등 실제 메타버스 맵을 만드는 기능을 익히는 단계이다.

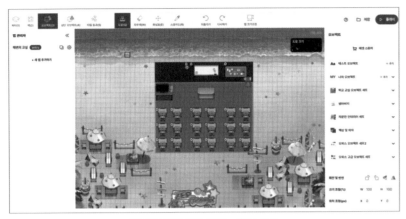

맵 제작하기 화면 예시 – 원본 요망

위 이미지와 같이 '바닥', '벽', '오브젝트', '상단 오브젝트', '상단 효과' 같이 요소별로 세분화시켜 맵을 만들 수 있다는 장점이 있지만 처음 접하면 어려울 수 있기 때문에 언제든지 매뉴얼을 통해 기능을 확인할 수 있도록 구성했다. 수업을 진행할 때에는 매뉴얼에 나와 있는 내용을 시연하고, 학생들이 직접 실행해보도록 했다. ZEP에는 기본적으로 제공되는 오브젝트만이 아니라, 내가 가지고 있는 이미지들이나 요소들을 맵 안에 넣을 수 있는 기능이 있다. 오브젝트 생성하기 단계에서 인터넷에서 도트 이미지, 배경사진 등을 찾아보고, 맵에 넣어보는 기능을 함께 연습했다.

나만의 매장 만들기 계획서 작성

나만의 매장을 만들기 위한 청사진을 그리는 단계이다. 내가 만들고 싶은 매장의 주제, 업종, 매장 콘셉트 및 디자인까지 상상한 모습을 계획서로 작성한다. ZEP에서는 여러 사용자가 접속해 동시에 맵을 편집할 수 있다는 장점이 있지만, 여러 사람이 함께 만들거나 수정하다 보면 의도와는 다른 결과물이 만들어질 수도 있다. 따라서 모둠원 간에 합의된 결과물을 제작하고, 매장관리 단원에서 배웠던 이론을 적용해 매장을 제작하도록 만들기 위해서 계획서를 작성하는 과정이 필요했다. 모둠별로 구글 클래스룸으로 계획서 양식을 배포하고 설명했다. 그다음 모둠장을 중심으로 회의를 하며 자유롭게 업종과 품목을 선정할 수 있도록 하고, 학생들이 회의를 진행하는 동안 교사는 모둠별로 발생하는 질문을 받거나 무임승차가 발생하지 않도록 독려했다. 계획서는 프로젝트를 진행하면서 얼마든지 수정하고 보완할 수 있게 하면서도 수정이 있을 경우 모둠원 간에 공유될 수 있게 했다. 아래 학생들의 예시는 무인 아이스크림 가게를 선정한 계획서이다. 매장의 업태와 종목이 무엇인지 설명하고, 매장의 콘셉트에는 매장의 세부 설정을 기입하도록 안내했다. 매장의 레이아웃과 진열 방법을 작성하는 과정에서는 주변에 있는 가게나, 인터넷의 예시들을 참고하도록 했다. 그 결과 간단한 계획서지만 필요한 내용이 간결하게 들어가 있어 모둠원 간에 큰 의견 차이 없이 결과물을 완성할 수 있었다.

모둠명(매장명)	○○ㅅㅋㄹ	모둠원	
매장 업태/종목	소매업 / 과자 및 당류	주 품목	아이스크림 및 과자
매장의 콘셉트	무인 아이스크림 매장		
매장의 레이아웃	격자형 배치		
매장의 진열 방법	과자 및 간식(곤돌라 진열), 아이스크림(냉동고를 활용해 아이스크림의 종류별로 관련 진열)		
매장에 관한 스케치를 올리거나 어떻게 구성할 건지 생각을 자유롭게 기입해주세요.			

나만의 매장 만들기 계획서 예시

제작 및 공유

학생들은 계획서의 내용을 반영하여 2~3차시 동안 ZEP으로 매장을 만들었다. 어떤 모둠은 마인크래프트[12]라는 게임으로 매장을 만들어보고 싶다고 이야기했다. 다른 메타버스 도구를 사용해도 학습 목표를 달성하는데 문제가 없다고 판단하여, 다른 학생들의 동의를 받아 해당 학생들이 원하는 도구를 사용할 수 있도록 했다. 학생들이 매장을 제작하는 동안 나는 꾸준히 학생들의 참여를 독려하고 피드백 해주어야 했다. 피드백의 내용은 교과 내용과 도구 사용에 대한 피드백이 주를 이뤘다. 교과 내용 측면에서는 매장의 요소 중에서 살려야 할 요소가 무엇인지, 어떤 진열 방법이 적절할 것 같은지, 경주로형, 격자형, 자유형, 혼합형 중에서 어떤 경로를 채택할 것인지 등을 고려하도록 했다. 도구 사용 측면에서는 학생들이 끌어다 쓸 수 있는 아이콘 소스 사이트를 알려주거나 에셋스토어에서 오브젝트를 내려받거나, 잘못 설치된 오브젝트를 삭제하는 등 단순한 기능 면에서 도움을 제공했다. 아래는 학생들에게 제공한 사이트로 함께 공유하고 싶다.

• 소소한 수업 팁 •
무료 이미지 제공 웹사이트

[무료 도트 아이콘] https://hpgpixer.jp/
[무료 아이콘 – 플래티콘] https://www.flaticon.com/kr/
[무료 이미지 – 픽사베이] https://pixabay.com/ko/

---

12 스웨덴의 게임 개발사 모장 스튜디오가 제작한 샌드박스 비디오 게임으로 블록 형태의 그래픽으로 자유롭게 모험을 하거나, 구조물을 설치하고 제거하는 등 여러 조작이 가능하다.

구글 설문지를 활용해 학생들이 만든 결과물을 제출받았다. 게임에서 영감을 받아 특정 게임 맵을 구현한 매장을 만들거나, 피시방, 해변 글램핑장, 자동차 매장 등등 결과물은 학생마다 천차만별이었다. 물론, 그중에는 규모가 작은 매장도 기본적으로 제공되는 오브젝트만 사용해 만든 간단한 결과물도 있었지만 노력이 돋보이는 작품들도 꽤 많았다. 하지만 정말 좋았던 건 무기력하고 수업 시간에 잠을 자던 학생들이 꽤 열중하는 모습을 많이 보여주었다는 점이다. 그것만으로도 이번 프로젝트를 진행한 보람이 있었다. 학생들 간에 결과물을 공유하는 법도 간단하다. 학생들에게 결과물을 제출받은 설문지의 엑셀 파일을 공유하고 직접 들어가도록 안내하면 된다.

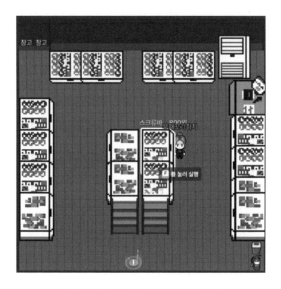

학생 결과물 – 무인 아이스크림 가게

'무인 아이스크림 가게' 매장을 모방하여 만든 학생의 결과물이다. '무인 아이스크림 가게' 결과물은 격자형 구조를 선택해 매대를 배치한 작품으로 상품 분류별로 아이스크림을 찾게 함은 물론 계산대에도 상호작용 기능을 넣어 고객들의 접근성을 높였다.

학생 결과물 - 어몽어스 카페

어몽어스 카페는 당시 유행했던 게임인 어몽어스를 테마로 한 카페이다. 매장의 레이아웃 유형 중 자유형 배치를 바탕으로 곤돌라를 활용해 상품을 진열했다. 소비자의 동선을 의도한 방향으로 유도하는 경주로 형이나 효율적인 제품 배치에 주력한 격자형을 사용하지 않고 자유형 배치를 사용함으로써 고객들이 개성 있는 매장을 자유롭게 돌아보고 체험할 수 있게 의도하였다. 테이블마다 고객들이 즐길 수 있는 게임기를 배치하여 게임 카페라는 특성을 살렸다. 이렇게 단순히 매장만 만드는 게 아니라 게임 속에 들어와 있는 것처럼 특징이 살아있는 결과물이 나올 수 있어서 놀라웠다.

[어몽어스 카페]   [무인 아이스크림 가게]   [자동차매장]

학생들이 제출한 결과물 QR

수업을 마치며

너도, 나도 새로웠던 경험들!

이번 프로젝트를 진행하면서 아쉬움도 많고 뿌듯함도 많았던 시간이었다. 메타버스라는 새로운 도구를 활용해 학생들과 지금까지 했던 수업과는 다른 프로젝트를 진행했다는 것도 큰 도전이었다.

결과물을 함께 공유하는 단계에서, 내게 다가와 프로젝트에 대한 후기를 이야기한 학생이 기억에 남는다. "쌤, 수행평가 진짜 열심히 했어요. 매장 만드는 건 앞으로도 기억에 남을 거 같아요." 피곤한 표정으로 이야기하는 모습에 어려운 과제를 준건가 미안한 마음이 들면서도 열심히 프로젝트에 함께 해준 학생에게 참으로 고마운 마음이 들었다. 매장이라는 결과물이 남았지만 사실 제일 남았으면 했던 건 학생들의 마음속에 완성했다는 성공 경험, 친구들과 협업했던 추억, 교과 내용을 활용하면서 익힌 수업 내용들이었다. 그 의도들을 달성해 나아가는 걸 깨닫는 순간 교사로서는 이만큼 좋을 수도 없을 것 같다.

열심히 참여한 학생들, 직접 만든 매장들을 들어가며 신기해했던 표정들을 생각하면 처음 시도해본 유형의 프로젝트 수업이지만 마냥 나쁘지만은 않았다. 학생들은 처음 사용하는 기능이 많아 어려웠지만 색다른 경험이었다고 말했다. 다음에는 조금 더 많은 학생이 도전하기 좋고, 흥미 있게 참여할 수 있는 프로젝트를 진행하고 싶다. 이런 작은 시도들이 쌓여 성장을 위한 거름으로 작용하리라 믿고 있다. 프로젝트를 진행한 선생님들에게 많은 보람과 성장이 함께 하길 응원한다.

2부

사유와 성찰이
있는
프로젝트 수업

괜찮은 사람 되기 프로젝트

백순우 합덕제철고등학교

가치관과 정체성을 가진 세상의 톱니바퀴

내가 근무하고 있는 학교는 산업수요 맞춤형 고등학교이다. 다른 이름으로는 마이스터고등학교로 불린다. 재학생들은 철강 분야 전문가가 되고자 기술을 배우며 미래를 준비한다. 국어, 영어, 수학 등의 과목은 보통교과로 불리는데, 학생들은 제선, 제강, 압연, 주조, 용접, 3D 설계, 전기·전자, 자동화설비 등 보통교과 교사들이 이해하기 어려운 전문 지식을 학습한다. 학생들은 내신 성적도 중요하게 생각하지만, 전문 자격증 취득을 가장 중요한 단기 목표로 인식한다.

직업계고 학생들은 대체로 중학교 때까지 국어 교과에 큰 관심을 두지 않는 경우가 많았다. 또한 삶에 대한 다방면의 배경 지식이 부족한 상태에서 취업 준비를 하고 있었다. 적극적인 의사소통 능력 또한 충분하게 발달하지 않은 경우가 많았다. 그리고 이른 시기에 가정과 분리되어 생활하기에 정체성 형성이나 올바른 가치관 정립이 잘 이뤄지지 않을까 걱정이 되었다.

많은 직업계고 학생들은 고등학교 3학년 졸업 전에 이미 사회인이 되어 산업현장의 일꾼으로서 활동하게 된다. 하지만 학생들은 어떠한 삶이 올바른 삶인지, 어떠한 인생을 살고 싶은지, 자신은 누구이며 어떠한 것들을 좋아하는지 깊이 있게 고민할 기회를 얻지 못한 것으로 보였다. 학생들은 이른 시기에 기술을 배우고 자격증을 취득해 꽤 많은 연봉을 받으며 생활하는 것을 최우선으로 생각하고 있었다.

나는 혹여 급변하는 사회 흐름 속에서 우리 아이들이 윤리적이고 도덕적인 가치보다는 자본주의 논리나 금전적으로 윤택한 생활만을 중요시하고 더 중요하고 가치 있는 것들을 놓치는 것은 아닐지 걱정이 되었다. 국어 수업에서 비록 짧은 시간이지만 학생들이 가치관과 정체성을 형성하며 더 나은 삶이 무엇인지 고민할 기회를 만들어주고 싶었다. 그게 학생들이 인생에서 마지막으로 수강하게 된 국어 과목을 가르치는 교사로서 해야할 일이라는 생각이 들었다.

나의 언어로, 내가 바라는 삶의 방식을 당당하게 말할 수 있는 기술인 되기

나는 일반계 고등학교에서만 근무하다가 처음 직업계 고등학교로 발령받아 화법과 작문 수업을 맡았다. 직업계 고등학교는 일반 고등학교와 많은 부분에서 차이가 있다. 수업하기에 앞서 가장 당황했던 것은 NCS를 기반으로 수업해야 한다는 것이었다. NCS는 산업현장에서 직무를 수행하는 데 필요한 능력(지식, 기술, 태도)을 국가가 표준화한 것이다.[13] NCS를 반영한 국어 수업은 다음과 같은 능력의 함양을 지향하고 있었다.

> 1. 업무를 수행함에 있어 글과 말을 읽고 들음으로써 다른 사람이 뜻한 바를 파악하고, 자기가 뜻한 바를 글과 말을 통해 정확하게 쓰거나 말하는 '의사소통능력(문서이해능력, 문서작성능력, 경청능력, 의사표현능력, 기초외국어능력)'을 기른다.

---

13 한국산업인력공단 NCS 홈페이지(https://www.ncs.go.kr/)

2. 업무를 수행함에 있어 문제 상황이 발생하였을 경우, 창조적이고 논리적인 사고를 통하여 이를 올바르게 인식하고 적절히 해결하는 '문제해결능력(사고력, 문제처리능력)'을 함양하도록 한다.
3. 업무를 추진하는 데 스스로를 관리하고 개발하는 '자기개발능력(자아인식능력, 자기관리능력, 경력개발능력)'을 함양하도록 한다.
4. 업무를 수행함에 있어 접촉하게 되는 사람들과 문제를 일으키지 않고 원만하게 지내는 '대인관계능력(팀워크능력, 리더십능력, 갈등관리능력, 협상능력, 고객서비스능력)'을 함양하도록 한다.

나는 처음 근무하는 학교에서 무리하게 수업 욕심을 부리다가 좌절하거나 학교 적응에 실패하는 일은 겪고 싶지 않았다. 그러면서도 수능 특강이나 내신 성적 향상이 아닌, 삶을 살아가는 역량을 기를 수 있는 수업을 꾸려보고자 조심스럽게 프로젝트 수업을 구상하였다. 이를 위해서 교과서 자료와 학습 내용을 프로젝트 맥락에 맞게 재배치하였다. 프로젝트라는 이름으로 교사가 너무 많은 자료를 만들어 내거나 학습활동을 새롭게 구성하여 학생들에게 과제로 부여하기에는 직업계고 학생들은 너무나 바쁘고 교사의 학교 업무량은 상당히 많았다. 효율적이면서도 의미 있는 학습 경험을 만들기 위해서는 성취기준을 맥락에 맞게 재배치하며 내용 지식을 많이, 더 많이 덜어내는 작업이 필요했다. 다행히 학생들은 흥미롭고 삶과 관련된 것들을 배우고 싶어 했으며 사회에 나가 겪게 될 문제에 대해 호기심과 걱정이 많았다.

프로젝트 수업을 위해서는 삶과 밀접하게 연관되어 있으면서도 학습 부담이 적으며 흥미롭게 참여할 수 있는 학습 주제가 필요하였다. 학생들의 욕구와 학교의 비전, 지역사회 기업체의 요구를 반영하면서 고민 끝에 찾은 답은 '괜찮은 사람'이라는 주제였다. 이 프로젝트를 통해 '괜찮은 삶'을 살기 위해서 어떤 사람이 되어야 할지 학생들이 스스로 고민하고 정체성을 형성한 후 직업인으로서의 가치관을 프로젝트 결과물로 표현할 수 있기를 기대하였다. 또한 프로젝트를 통해 건전한 자아정체성과 가치관을 형성하여 사회적 책임을 인식하고 의사소통 윤리를 준수하는 '괜찮은 사람'이 되기를 기대하였다.

내가 맡은 화법과 작문 과목 성취기준의 첫 부분은 자아인식, 자기개념 등과 관련되어 있다. 자신에 대한 인식과 철학, 가치관이 정립되어 있지 않으면 모든 표현 활동에서 주체가 되지 못하고 주변인이 되며, 타인과 건전한 관계를 맺지 못한다. 능동성도 결여된다. 따라서 삶의 근간이 될 자아인식과 자기개념 형성, 가치관 형성이 가능해야 화법과 작문의 목표, NCS에 기반한 교육과정 목표를 성취할 수 있을 것으로 분석하였다.

또한 일상생활과 업무상에서의 의사소통 방식을 중요하게 다룰 필요가 있었다. 정보전달을 정확하게 하는 방법, 맥락을 파악하는 방법, 갈등을 조정하는 말하기 등을 프로젝트 과정에서 학습할 수 있도록 하였다. 나아가 평소 자신의 의사소통 방법을 꾸준히 성찰하는 태도를 형성할 수 있기를 바랐다.

프로젝트 개요

괜찮은 사람 되기 프로젝트		
과목 국어	학년 고등학교 2학년	기간 약 20차시

핵심 가치
- 괜찮은 삶이란 무엇인지 조사하고 탐구하여 정리한다.
- 자신의 자아와 대화방식을 인식하고 적절하게 자기를 표현한다.
- 맥락을 고려하고 발표 내용을 구성하여 발표 전략을 활용해 발표한다.
- 자신의 가치관을 반영하여 맥락에 맞게 자신의 삶을 설계하는 글을 쓴다.

성취기준
[12화작01-02]화법과 작문 활동이 자아 성장과 공동체 발전에 기여함을 이해한다.
[12화작01-03]화법과 작문 활동에서 맥락을 고려하는 일이 중요함을 이해한다.
[12화작02-01]대화 방식에 영향을 미치는 자아를 인식하고 관계 형성에 적절한 방법으로 자기를 표현한다.
[12화작02-02]갈등 상황에서 자신의 생각, 감정이나 바라는 바를 진솔하게 표현한다.
[12화작02-06]청자의 특성에 맞게 내용을 구성하여 발표한다.

탐구질문
꽤 괜찮은 삶을 살기 위해서 우리는 어떤 사람이 되어야 할까?

프로젝트의 흐름
1차시: 한 학기 프로젝트 흐름에 대해 이해하고 수업과 평가에 대한 의견을 수렴한다.
2~3차시: 물꼬트기를 통해 프로젝트 참여도를 향상시키고 소개하기와 모둠 만들기, 서약서 쓰기 활동을 통해 래포를 형성한다.
4~5차시: 수필 쓰기를 통해 자신의 글쓰기를 진단하고 개선점을 확인한다.
6차시: 화법과 작문의 특성, 맥락 등 중요 개념에 대해 학습한다.
7~9차시: 자아개념과 자기표현, 관계 형성에 대해 학습하고 공영방송 드라마 속 인물의 태도를 분석하며 우리가 괜찮은 사람이라고 느끼는 인물의 특성을 정리한다.
10차시: 갈등 조정에 대해 학습하고 나의 대화 방법을 분석하며, 갈등 상황에서 '나-전달법'을 활용한 대처 방안을 생성한다.
11차시: 청자를 고려하여 발표하는 방법에 대해 학습하고 영상 속 발표를 채점 기준에 따라 직접 평가하며 발표 전략을 학습한다.
12~14차시: 발표계획서를 작성하며 자료를 수집하고 온라인 클라우드와 프레젠테이션 템플릿 활용 방법을 학습한 후 매체를 탐색하며 최종 발표 준비를 한다.
15차시: 둘 가고 둘 남기 활동을 통해 학급 내에서 피드백을 주고받으며 최종 발표를 개선한다. 발표 대본을 작성한다.
16~17차시: 가치관을 드러내며 괜찮은 삶에 대한 발표를 한다. 상호평가와 자기평가를 통해 학급 발표를 평가한다.
18차시: '앞으로 어떤 인생을 살 것인가?' 최종 글쓰기 과제를 수행하기 위해 글쓰기 미니 강의를 듣고 글쓰기 방법을 재확인한다.
19차시: 최종 글쓰기 과제를 수행한다.
20차시: 서로의 결과물을 축하하고 프로젝트 수행 활동 전반을 성찰하며 마무리한다. 학습한 내용은 갈무리하여 2학기 실전 면접에 활용한다.

주요 결과물
발표용 개인 프레젠테이션
학급 내 발표
최종 글쓰기 과제

채점기준표
발표 평가

평가 요소		채점 기준(점수)		
		성취 수준 우수하게 달성	성취 수준 달성	향상 필요
발표 준비 (30)		30점	20점	10점
		탐구 질문에 알맞게 활동을 수행하여 자료를 생성하고 제출하였으며 문제를 분석하고 가치관을 정립해 나가는 과정을 시각적으로 보여줌	탐구 질문에 따라 자료를 생성하고 제출하였으며 가치관을 정립하는 활동을 수행함	탐구 질문에 답하고자 노력하였으나 탐구 질문 해결 과정이 잘 드러나지 않음
발표 내용과 형식 (30)		30점	20점	10점
		말하기 맥락을 고려하여 발표 내용을 생성하고 5분 이상 탐구 질문에 맞게 발표를 수행함.	말하기 맥락을 고려하면서 5분 미만으로 탐구 질문과 관련된 발표를 함.	발표를 수행하는 것에 어려움을 겪거나 분량과 형식을 지키는 것에 개선이 필요함
표현 전략 (30)	제목	15점	13점	10점
		청중과 질문을 주고받고 흥미로운 매체를 활용하여 관심을 유도하며 청중을 향해 큰 목소리로 말하고 눈을 맞추며 발표를 진행함	질문을 주고받거나 관심을 유도하고 호응을 이끌어내며 발표를 함	발표를 하면서 매체를 활용하거나 전략을 사용하는 것에 어려움을 드러냄
	문장과 맞춤법	15점	13점	10점
		창의적이고 적극적으로 발표를 수행하여 청중이 깊이 있게 몰입하고 청중의 긍정적인 피드백을 얻음	청중들이 공감할 수 있는 발표를 함	청중들이 공감하기 어려워함
동료평가 및 자기평가 (10)		10점	5점	0점
		동료평가, 자기평가 결과 수준 높은 참여 과정과 결과를 확인할 수 있음	동료평가, 자기평가에서 대체로 긍정적인 평가를 얻음	동료평가와 자기평가 결과 유의미하게 개선점이 나타남

* 표절을 70% 이상 하거나 불성실한 프로젝트 참여 태도를 보일 경우 40점 부여.

글쓰기 평가

평가 요소		채점 기준(점수)		
		성취 수준 우수하게 달성	성취 수준 달성	향상 필요
가치관 (30)		30점	20점	10점
		자신의 가치관을 바탕으로 2개 이상 텍스트를 해석하여 삶을 성찰하는 글을 쓰고 감동을 주며 공감을 불러일으키는 미래상을 제시함	2개 이상 텍스트를 반영하여 삶을 성찰하는 글을 씀	글을 작성하여 자신의 가치관을 드러내고자 하나같은 내용이 반복되거나, 표절에 가까운 내용을 작성하거나, 공감을 불러일으키기 어려움
형식 (30)		30점	20점	10점
		글의 목적과 내용에 맞게 문단을 3개 이상으로 나누고 통일성 있게 글을 작성하였으며 충분한 분량의 완결된 글을 씀	문단 나누기를 시도하였으며 글에 3문단 이상 있고 통일성이 있음	문단 나누기에 대한 이해가 부족하며 글에 통일성이 부족함
표현 (30)	제목	15점	13점	10점
		글의 내용을 창의적으로 드러내고 흥미를 불러일으키는 제목을 작성함	글의 내용에 맞는 제목을 작성함	글쓰기 과제 자체를 제목으로 작성하거나 제목을 짓지 못함
	문장과 맞춤법	15점	13점	10점
		글의 의미를 이해하기 쉽도록 흥미롭고 창의적인 문장들을 구사하고 맞춤법에 어긋난 부분이 5개 이하임	흥미롭게 문장을 작성하고 맞춤법에 어긋난 부분이 6개 이상임	정확한 의미를 전달하는 문장 사용과 맞춤법을 지키는 것에 어려움이 있음
논제 이해 (10)		10점	5점	0점
		작문 맥락을 충분히 이해하고 논제에 맞게 글을 작성함	논제에 맞게 글을 썼으나 작문 맥락에 대한 이해가 부족함	논제에 어긋나고 작문 맥락에서 벗어난 글을 씀

* 표절을 70% 이상 하거나 불성실한 글쓰기 태도를 보일 경우 40점 부여.

수업 속으로

소통하며 조율하는 첫 만남

　프로젝트의 힘 있는 출발을 위해서는 교사가 첫 수업에 힘을 쏟는 것이 중요하다. 나 또한 학생들이 교사를 신뢰하고 따라올 수 있도록 첫 수업부터 준비된 수업이라는 인상을 줄 필요가 있었다. 방학 때 미리 교사의 가치관과 수업 규칙, 수업 흐름과 평가에 대해 매력적으로 안내하기 위한 첫 수업 프레젠테이션을 준비하였고 첫 수업은 잘 굴러가는 프로젝트 만들기에 효과가 있었다.

　교사의 소개와 가치관을 뚜렷하게 보여주고 한 학기 프로젝트의 방향성과 최종 과제, 평가 방법까지 간략히 소개하자 학생들은 호기심을 가졌다. 또한 학생들은 참여에 대한 동의의 메시지를 보냈다. 이때 학생들이 제시하는 요구사항이나 필요(need)를 파악하여 프로젝트 아이디어를 얻거나 세부적인 프로젝트 활동들을 구상하였다. 그리고 개학 전 준비했던 수행평가 세부 내용들을 학생들과 함께 보며 대화를 통해 채점 기준과 기간 등을 조정했다. 프로젝트를 안내하다 보면 비협조적인 학생들이 있을 수 있는데, 구체적인 규칙들을 사전에 안내하며 조율하고 경계를 만드는 과정을 가지자 조금 더 협조하는 모습을 보였다.

물꼬 트기: 선배가 전하는 편지

　가상 편지나 영상은 꽤 효과적으로 프로젝트를 시작할 수 있는 방법이다. 직업계 고등학교에서는 특히 현장에 나가 있는 선배가 들려주는 이야기가 꽤 효과적이었다. 아래 편지는 자동차 회사에 다니는 지인과 통화를 하며 얻은 정보로 만든 가상의 이메일이다. 조금의 편집 기술과 연기, 상상력을 동원하면 효과적으로 학생들을 프로젝트로 끌어들일 수 있는 편지를 만들 수 있었다. 이 편지로 괜찮은 사람이 되는 프로젝트에 참여하는 것이 학생들의 미래와도 직접적으로 연결된다는 것을 강조하였다.

안녕하세요. ○○○○고등학교 학생들. 자동차 관련 회사에 근무하는 ○○○ 대리입니다.

고등학생들이 기술을 익혀서 회사에 취업하기 위해 열심히 노력하고 있다기에 대단하다는 생각이 들었습니다. 한편으로는 기술을 익히느라 살면서 갖춰야 할 태도나 미리 해야 했을 고민을 충분히 할 시간은 가졌는지 걱정도 됩니다. 앞으로 어떤 삶을 살 것인지, 어떤 사람이 되고 싶은지 깊이 있게 고민해보세요. 그 답을 찾아서 만나면 참 좋을 것 같습니다.

한편, 회사 생활을 위해 꼭 필요한 의사소통 능력이나 스킬을 배우고 있을지 걱정도 됩니다. 성실, 책임, 전문성 이런 건 너무 흔하니, 여러 동료 직원과 후배들을 만나면서 제가 생각한, 앞으로 여러분들이 꼭 배웠으면 하는 것들을 말해 보겠습니다.

첫째, 아는 것과 모르는 것을 구분하고 정리해 원활하게 의사소통할 수 있는 사람이 되었으면 좋겠습니다. 거래 업체와 메일을 주고받거나 수주할 때는 무슨 말을 하는지 못 알아듣게 메일을 보내거나 주문을 넣는 경우가 있습니다. 또한 직장 내에도 서로 엉뚱하게 이해하도록 말하는 사람이 있습니다. 개인적으로 가장 힘들었던 사람은 모르는 것들을 생각날 때마다 하나씩 물어보는 후배였습니다. 뭘 말할지 정리하지 않고 말부터 하는 행동은 하지 말기를 바랍니다.

– 중략 –

부디 앞으로 좋은 사람으로 성장해 직장 선후배로, 동료로 만날 수 있었으면 좋겠습니다. 행운을 빕니다.

– ㈜ ◇◇ 대리 ○○○

• 소소한 수업 팁 •

가상 편지를 쓸 때는 진짜 메일을 열어서 보여주거나 메일 일부를 캡처했다는 느낌으로 이미지를 편집해서 보여주세요. 은근히 회사나 보내는 이의 실명을 공개하면 학생들은 정말 인생 선배가 자신들을 위해 편지를 썼다고 생각하고 더욱 몰입감 있게 편지를 읽었습니다.

모둠 쌓기와 래포 형성

  학급 학생들은 서로 좋아하는 것, 싫어하는 것, 새 학년을 맞이한 각오 등을 소개하며 래포를 형성하였다. 이후 중간 탐구 과정을 함께할 모둠을 만들었다. 모둠 만들기는 나무학교 중등국어모임에서 만든 눈, 입, 손, 발 재능에 따른 모둠 만들기를 진행하였다. 학생들은 미니 테스트를 통해 리더 역할을 하는 눈, 격려와 발표를 하는 역할인 입, 글쓰기와 정리를 하는 역할인 손, 활발한 활동성을 보여주는 역할인 발 중 가장 잘할 수 있는 역할 하나를 정했다. 학급 친구들은 다른 친구에게 자신의 강점을 소개하였으며 리더 역할을 맡은 친구들부터 모둠 내에서 역할이 겹치지 않도록 모둠원을 뽑았다. 모둠원 영입을 위해 경쟁이 생기면 가위바위보를 해서 즐거우면서도 학급 구성원 모두가 동의할 수 있는 모둠을 만들 수 있었다. 이후에는 소소한 퀴즈 활동을 통해 모둠을 쌓고 모둠 서약서 쓰기를 통해 적극적인 참여와 무임승차 방지를 약속하였다.

글쓰기 진단과 피드백

  한 학기 수업을 본격적으로 이끌어나가기 전, 학생들의 의사소통 능력 중 특히 글쓰기 능력을 진단하고 개선하는 과정이 필요했다. 글을 쓰기 전, 숙제로 나를 즐겁게 하는 것과 나를 고통스럽게 하는 것을 찾아보도록 미리 안내하였다. 이후 글 쓰는 방법에 대한 미니 강의를 진행하였고 학생들은 숙제로 생각해온 것을 주제로 글을 직접 썼다. 물론, 학생들은 짧은 글을 통해 심각한 글쓰기 실태를 보여줬다. 들여쓰기나 문단 나누기 등은 거의 이뤄지지 않았고 많은 학생은 제목과 주제를 구별하지 못하였다. 단 세 문장으로 글을 마무리하는 학생도 있었다.

  글쓰기에 대해 가지고 있는 오해와 기본적인 글쓰기 방법을 학습할 수 있도록 비교적 우수한 글쓰기를 한 학생들의 글을 미리 양해를 구해 전체를 대상으로 화면에 띄우고 피드백하며 제목, 문단, 문장, 통일성 등 기본 글쓰기 개념을 학습할 수 있도록 지도하였다. 이후 학생들에게는 비판보다 격려를 해주며 중요 학습 내용이 끝나면 성찰일지를 작성할 수 있도록 학습지를 제공하였다. 또한 책을 읽고 한 학기에 독서록을 10회 이상 작성하도록 지도하였다. 피드백할 때는 도장을 찍어서 수행평가에 반영하였다. 이를 통해 문단 나누기, 들여쓰기, 주어와 서술어 일치시키기 등 기능적인 지도를 반복하였다.

괜찮은 삶을 살아가는 사람은 어떤 사람일까?

프로젝트 도입 이후 자아개념과 자기표현, 관계 형성 등 교과서 학습 내용을 프로젝트 목표지점과 연계하여 다뤘다. 이를 위해서는 구체적인 사람을 탐구하는 과정이 필요하였다. 학생들에게 잘사는 것에 관해 물어보면 막연히 많은 돈, 행복한 삶, 여유와 즐거운 인생 등을 말한다. 하지만 괜찮은 사람에 대해 질문하면 물질적인 것에 더해 인성과 관련된 대답을 하였다. 그래서 괜찮은 사람이 도대체 어떤 사람인지 말할 수 있도록 드라마 속 인물, 영화 속 캐릭터, 애니메이션 속 인물을 함께 탐구해보자고 제안하였다.

드라마 속 긍정적인 인물은 강의를 하며 함께 분석하였다. 인물의 긍정적인 태도와 말하기 방법, 다른 사람에게 감동과 희망을 주는 지점을 찾아 정리할 수 있도록 하였다. 이후 자유도를 높여서 활동지와 크롬북을 제공해 영화나 애니메이션 속 인물을 직접 찾아보도록 하였다. 이때 도덕적이고 윤리적이며 사회구성원들이 존중할 만한 무언가를 탐구해야 함을 강조하였다. 상호평가와 자기평가를 거쳐서 사회의 용인을 얻는 결과물이 되어야 함을 강조하자 장난스럽게 인물을 찾는 것을 막을 수 있었다.

괜찮은 사람은 갈등을 어떻게 해결하고 어떻게 대화할까?

화법과 작문 학습 내용 중에는 갈등 조정과 공감하는 대화 등의 학습 내용이 있다. 이를 학습한 후 모둠 갈등 해결하기와 나의 대화방식 성찰하기 활동을 했다. 갈등 해결하기 활동으로는 미래에 예상되는 갈등을 모둠별로 정하고 괜찮은 사람은 어떻게 갈등을 해결할지 개선 방법을 찾아 발표하도록 하였다. 나의 대화방식 성찰하기는 활동지를 통해 약 일주일간 나의 대화에서 문제점을 찾아 분석하고 개선안을 스스로 제시하여 발표하고 앞으로 개선할 수 있도록 다짐하는 형태로 하였다.

사람들은 어떤 사람을 괜찮은 사람으로 생각할까?

학생들이 발표에서 설문조사를 활용할 수 있도록 설문조사를 하는 방법을 강의하였다. 국어 시간에 사회학에서 다루는 설문조사 수준으로 설문조사 방법을 다룰 수는 없었기에 기본적인 설문조사 형식과 설문조사 도구 만드는 방법 등을 안내하였다. 또한 학생들 몇 명은 모둠을 만들어 다른 사람들의 생각을 직접 탐문하고자 하였다. 따라서 무례하지 않게 말 거는 방법, 인터뷰하는 순서, 질문 만드는 방법 등을 수업으로 다뤘다. SWOT 분석을 통해 괜찮은 인물을 직접 선정하여 삶에 도움이 되는 점을 찾아 정리하고자 하는 학생도 있었다. 이 학생에게는 SWOT 분석 내용이 담긴 교내 진로 특강 자료를 활용할 수 있도록 하였다.

훌륭한 발표는 어떻게 할 수 있을까?

발표는 이 프로젝트의 핵심 활동이다. 이를 위해 학생들은 채점기준표를 학습지로 미리 받았다. 그리고 뛰어나게 발표를 수행하는 영상 속 인물을 채점 기준에 따라 직접 평가하며 좋은 발표가 지녀야 할 조건들을 탐색하였다. 잘생기고 예쁘거나 유명해야 한다는 답변을 많이 했지만, 그 외에도

준 언어적 · 비언어적 표현 방식의 특징이나 유창한 말하기, 사전 준비, 질문하기 등을 학생들이 영상 속에서 확인할 수 있었다. 추가적인 내용은 교과서 내용과 온라인 콘텐츠를 통해 강의하고 학생들이 발표에서 직접 적용할 수 있도록 지도하였다.

학생들은 발표 방법에 대해 학습한 후 발표계획서를 작성하였다. 마인드맵으로 소주제를 3개 이상 추출하고 크롬북으로 찾을 자료와 매체를 정리하였다. 계획서를 완성한 학생들에게는 프레젠테이션 제작을 위해 크롬북을 나눠줬다. 이후 학생들이 구글 프레젠테이션과 미리캔버스를 활용해 프레젠테이션을 만들 수 있도록 강의를 했다. 학생들은 자신의 선택에 따라 파워포인트나 이미지 카드, 동영상을 제작하여 사용할 수 있도록 하였다. 프레젠테이션을 만드는 능력은 학생마다 차이가 크게 났다. 따라서 모둠원이 서로 지식을 공유할 수 있도록 모둠 형태로 활동을 진행하면서 순회지도를 통해 프레젠테이션을 만드는 것을 직접 도왔다.

몇몇 학생들은 프레젠테이션 디자인이나 애니메이션을 만드는 것에 지나치게 집중하기도 하였다. 하지만 최종 과제에서 중요하게 보여줘야 할 것은 프레젠테이션 자료가 아니라 설득력 있는 발표임을 채점기준표를 통해 상기시켜주었다. 평가를 위한 채점기준표를 1인당 1개씩 모두 제공하였기에 채점 기준에 맞게 발표를 준비하도록 지도하였다. 너무 딱딱하게 발표 자료를 준비하는 학생에게는 흥미로운 발표 예시를 인터넷에서 찾아볼 수 있도록 지도하고 말하기 불안이 있는 학생에게는 발표 대본을 미리 꼼꼼하게 작성하고 이미지 트레이닝을 하거나 친구를 보며 연습할 수 있도록 도왔다.

결과물 개선을 위한 모둠 간 피드백

발표를 위한 프레젠테이션이 대략 만들어진 후, 학생들은 발표 준비를 위한 '둘 가고 둘 남기' 활동을 하였다. 모둠에서 두 사람은 이동하고 두 사람은 크롬북을 켜놓고 손님을 기다리도록 했다. 이 활동을 통해 학급 전체 구성원이 모둠 안에서 짧게 발표 내용을 설명하고 발표 내용에 대한 피드백을 주고받아 결과물을 개선할 수 있도록 하였다. 인상 깊은 점, 궁금한 점, 개선할 점을 주고받는 피드백 프로토콜을 화면에 띄우고 시간과 절차에 따라 활동을 수행하도록 하였다. 학생들은 많은 친구에게 피드백을 받고 최종 결과물을 조금 더 향상시킬 수 있었다.

다른 친구의 활동에 개선의 기회를 제공해봅시다!					
발표1 ○○○	발표 핵심 내용	채점 기준에 의한 평가			
		내용 형식	상	중	하
		매체	상	중	하
		창의성	상	중	하
	인상 깊은 점과 궁금한 점	개선을 위한 피드백 (친절하게, 구체적으로, 도움이 되게)			

괜찮은 사람 발표, 상호평가와 자기평가

최종 발표 순서는 자발적으로 선택할 수 있도록 하되, 앞 순서에 발표한 친구는 조금 더 너그럽게 평가하자고 제안하였다. 다행히 학생들은 학급마다 자체적으로 발표 순서를 잘 정하였다. 학생들은 발표를 수행하였고 발표와 동시에 교사 평가, 학생 상호평가가 진행되도록 하였다. 발표 형태는 파워포인트와 구글 프레젠테이션에 영상이나 다른 매체를 첨부한 경우가 다수였다. 발표 후 발표자는 QR코드를 통해 자기평가를 했다. 다른 학생들은 모둠별로 상호평가지를 작성한 후 구글 설문으로 자신의 상호평가 내용을 입력하였다. 교사는 학생들의 평가가 수행평가에 일부 반영됨을 안내하고 실제로 수행평가에 학생들의 평가를 참고하였다. 문서 작업을 통해 공정한 절차를 거쳤고 추후 이의신청이 있을 시 관련된 자료를 공개하였기에 학생들은 상호평가를 반영한 수행평가 점수를 너그럽게 수용하였다.

나는 학생들에게 최종 발표를 온라인 영상으로 공개하는 것을 제안하였으나 학생들은 거부하였다. 학생의 의사와 선택권은 충분히 존중되어야 하기에 영상 업로드는 하지 않았다. 대신 프레젠테이션 자료 중 일부는 지역 학교 연합 연구보고회에 전시 자료로 제출하였다. 비록 일부이긴 하지만 외부에서 참관을 온 교육계 인사들에게 자신의 프레젠테이션 결과물이 공개되자 학생들은 흥미로워하였다.

최종 글쓰기

학생들은 프로젝트의 마무리 단계에서 50분간의 최종 글쓰기 과제를 통해 '앞으로 어떤 인생을 살 것인가?'에 대한 답을 스스로 작성하였다. 비록 글쓰기의 기능적인 부분들을 의미 있게 향상시킬 수는 없었으나 자기 생각을 논리적으로 정리하여 미래 인생 계획을 작성하는 모습들을 찾아볼 수 있었다. 또한 학생들의 글에는 삶에 대한 비전과 가치관이 반영되어 있었기에 2학기에 진행한 실전 면접 활동에서 유의미하게 활용할 수 있었다.

문제 : 괜찮은 인생을 살아나가기 위해 앞으로 해야할 것
내용 생성하기

질문. 지금까지 썼던 독서 기록과 발표 활동을 바탕으로 어떤 사람이 되고 싶고 어떤 것들을 앞으로 해야 할지 글을 쓰기

조건

1. 어떤 삶이 괜찮은 삶인지 고민한 결과가 드러나도록 작성하기

2. 2개 이상의 책을 출처를 밝히고 인용하여 해야할 것들을 소개하기

3. 3문단 이상의 글로 서술하되, 한 문단 안에는 하나의 중심 내용만 담고 하나의 문단은 3문장 이상으로 구성하기

4. 앞으로 어떤 인생을 살고 싶은지 미래의 모습을 보여주기

5. 매력적인 제목을 짓기

구분	상	중	하
가치관	자신의 가치관을 바탕으로 2개 이상 텍스트를 해석하여 삶을 성찰하는 글을 쓰고 감동을 주며 공감을 불러일으키는 미래상을 제시함	2개 이상 텍스트를 반영하여 삶을 성찰하는 글을 씀	글을 작성하여 자신의 가치관을 드러내고자 하나같은 내용이 반복되거나, 표절에 가까운 내용을 작성하거나, 공감을 불러일으키기 어려움
형식	글의 목적과 내용에 맞게 문단을 3개 이상으로 나누고 통일성 있게 글을 작성하였으며 충분한 분량의 완결된 글을 씀	문단 나누기를 시도하였으며 글에 3문단 이상 있고 통일성이 있음	문단 나누기에 대한 이해가 부족하며 글에 통일성이 부족함
표현	창의적이고 흥미로운 제목 흥미롭고 창의적인 문장 맞춤법에 어긋난 부분 5개 이하	내용에 맞는 제목 흥미로운 문장 맞춤법에 어긋난 부분 6개 이상	제목을 과제 자체로 하거나 짓지 못함 의미 전달이 어려운 문장 맞춤법 맞추기가 어려움

수업을 마치며

프로젝트 수업을 통해 학생들은 의사소통 능력, 프레젠테이션 능력, 글쓰기 능력을 발휘하였다. 학생들이 직접 표현 활동을 수행하고 상호평가와 자기평가를 할 수 있었기에 몇몇 학생들은 프로젝트 후 발표에 자신감을 보였다. 또한 학생들은 어떠한 사람이 될 것인지, 어떤 삶을 살 것인지 도덕적인 가치를 바탕으로 고민하는 모습을 보였다. 비교적 진로 분야가 명확한 직업계고 학생들이 직업인으로서의 삶뿐만 아니라 긴 인생을 살아가는 사회인으로서 삶의 태도에 대해 성찰하는 모습은 의미 있는 수업 장면이었다.

하지만 아쉬운 점이 참 많다. 직업계고에서는 진로직업과 연관된 다양한 형태의 프로젝트가 이뤄지고 있는데, 계획서와 보고서 쓰기, 발표하기 등 국어과 학습내용을 통해 교과 융합형 프로젝트를 시도하지 못한 것이 아쉽다. 앞으로 동료 교사들과 래포를 형성하고 학습공동체를 이루며 새로운 시도를 해볼 필요가 있을 것 같다. 그리고 프로젝트 수업을 통해 국어과에서 다루는 지식을 충분히 다루지 못했다는 생각이 들었다. 단순히 국어과 학습내용을 프로젝트 주제와 연결시키는 형태를 넘어서 복합적인 문제 상황과 핵심지식을 흥미로운 주제로 깊이 있게 탐구할 수 있다면, 더 프로젝트다운 프로젝트가 진행될 것 같다. 마지막으로 학교 교육과정이 너무나 다채롭고 바쁘게 운영되다 보니 프로젝트 전 과정을 꼼꼼히 운영하거나 깊이 있는 피드백을 줄 여유가 없어서 학생들에게 미안한 마음이 들었다.

내가 생각하기에 수업 내용은 전혀 어렵지 않았으나 학생들은 어렵다는 반응을 자주 보여 당황스러웠다. 특히 학생들은 프레젠테이션과 글쓰기 자체를 매우 어려운 과제로 인식하였다. 다행히 수업을 마칠 때, 스스로 성장하였다고 생각하거나 흥미로운 수업이었다고 인식하는 학생들이 다수 있었다. 단순히 수행평가 점수 획득을 위해 공부하는 학생들도 일부 있었으나 대체로 깊이 있게 괜찮은 사람에 대해 고민하였고 또 의사소통 역량이 향상했다고 느껴서 다행으로 생각한다. 또한 한 학기 프로젝트를 마무리한 후, 학생들은 취업을 위한 실전 면접을 수행하였는데, 정리된 가치관을 직접 발표한 경험이 있기에 면접 질문에 더 수월하게 답하는 모습을 보였다.

　프로젝트 수업을 마무리한 후 1년 뒤, 성실하게 수업에 참여한 학생 한 명이 다음과 같이 편지를 보냈다. 직업계고 남학생에게서 이런 편지를 받는 것은 드문 일이기에 나름대로 의미가 있었던 수업이라고 다시 한번 생각해본다.

안녕하세요 선생님! 이렇게 글로 안부를 전하는 건 처음이네요.
　사실 작년 수업 이후로는 대화할 기회가 많이 없긴 했지만, 올해 저의 멘토 선생님을 찾을 때 가장 먼저 떠오른 건 선생님이었어요. 선생님이 제가 졸업한 ○○중학교 선생님들과 연이 있어서 친근감이 들기도 했지만, 가장 큰 이유는 작년 선생님의 수업이 정말 인상 깊었기 때문이에요. 많은 선생님들이 있었지만 그중 우리 학생들이 잘되기를 바라는 감정을 수업에서 가장 잘 느낄 수 있었던 분은 선생님이었어요. 물론 모든 선생님들이 제자들의 성공을 바라지만, 피부로 느끼는 건 다르니까요. - 생략 -

삶과 철학 토론 프로젝트

김선명 배방고등학교

철학적 지혜를 기르는 교실

나의 교실 수업에서 학생들이 배웠으면 하는 핵심 가치이자 핵심 역량은 '철학적 지혜'이다. 우리는 삶을 살아가며 다양한 문제 상황에 직면하고, 수없이 많은 선택과 결단을 내린다. 비윤리적인 욕구에 흔들리기도 하고, 주변 사람과 갈등을 겪기도 하고, 사회 속에서 자신의 정체성에 대해 고민하기도 한다. 나는 학생들이 이러한 삶의 장면에서 주변 환경이나 타인의 의견에 휘둘리기보다, 스스로 생각하고 주체적인 결단을 내리는 현명한 어른이 되길 바란다.

철학적 지혜는 인간에 대한 이해를 기반으로 한다. 학생들은 윤리 수업을 통해 자신이 누구인지, 자기 삶의 목적은 무엇인지, 자신과 주변 사람들의 행복을 위해 어떻게 살아야 하는지를 배운다. 이를 통해 관계의 확장에 따라, 자기 자신부터 타인과 사회, 세상에 대해서까지 이해할 수 있다. 이러한 이해는 자신에게 주어진 윤리적 선택과 결단의 상황에서 지혜를 발휘할 수 있도록 돕는다.

나는 학생들이 수업의 목적을 충분히 공감하고, 자신과 주변 관계에 대해 충분히 성찰하고, 문제 상황을 상상하고 충분히 고민해 볼 수 있는 수업을 구상하고 실천하고자 노력하고 있다. 과거부터 이어져 온 다양한 윤리 사상을 있는 그대로 기억하는 것도 중요하다. 하지만 그보다 더 중요한 것은 철학자들의 사고방식을 자기 삶에서 실현해보는 연습이다. 이러한 연습은 누구도 겪어보지 못한 문제 상황에서 철학적 지혜를 발휘하는 힘을 길러줄 것이다.

스스로 사고하고 표현하는 힘

스스로 사고하는 힘 그리고 나의 사고를 말로 표현하는 힘은 사람이 주체적으로 살아가는 데 꼭 필요한 능력이다. 하지만 학교에서 스스로 사고해 볼 기회가 충분히 주어지지 않는다. 학생들이 일과 시간에 해야할 일은 매우 많다. 매시간 다른 과목을 배워야 하고, 과목마다 수행해야 할 과제도 많기 때문이다. 또는 학생들이 스스로 사고하는 일을 귀찮아하기도 한다. 나의 사고를 생성하는 것보다 다른 사람의 생각을 짧은 시간 안에 학습하고 복사하는 것이 더 편하기 때문이다.

내가 직접 경험하고 배운 내용을 재개념화하고, 알고 있던 지식과 엮어 의미 있게 받아들이는 사고 과정은 학생들의 정신적 자유를 실현하고 자존감을 형성하는 데 매우 중요하다. 주어진 사건에 대해 질문을 던지고, 자기 언어로 자기를 돌볼 수 없는 사람은 바른 판단을 내리기 어렵다. 또는 다른 사람의 말과 행동에 쉽게 휘둘리곤 한다. 그 결과, 대책 없이 남의 부탁을 모두 받아들이거나, 자극적인 말들에 매혹되거나, 스스로 결정을 내리지 못한다.

학생들이 정신적 자유와 높은 자존감을 스스로 만들어나갈 수 있도록 돕고 싶었다. 자신에게 중요한 가치가 무엇인지 정확하게 알고, 그 근거가 되는 경험과 배움을 고찰할 수 있으며, 이를 기준으로 도덕적 판단을 내려, 말로 표현하고 실천하는 힘을 길러주고 싶었다. 그래서 자기 삶과 철학의 연결 지점을 찾고 사상가의 관점에서 행복과 사회적 질서를 토론할 수 있는 '삶과 철학 토론 프로젝트'를 준비하게 되었다.

학생들은 동양 윤리 사상가의 제자가 되어 토론을 벌였다. 그들의 지혜를 빌려 인간의 행복과 사회적 질서에 대해 고찰하고, 상대되는 견해에 대해서도 비판적으로 탐구했다. 자신의 주장을 뒷받침하고 상대의 논증을 비판하는 데 필요한 근거도 수집했다. 그 근거는 '인간 본성이 선하다는 것을 드러내는 사례', '세상의 이치는 바깥 사물에 관한 객관적 탐구를 통해 얻을 수 있다는 것을 증명하는 사례' 등이었다. 근거를 찾는 일이 쉽지는 않았지만, 동양 윤리 사상을 원문 그대로 받아들이지 않고, 능동적으로 해석하는 기회가 되었다.

배방고등학교는 충청남도 아산시에서 규모가 가장 큰 고등학교로, 전교생 인원은 약 1,200명이고, 이 중 윤리와 사상 수업을 선택한 2학년 학생은 약 220명이다. 총 7학급에서 윤리와 사상 수업이 이루어졌으며, 한 학급당 인원은 약 32명이다. 학생들은 대부분 혼자서 하는 기억과 암기보다 모둠 활동을 통한 협동과 발표에서 높은 성취도와 흥미를 보이는 편이다.

이 프로젝트에서 학생들과 함께 해결해야 할 탐구질문은 '어떻게 하면 유교 사상의 관점에서 우리 삶의 문제를 논리적으로 사유하고 토론할 수 있을까?'이다. 탐구질문에 대답하기 위해, 우선 학생들은 유교 사상이 우리 삶의 문제를 어떻게 바라보는지 학습한다. 두 번째로 스스로 사고하고 말로 표현하는 일은 왜 필요한지 이해한다. 세 번째로 유교 사상의 상대되는 관점으로 삶의 문제를 바라본다.

프로젝트 개요

삶과 철학 토론 프로젝트		
과목 윤리와 사상	학년 고등학교 2학년	기간 13차시

핵심 가치
- 다양한 윤리적 딜레마 상황에 대해 스스로 사고하고 표현하는 힘을 기른다.
- 경험과 배움을 통해 얻은 지식을 필요에 따라 재개념화하고 적용할 수 있다.

성취기준
[12윤사01–01]~[12윤사02–03] 성취기준 재구성
- 인간에 대한 다양한 관점을 비교하고 우리 삶에서 윤리 사상과 사회사상이 필요한 이유, 역할, 사례, 관계 등을 탐구하여 토론할 수 있다.
- 동양과 한국의 연원적 윤리사상들을 탐구하고, 이를 인간의 행복 및 사회적 질서와 관련지어 토론할 수 있다.
- 각 동양 윤리 사상의 상대되는 관점을 비교하여 토론할 수 있다.

탐구질문
어떻게 하면 유교 사상의 관점에서 우리 삶의 문제를 논리적으로 사유하고 토론할 수 있을까?

프로젝트의 흐름
1차시: 프로젝트 목표와 과정, 채점기준표를 안내하고 이해한다.
2~5차시: 유교 사상 이론 강의 후 형성평가 및 복습 활동을 한다.
6~7차시: 도입활동으로 세일즈 토론과 가치 수직선 토론, '악의 평범성' 영상 시청 후 탐구활동, 모둠 세우기 활동을 진행한다.
8차시: 바람개비 토론을 통해 모둠별 논제 후보를 만든 후 상대팀과 논의하여 찬반 토론 논제를 확정한다.
9~10차시: 논제에 관한 주장, 이유, 근거를 세운 후 교사 피드백과 동료 피드백을 진행한다.
12~13차시: 한 차시당 2팀씩 총 2차시 동안 4팀 찬반 토론을 수행하고, 토론 후 자기평가 및 동료 평가지를 작성한다.

주요 결과물
개인 결과물: 유교 사상에 대한 구조화 활동지 및 토론 개요서
모둠 결과물: 찬반 토론

채점 요소	성취 수준		
	탁월한 수준(20)	기준에 근접한 수준(15)	노력이 더 필요한 수준(10)
자기 주도적 탐구	탐구활동에 끈기와 인내를 가지고 참여하며, 모둠 주제로 선정한 동양 윤리 사상가의 상대되는 관점을 비교하는 구조화를 완수함.	탐구활동에 다소 끈기와 인내가 부족했거나, 모둠 주제로 선정한 동양 윤리 사상가의 상대되는 관점을 비교하는 구조화를 대부분 수행함.	탐구활동에 끈기와 인내가 부족하고, 모둠 주제로 선정한 동양 윤리 사상가의 상대되는 관점을 비교하여 구조화하지 못함.
내용 이해도	토론 과정에서 적용한 동양 윤리 사상 내용에 오개념 또는 오류가 전혀 없을 정도로 일관되게 이해하고 있음.	토론 과정에서 적용한 동양 윤리 사상 내용에 오개념과 오류가 다소 발견되었으나, 대부분 일관되게 이해하고 있음.	토론 과정에서 적용한 동양 윤리 사상 내용을 대부분 이해하지 못해 다수의 오개념과 오류가 발견됨.
논거 타당성	토론 과정에서 제시한 주장과 반박의 이유, 근거가 사례 적용과 추론 측면에서 서로 모순되거나 부족하지 않고 관련성과 충분성을 보임.	토론 과정에서 제시한 주장과 반박의 이유, 근거가 서로 모순되거나 부족한 부분이 다소 발견되었으나, 대부분 관련성과 충분성을 보임.	토론 과정에서 제시한 주장과 반박의 이유, 근거가 대부분 관련성과 충분성이 낮아 논거로서의 설득력이 떨어짐.
의사 소통 역량	다른 사람들이 이해할 수 있도록 분명하고도 효과적으로 자기 생각과 의견을 표현하고, 상대의 발언에 경청함.	생각과 의견의 표현이 다소 불분명하여 이해하기 어려운 부분이 있거나, 상대의 발언에 항상 경청하진 않음.	생각과 의견의 표현이 대부분 불분명하고 확신이 없어 이해하기 어렵고, 상대의 발언에 대부분 집중하지 못함.
성찰 역량	타 모둠의 토론 장면을 구체적으로 평가하고 자신의 윤리적 사고 과정을 성장 측면에서 점검하고 개선하기 위한 글을 성실하게 작성함.	타 모둠의 토론 장면을 다소 추상적으로 평가하거나, 자신의 윤리적 사고 과정을 성장 측면에서 점검하고 개선하기 위한 글을 다소 추상적으로 작성함.	타 모둠의 토론 장면을 매우 추상적으로 평가하고, 자신의 윤리적 사고 과정을 스스로 점검하고 개선하기 위한 글을 작성하는 데 어려움을 보임.

수업 속으로

도입 활동

처음 '삶과 철학 토론 프로젝트'를 제안했을 때, 학생들은 흥미와 걱정이 섞인 표정을 보였다. 유교 사상으로 찬반 토론에 도전해본다는 흥미도 생겠겠지만, 토론에 익숙하지 않아 걱정과 두려움도 함께 느꼈을 것이다. 어느 정도의 도전 의식과 걱정은 프로젝트 수행 후 자신의 성장을 축하할 수 있도록 돕는다. 하지만 지나친 우려와 두려움은 도전 의식마저 꺾을 수 있다. 따라서 토론 장벽을 낮추는 도입 활동이 꼭 필요하겠다는 생각이 들었다.

경기토론교육연구회의 『토론이 수업이 되려면』과 배광호의 『중·고교 선생님을 위한 토론 수업 34차시』를 보면, 도입 활동으로 활용할 수 있는 다양한 토론 기법들이 소개되어 있다. 그 중 '삶과 철학 토론 프로젝트'의 성격과 정체성 그리고 목적에 맞는 활동들만 적절히 구조화하여 계획을 세웠다. 찬반 토론에 대한 부담감을 덜고, 프로젝트의 목적을 함께 생각해보기 위해 선택한 활동은 총 3가지였다.

첫 번째 도입활동으로는 세일즈 토론을 했다. 자신의 소유물 중 가장 쓸모없는 1가지를 골라 '배방플리마켓'에서 마주친 손님에게 1분간 판매해보는 상황을 가정했다. 학생들은 자신의 어깨짝에게 쓸모없는 물건을 판매하기 위해 열심히 설득한다. 활동을 마무리한 후 판매자의 말에 설득당해 구매를 결정한 학생 3명을 지목하여 그 이유를 들어보았다.

> "제 어깨짝 친구는 중학교 2학년 때 다녀온 수학여행 가정통신문을 판매했어요. 친구가 수학여행을 제주도로 다녀왔는데, 여기 안내된 여행 코스가 정말 매력적이고 재미있었대요. 그래서 나중에 가족들과 여행 계획을 세울 때 큰 도움이 될 거라고 설득했어요. 저와 눈을 맞추며 확신에 찬 태도로 설득해서 안 살 수가 없었어요."

쌀쌀한 날씨에도 더운 공기가 교실을 휘감을 정도로 열띤 토론 활동을 했다. 가상상황을 토대로 친구와 1:1로 자기 이야기를 편하게 나눌 수 있는 토론이었기 때문이다. 세일즈 토론 활동 후기를 함께 나누고 나서, 활동의 의미를 설명했다. 이렇게 간단한 활동도 상대방을 설득하는 말하기 방법과 태도를 배울 수 있는 토론 활동이 될 수 있음을 강조했다. 상대방과 눈 맞춤, 자신감 있는 표정과 목소리, 상대방을 배려하고 공감하는 마음과 같은 사회적 기술도 함께 짚어줬다.

두 번째 도입활동으로는 가치수직선 토론을 했다. 가치수직선 토론은 흑백논리 사고에서 벗어나, 다양한 가치 표현을 해볼 수 있는 토론 방법이다. 모든 의견이 온전히 존중받기 때문에 자기 확신과 자존감을 높여줄 수 있다. 아이들에게 '하인츠의 딜레마' 이야기를 들려준 후, 한 사람당 한 장씩 붙임 종이를 나눠줬다. 이때, 자기 의견을 뒷받침하는 근거도 함께 작성하도록 지도했다.

작성이 끝난 후 칠판에 '도덕적으로 정당하지 않다'부터 '도덕적으로 정당하다'까지 이어진 가치수직선 중 자기 의견에 가까운 위치에 붙임 종이를 부착하게 했다. 학생들이 모두 붙임 종이를 부착하고 나면, 양극단과 중립에 가까운 의견을 낸 친구를 각각 1명씩 총 3명을 골라 의견을 물었다. 생각할 시간을 충분히 주고 글로 정리한 후 발표하다 보니, 자기 생각을 조리 있게 이야기하는 모습을 보였다.

교사가 학생들의 의견을 듣고 각각을 콜버그의 도덕성 발달 단계[14]와 연관 지어 간단하게 설명해주니, 학생들이 자신의 가치와 의견을 돌아보며 흥미를 느끼는 듯 보였다. 발표를 마무리한 후, '학생들이 스스로 사고를 통해 도덕적 판단을 내리고 그 이유와 근거를 표현할 수 있는 능력이 충분함'을 강조했다. 그리고 그 능력에는 자신이 겪은 다양한 직·간접적 경험

---

14 로렌스 콜버그(Lawrence Kohlberg, 1927-1987)는 인간의 도덕성 발달 단계를 3수준 6단계로 나누었다. 3수준은 1단계(벌과 복종의 단계)와 2단계(개인적 도구적 목적과 교환의 단계)가 포함된 인습 이전 수준, 3단계(개인 간의 기대·관계·동조의 관계)와 4단계(사회체제 및 법과 질서 유지의 단계)가 포함된 인습 수준, 5단계(권리우선과 사회계약의 단계)와 6단계(보편적·윤리적 원리의 단계)가 포함된 인습 이후 수준으로 구분된다. ―구광현, 교육심리학, 학지사, 2019.

과 지식이 많은 영향을 미친다는 점도 설명했다. 토론이 끝난 후에는 자신의 붙임 종이를 다시 떼어가 학습지에 부착해놓도록 했다.

가치수직선 토론 장면

세 번째 도입활동으로는 '악의 평범성'에 관한 토의를 진행했다. '예루살렘의 아이히만' 이야기를 들려주며, 스스로 사유할 수 없는 보통 사람이 어떤 악까지 저지를 수 있는지 생각해보게 했다. 한나 아렌트의 '악의 평범성' 개념과 사례가 우리 주변에서 끊임없이 일어나고 있음을 강조하며, 하인리히 법칙과 관련한 사례들을 연관 지어 이야기해주었다. 사람이 '사유하기를 포기하여, 당연하고 안일하게 잘못된 일을 반복하는 평범한 나날'들이 모여 돌이킬 수 없는 악을 저지를 수 있다는 점을 이야기하니, 학생들도 진지한 표정으로 경청했다.

이야기를 모두 듣고 나서 3가지 질문에 자기 생각을 작성하는 시간을 가졌다. 질문의 의도는 모두 프로젝트 목적과 연결된다. 학급당 3명 정도 자기 대답을 전체 공유할 수 있도록 했다. 학생들의 발표를 정리하며 다시 한번 '스스로 사고하는 힘' 그리고 '나의 사고를 말로 표현하는 힘'을 통해 '윤리적으로 주체적 삶을 살아갈 수 있다'는 프로젝트 목적을 아이들과 함께 세웠다. 그리고 함께 세운 목적을 프로젝트 방향성을 잡아주는 나침반으로 삼을 수 있도록 강조했다.

▶ 한나 아렌트의 '악의 평범성' 영상을 시청하고 질문에 답해봅시다.	
질문1	아이히만의 행동에는 어떤 잘못이 있었을까요?
답변1	자신의 상관이라고 하더라도, 히틀러의 명령이 도덕적으로 정당한지 충분히 고려하지 않고 유대인을 죽인 잘못이 있다.
질문2	어떤 질문도 던지지 않고, 자기 언어가 없고, 자기 언어로 자기를 돌볼 수 없는 사람은 어떤 삶을 살까요?
답변2	자기 주관 없이 타인에게 휘둘리는 삶을 살 것 같다.
질문3	'삶과 철학 토론 프로젝트' 수업의 목적은 무엇일까요? 나의 행위가 도덕적이려면 무엇을 해야 할까요?
답변3	삶의 철학 토론 프로젝트 수업의 목적은 철학적으로 사고하고 그것을 자기 말로 표현하는 것이다. 행위의 합법성만 고려하지 않고 도덕적 정당성을 충분히 고려해야 한다.

'악의 평범성' 토의 학생 활동지 예시

모둠 구성 활동

삶과 철학 토론 프로젝트에서 모둠은 같은 사상가 관점에서 토론하는 팀을 의미한다. 이번 모둠활동의 목적은 '협력적 배움'이다. 찬반 토론을 하기까지의 준비 과정은 서로의 도움이 없으면 해결하기 어려운 과제들로 이루어져 있다. 그래서 아이들이 경쟁보다는 모둠 내 협동을 통해 서로의 배움에 기여하며 성장하기를 바랐다. 나는 이러한 목적과 진심을 아이들에게 이야기하고, 모둠 구성 방법에 대해 안내했다. 모둠 구성 방법을 궁금해하던 아이들은 설명을 듣고 모두 고개를 끄덕이며 동의를 표했다. 기간 내에 활동을 잘 이끌어줄 모둠장의 역할이 특히 중요했기 때문에 모둠장 선정을 중심으로 다음과 같이 모둠을 구성했다.

---

① 앉은 자리에서 책걸상을 옮겨 8개의 모둠을 만든다.(인원이 많은 학급은 4~5인이 한 모둠, 인원이 적은 학급은 3~4인이 한 모둠이 될 수 있다.

② 모둠장 역할을 하고 싶은 사람을 8명 신청 또는 추천받는다.(4개 주제 1모둠:1모둠 찬반 토론을 위해 8모둠을 만들었다.)

③ 모둠장은 자신의 역할 수행에 도움을 줄 수 있는 친구 1명을 선택한다.(모둠장 추천이 나오지 않을 때 위 내용을 모둠장의 특권으로 안내하면 도움이 된다.)

④ 모둠장과 도우미 친구는 복도로 나가 잠시 대기한다.

⑤ 교실에 남은 학생들은 일어나 뒤로 나갔다가 2명씩 짝지어 모둠 자리에 앉는다.(각 모둠에 두 자리씩 남기고 앉을 수 있도록 안내한다.)

⑥ 모둠장은 제비뽑기를 통해 자신이 뽑은 모둠 번호에 따라 앉는다.

모둠 구성 방법

복도에 나가 있었던 학생들은 본인의 역할을 선택하거나 선택받았지만, 교실에 남은 아이들은 이떤 역할도 부여되지 않은 상황에서 남겨져 있었기 때문에 자존심이 상하거나 속상한 마음이 들 수도 있다. 따라서 교실에 남은 아이들에게 "너희는 어떤 모둠에 속해도 차분하게 친구들의 이야기를 경청하고 누구와도 잘 어우러질 수 있는 친구들이라 안심이야. 조화로운 모둠활동을 위해 너희의 역할이 꼭 필요해."라고 이야기했다.

모둠 세우기 활동으로는 '이면지 탑 쌓기'를 진행했다. 각 모둠은 10장의 이면지와 풀을 이용하여 다른 도구 없이 높은 탑을 쌓아 올려야 한다. 학생들은 종이를 접거나 말아서 풀로 기둥을 만든 후 점점 높이 탑을 쌓아갔다. 7분이 지난 후 탑을 가장 높이 쌓아 올린 순서대로 토론을 위한 관점으로 탐구하고 싶은 사상가를 선택할 기회를 주었다.

사상가 선택까지 모두 마친 후 모둠 세우기 활동의 의미를 함께 돌아보았다. 이면지로 탑을 쌓기 위해 기둥 모양부터 쌓아 올리는 방법까지 모둠원들끼리 대화를 통해 협의하고 역할을 나누어 협동하는 과정을 모두 돌아보며, 60여 개의 가치 덕목 중 각자가 잘 발휘했던 점과 부족했던 점에 대해 생각해보고 모둠 내에서 이야기를 나눠보게 했다.

이후 모둠원들은 눈, 입, 손, 귀 총 4가지로 역할을 나누어 맡았다. '눈'은 모둠장으로서 프로젝트 전 과정의 준비 과정과 진행 상황을 점검하고 모둠원들의 참여와 활동을 독려한다. '입'은 모둠의 회의 과정을 이끌고 가장 먼저 발언한다. '손'은 수업 준비물을 챙기고 모둠의 회의 과정을 기록한다. '귀'는 모둠원의 모든 의견을 귀담아 경청하고 가장 적극적으로 반응한다.

개인별 탐구 내용 구조화하기

학생들은 토론 과정에서 고대 유교 사상을 적용해 현대 사회에서 일어나는 문제를 사고할 수 있어야 한다. 이를 위해 자기 언어로 설명할 수 있을 만큼 고대 유교 사상에 대한 정확한 이해가 필요했다. 각 모둠은 모둠 세우기를 통해 선택한 사상가의 윤리 사상을 1차시 동안 개별적으로 탐구했다. 이때 자기 모둠의 사상가뿐만 아니라, 논제와 관련하여 상대 입장을 가진 사상가의 이론도 함께 탐구했다. 토론 과정에서 상대 입장에 대한 반박과 재반박을 준비하려면, 두 사상가의 관점을 모두 이해하고 비교할 수 있는 역량이 필요하기 때문이다.

학생들은 유교 사상을 이해하기 위해 꼭 필요한 주요 개념과 이론 강의를 바탕으로 교과서와 학습지, 도서나 자료 등을 참고하여 모둠 논제와 관련된 내용들을 탐구하고 구조화했다. 구조화할 때는 상대되는 관점들을 중심으로 분류 기준을 세우거나, 하위 개념을 상위 개념으로 묶거나, 핵심 키워드를 표시하는 방법 등을 활용할 수 있도록 설명했다. 선배들이 작성했던 예시 자료도 보여줬다. 모둠원 전원이 구조화를 어려워하는 경우, 교사가 직접 분류 기준들을 제시해주고 양쪽 입장의 사상을 비교하여 탐구할 수 있도록 돕기도 했다.

학생들은 탐구 과정에서 생긴 궁금증이나 질문, 이해하기 어려운 점 등을 자신이 구조화한 내용 아래 '궁금한 점' 칸에 작성했다. 나는 모둠을 순회하며 구조화 내용 중 오개념이 없는지 점검하고, '궁금한 점'에 질문이 적혀있는 경우 답변했다. 교사가 모둠을 순회하며 학생들의 구조화 내용을 살피다 보면, 전체적으로 어떤 부분에서 이해에 어려움을 겪고 있는지 확인할 수 있다. 또한, 구조화 자체에 어려움을 겪거나 유교 사상 자체를 이해하고 있지 못한 학생들을 포기하지 않고 개별적으로 지도해줌으로써 프로젝트 참여도를 높일 수도 있다.

논제 정하기

두 팀은 상대되는 두 사상의 관점을 비교하여 탐구한 내용을 바탕으로 첨예하게 대립할 수 있는 논제를 정해야 한다. 학생들에게 논제를 직접 만들어보도록 했을 때 교사가 미처 생각하지 못한 논제가 나올 수 있고, 두 사상의 쟁점이 되는 부분들을 다시금 상기할 수도 있다. 교사는 논제가 갖춰야 하는 조건들을 설명하기 위해 몇 가지 예시만 제공한다. 먼저 각 모둠 안에서 논제 아이디어를 제안했다. 모둠원들은 각자 붙임 종이에 두 사상의 쟁점을 중심으로 떠오르는 질문들을 한 가지씩 작성했다. 모둠원의 붙임 종이를 모은 후 바람개비 토론을 위한 대표 질문 한 가지를 선정했다. 바람개비 토론은 다음과 같은 방법으로 진행했다.

B4 활동지 가운데에 대표 질문 붙임 종이를 붙인 후, 모둠원마다 다른 색의 펜을 준비했다. 각자의 위치에서 질문에 대한 자신의 답변을 작성했다. 이때 자기 모둠의 사상가 관점에서 답변할 수도 있고, 상대 모둠 사상가 관점에서 답변할 수도 있다. 모둠원 전원이 답변을 작성하면 오른쪽으로 한

칸 활동지를 돌렸다.

자신의 위치에 온 모둠원의 답변을 읽고, 이에 대하여 오류를 지적하는 반박이나 허점을 지적하는 질문 등을 작성했다. 자신의 의견이 모둠원의 답변과 같은 입장이더라도 '반박'에 초점을 맞춰 작성하도록 지도했다. 다 작성한 후에는 활동지를 다시 오른쪽으로 한 칸 돌려 가장 아래 있는 답변에 대해 활동을 반복했다. 자신의 답변이 자기 앞으로 오면 활동을 마무리하고, 작성된 바람개비 토론 활동지를 모둠원이 함께 읽어보았다.

함께 토론을 벌이는 상대 모둠과 만나서 각 모둠의 바람개비 토론 활동지를 교환하여 읽어본 후, 더 활발하게 토론이 이루어진 논제를 한 가지 선택했다. 이 과정에서 각자의 의견을 모아 토론 논제를 수정하거나 보완할 수 있었다. 교사는 순회하며 ①찬반으로 나뉠 수 있는 논제인지, ②상대되는 두 사상가의 핵심 쟁점이 될 수 있는지, ③중립적이고 명확한 문장으로 작성되어 있는지 검토하여 피드백을 제공했다.

논제에 대한 자신의 의견을 작성할 때는 주장과 이유, 근거를 최대한 논리적으로 작성할 수 있도록 지도하였다. 학생들이 자기 생각을 만들어내는 과정을 촉진하고, 사고나 추리를 이치에 맞게 이끌어갈 수 있도록 훈련하기 위함이다. 이유나 근거를 논리적으로 작성하기 어려워하는 학생들에게는 자신이 작성한 문장마다 스스로 '왜?'라고 이유를 묻고 설득력 있는 답변을 작성해보도록 하였다.

반론을 작성할 때는 근거의 사실성, 주장과 근거의 관련성, 근거의 충분성, 주장의 부작용 등 주장과 근거의 결함을 논리적으로 반박할 수 있도록 지도했다. 학생들은 자기 입장과 같은 주장에 대해서도 반론을 제기해보면서 비판적 사고력을 기를 수 있었다. 이때 감정적으로 반론하거나 아무런 근거 없이 비난하지 않도록 유의시켰다.

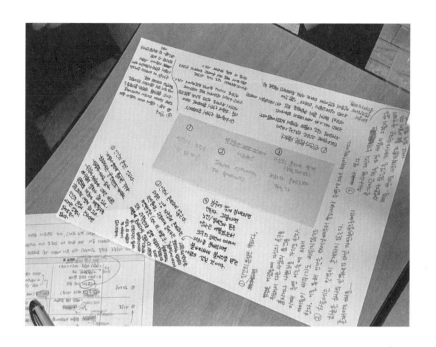

바람개비 토론 학생 활동 – 원본 요망

논거 만들기

　학생들에게 토론 단계를 안내했다. 토론 모형은 경기도토론교육연구회의 『토론이 수업이 되려면』을 참고했다. 학생들이 찬반 토론에 익숙하지 않기 때문에, 입론부터 주장과 반론, 최종발언까지 모둠원이 각자 역할을 분담하도록 지도하였고, 발언 시간과 발언 내용을 정리하여 설명하였다.

　학생들은 안내받은 토론 대본과 토론 개요서 형식을 바탕으로 모둠 내에서 역할을 분담하고, 논거를 작성했다. 우리 측 논증을 먼저 준비한 후 상대측 반론을 예측하고 이에 대한 재반론을 준비하여 좀 더 논리성을 갖춘 논거를 마련하도록 지도했다. 논거를 마련하는 과정에서 학생들은 독자적인 논리를 개발하기 위해 최선을 다해 사고하며, 자신이 주장하고 싶은 바에 맞게 탐색한 자료를 재해석하는 데 집중했다.

학생들은 동양 윤리 사상을 논리적으로 재해석하는 과정을 어려워했다. 사상을 정확히 이해하는 과정에서 인지 부조화가 일어났기 때문이다. 나는 교실을 순회하며 학생들의 질문에 응답했다. 특히 활동지 작성 내용을 틈틈이 읽어보며 학생들이 사상을 재해석하는 과정에서 오류가 없는지 확인하고, 이유나 근거가 주장을 뒷받침하기에 충분한지에 집중하여 피드백했다.

토론 개요서를 작성하는 과정에서 본격적으로 유교 사상을 현대 사회 문제에 적용하게 된다. 학생들은 추상적인 개념(이를테면 '선(善)'과 '악(惡)' 개념, '사덕(四德)'과 '사단(四端)' 개념, '성즉리(性卽理)'와 '심즉리(心卽理)' 개념, '이(理)'와 '기(氣)' 개념 등)을 구체화하여 현상과 연결하는 과정에서 가장 큰 어려움을 겪었다. 개념을 정확하게 이해하고 있어야 가능한 일이기 때문이다.

이 과정에서 학생들은 핵심지식과 개념을 자기 언어로 한 번 더 정리하고 정립하게 된다. 그리고 학생들은 자신이 이해한 개념을 뒷받침하기 위해 일상적으로 우리가 겪는 경험을 근거 사례로 만들기도 하고, 인터넷을 검색하여 찾은 심리 현상이나 역사 내용을 근거 사례로 제시하기도 했다. 학생들 대부분은 기대한 것보다 더 높은 수준의 성취를 보였다.

예를 들어, 한 모둠에서는 퇴계 이황의 입장에서 율곡 이이의 '기발이승일도설(氣發理乘一道說)'을 반박하고 '이(理)'가 '기(氣)'보다 먼저 발하는 경우를 설명하기 위해 자신의 욕구나 이득을 생각할 겨를 없이 전철 선로에 떨어져 곤경에 처한 사람을 구해준 선행 상황을 가정하여 근거로 들었다. 또 다른 모둠에서는 성악설을 주장한 순자의 입장에서 맹자의 성선설을 반박하기 위해 '스탠퍼드 감옥 실험' 속 극한의 상황에서 인간의 이기적이고 폭력적인 본성이 나타난다는 점을 근거 사례로 들기도 하였다.

▶ 모둠원과 함께 토론 개요서를 작성해봅시다.

입론	인간은 다른 동물과 비교했을 때 매우 복잡한 존재이다. 인간은 항상 변화의 과정에 있고, 개개인의 특성도 모두 다르지만 '본성'을 통해 인간종의 공통점을 발견할 수 있다. 우리는 한 사회 속에서 함께 살아가는 존재로서 본성을 제대로 이해하고, 사회에 필요한 윤리와 제도를 파악할 필요성이 있다. 인간은 욕구만을 가지고 태어나 다른 사람을 질투하고 자신의 이익을 추구하기 때문에, 인간의 본성에 따르게 내버려 두면 반드시 서로 다투게 되어 사회 혼란이 발생한다.

구분		우리 측 논증	상대측 반론 예측	반론에 대한 재반론
논거	이유	왜냐하면 인간은 교육을 통해 사회화되기 전에 본능과 욕구에 따라 행동하기 때문이다.	의지가 있는 행위만을 선과 악으로 구별하여 판단할 수 있다.	의지가 있는 행위만을 도덕적으로 판단할 수 있다면, 타인이 시킨 나쁜 행위를 자신의 의지와 상관없이 했다고 해서 도덕적으로 악한 행위가 아닌 것은 아니다.
	근거 또는 사례	예를 들어 어린아이들이 선과 악을 제대로 파악하지 못하기 때문에 본능에 따라 행동한다. 부모의 상황을 배려하지 않고 배고픔과 졸음 때문에 울거나, 친구에게 좋아하는 장난감을 쉽게 양보하지 않는다.	어린아이들은 행위가 악하다는 것을 인지하지 못했기 때문에 사회적 '악'이라고 통용된 행위를 하는 것이지, 아이들의 본성 자체가 악하다고 볼 수는 없다.	예루살렘의 아이히만은 직장상관이 시키는 대로 가스실이 설치된 열차를 고안해 유대인을 학살했지만, 자신의 사고와 의지로 한 행위가 아니기 때문에 죄책감을 느끼지 못했다. 하지만 아이히만은 결국 옳지 못한 행위를 저질렀으므로 의지와 관계없이 도덕적으로 악하다고 판단할 수 있다.

토론 개요서 학생 활동 예시

동료 피드백 및 토론 전략 세우기

모둠별로 토론 개요서가 완성된 후 성찰과 개선을 위한 동료 피드백을 진행했다. 피드백은 '갤러리 워크' 방식으로 진행되었다. 학생들은 자기가 작성한 토론 개요서를 자리 위에 올려놓고, 주변을 정리했다. 각 모둠 책상에 두 가지 색상의 붙임 종이를 여유 있게 올려놓았다. 학생들은 일어나서

동료 피드백 장면

안내받은 방향에 맞춰 옆 모둠으로 이동하여 앉았다.

앉은 자리에 올려져 있는 다른 모둠원의 토론 개요서를 읽고 피드백했다. 학생들은 학습지에 안내된 피드백 기준을 토대로 작성하며, '내용 이해도'에 관한 피드백과 '논거 타당성'에 관한 피드백을 각각 다른 색상의 붙임 종이에 작성했다. 상대측 반론을 예측하지 못한 경우에는 도움이 되는 내용을 작성하여 피드백할 수도 있다. 전체 모둠을 한 차례 돌고 나면 동료 피드백을 마무리하고 본 모둠으로 돌아와 자기 토론 개요서에 작성된 피드백 내용을 읽고 모둠원과 그 내용을 공유하는 시간을 가졌다.

동료 피드백 과정에서도 학생들은 핵심지식을 이해한 상태에서 다른 모둠원의 논거 내용을 점검하는 모습을 보였다. 학생들은 다른 모둠의 활동지를 천천히 읽어보면서 자기 토론에서 알아야 할 사상가 외에 다른 유교 사상 내용과 이를 뒷받침하는 근거 사례를 학습할 수 있었다.

동료 피드백이 끝난 후 각 모둠은 상대 모둠과 만나 토론 전략을 세웠다. 찬반 토론을 처음 경험하기 때문에 학생들이 토론 수행에 있어 너무 긴장한 상태에서 경직되거나 당황하지 않을 수 있도록 미리 상대의 전략과 논거를 확인하는 과정을 거쳤다. 상대되는 논거의 유사성에 따라 발언 순서를 정하고, 논거 내용을 미리 확인하여 질문과 반박을 미리 준비할 수 있도록 지도했다.

찬반 토론 수행 후 성찰 및 축하의 시간

찬반 토론은 총 2차시 동안 진행되었다. 1차시당 2팀이 토론을 했다. 토론 전에 교실 책상 배치를 미리 준비해두었다. 교탁을 중심으로 토론자의 책상을 '11'자로 배치하고, 나머지 청중의 책상은 토론자들을 둘러싼 'ㄷ'자 모양으로 배치했다. 나는 블루투스 마이크를 활용하여 토론 내용을 녹음하였으며, 사회자 역할을 수행했다. 학생들은 입론부터 최종발언까지 자신이 맡은 역할에 맞게 순차적으로 토론을 진행했다.

토론 개요서에 의존하며 준비한 자료만 읽거나 상대측의 반박에 당황하는 학생들도 몇몇 있었지만, 대부분 미리 준비했던 반박과 재반박 외에 다른 질문이나 논거의 허점을 지적하는 모습을 보였다. 상대측 토론자와 눈을 맞추며 쉬운 근거 사례와 함께 자기 언어로 생각을 논리적으로 표현하는 학생들도 있었다. 이들은 다른 토론자들과 청중에게 좋은 본보기가 되었다. 학생들은 자기 팀 토론이 마무리되고 나면 프로젝트 목표 성취 수준과 성장 과정을 돌아보는 자기 평가지를 작성했다.

청중들은 자기 팀 토론을 제외하고 총 세 팀의 토론을 들었다. 세 번의 토론을 경청하면서 가장 토론을 잘한 학생을 선정하고 동료 평가지를 작성했다. 서술형 평가를 작성할 때는 토론 내용과 태도 측면에서 실제 활동 내용을 충분히 반영하여 구체적으로 작성할 수 있도록 지도했다.

작성된 자기평가 및 동료평가지를 읽어보니, 학생들은 어렵게만 느꼈던 유교 사상을 자기 언어로 정리하고 실제 사례에 적용하여 설명할 수 있게 된 점에 큰 성취감을 느낀 것으로 보였다. 이번 경험을 통해 찬반 토론에 자신감을 가지게 되어, 고정된 틀과 형식에서 벗어나 자유 토론을 해보고 싶다는 생각을 작성한 학생도 있었다.

찬반 토론 수행 장면

수업을 마치며

작은 철학자가 되어보는 시간

학생들에게 프로젝트 전반에 대한 피드백을 받아보았다. 학생들은 프로젝트 초반에 유교 사상을 삶의 문제에 적용하여 사고해야 한다는 점과 토론 활동에서 논리적으로 말해야 한다는 점을 부담스러워했다. 하지만 프로젝트 진행 후에는 자기가 겪은 토론 준비와 수행 과정을 경험하지 않았다면 후회했을 것 같다고 이야기하는 학생들이 많았다. 윤리 사상 이론을 단순히 기억하고 암기하는 것을 넘어서 자기 언어로 구조화하고 삶에 적용하여 표현해보는 활동에 성취감을 느꼈기 때문이다.

반면에 소수이긴 하지만 몇몇 학생들은 과제 난도가 너무 높았다고 피드

자기평가

목표 성취 수준 평가	자기주도적 탐구			내용 이해도			논기 타당성			의사소통역량		
	상☐	중☐	하☐	상☐	중☐	하☐	상☐	중☐	하☐	상☐	중☐	하☐

새롭게 알게 된 것은?	맹자의 성선설을 어떻게 받아들이냐에 따라 사단과 칠정을 바라보는 관점이 바뀌는 것을 알았다. 이이는 기질지성을 본성으로 보며 칠정을 우리가 다뤄야 할 유일한 감정으로 본 것에 대해서 알게 되었다.
가장 어려웠던 점은?	이황의 주장과 이이의 주장 차이를 이론적으로 분석하면서 우리 측 주장을 강화하는 예시를 찾는 것이 힘들었다. 표면적으로 생각했을 때 사단과 칠정의 연원이 다르다는 점에 공감이 돼서 우리 측 논거를 찾기가 어려웠다.
질문이나 더 알고 싶은 점은?	정신분열증이나 사이코패스와 같은 질병을 겪어 이중적 면모를 가진 사람들은 사단과 칠정이 어떤 방식으로 결여되었는지 궁금해졌다.
프로젝트 활동에 대한 소감은?	치열하게 토론하면서 결국 모든 이황과 이이 사상 모두 궁극적으로 도덕적 사회를 만들기 위한 논쟁이었다는 점을 깨달았다. 올바른 사회를 위해서는 다양한 철학자들의 입장을 잘 조화시켜야겠다는 생각이 들었다.

동료평가

토론자 이름	김민수			윤진아			최수빈		
내용 평가	상☐	중☐	하☐	상☐	중☐	하☐	상☐	중☐	하☐
태도 평가	상☐	중☐	하☐	상☐	중☐	하☐	상☐	중☐	하☐
서술형 평가	질문에도 당황하지 않고 침착하게 주장했다. 죄책감을 근거로 선지후행을 주장한 점이 인상깊었다.			행위 없이 생각만으로도 자신의 선천적 사덕을 깨달을 수 있다는 점이 설득력 있었다.			논점을 정확히 파악하고 신석기 시대 관습을 예로 들어 사덕의 후천성을 반박한 점이 인상깊었다.		

백한 학생들도 있었다. 특히 윤리 사상을 적용하여 관련 사례를 구상하는 일에 큰 어려움을 겪었다. 내가 토론 개요서 작성 과정에서 피드백할 때도 충분히 느꼈던 문제점이었다. 내용 이해와 적용에 어려움을 겪는 학생들에게 도움이 될 만한 참고 자료나 읽기 자료를 미리 제공하거나, 교사가 성취도를 고려하여 피드백을 더 제공했으면 어땠을까 하는 아쉬움이 남는다.

그럼에도 '삶과 철학 토론 프로젝트' 수업에 큰 보람을 느꼈던 이유는 분명하다. 학생들이 이 프로젝트를 진행하는 동안, 급식 줄을 설 때나 산책할 때 삶의 문제들을 사상가의 관점에서 윤리적으로 판단해보고 토론하는 모습을 보았기 때문이다. 마치 스승의 사상을 곱씹고 더 높은 차원에서 복습해보는 작은 철학자들의 모습을 보는 듯했다. 나에게도 학생들의 토론과 대화 속에서 교사로서 미처 깨우치지 못했던 윤리 사상의 깊이까지 배우며 성장하는 시간이 되었다.

3부

관계와 소통을
돕는
프로젝트 수업

웹툰서평 시놉시스 쓰기 프로젝트

송수현 서령중학교

세상으로 나아갈 길을 터주는 수업

초등학교 때부터 나의 장래 희망은 '선생님'이었다. 교과 내용을 어려워하는 친구들에게 그 내용을 나의 언어로 쉽게 표현하여 가르치는 것을 좋아했다. 친구들이 내 설명을 듣고 이해가 잘 된다고 말해줄 때 뿌듯함을 느꼈다. 수업 시간에 선생님께서 칠판 가득 적어가며 내용을 설명해주시면 알록달록한 색깔 펜으로 노트에 예쁘게 필기하는 것에 재미를 느끼던 시기도 있었다. 그 당시 나는 교과의 내용을 이해하기 쉽게 구조화하여 설명해주는 역할을 하는 분이 '선생님'이라고 생각한 것 같다.

중학교 때 이전과는 다른 선생님을 만났다. 선생님은 교과서로만 수업하지도 일방적으로 내용을 혼자 전달하지도 않으셨다. 입을 꾹 닫고 선생님과 칠판만 바라보던 나는 비로소 입을 열어 말하기 시작했다. 친구 몇몇과 머리를 맞대어 과제를 함께 수행하기도 했다. 그 선생님과 함께하는 시간이면 내 마음은 유독 더 일렁였었다.

그래서일까. 처음 교단에 섰을 때부터 다양한 형태의 수업에 도전해보았다. 백지상태에서 열정만 앞섰던 그 시기, 수업에 대해 새로이 배울 점이 있는 연수라면 열심히 찾아다녔다. 연수를 다니면서 얻은 자료, 다른 선생님이 개발한 좋아 보이는 자료를 욱여넣어 수업을 구성하였다. 그런데 소화가 되지 않았다. 완벽히 이해되지 않은 것을, 어쩌면 교사인 내게도 가르치는 학생들에게도 적합하지 않은 것을 잔뜩 끌어와 구성한 수업이 버겁게 느껴진 것은 당연한 결과였다.

그러던 중 '나무학교'와 'PBL 센터'를 접하게 되었다. 새로운 것, 뭔가 특별한 지점이 있는 수업에만 관심이 있었던 나에게 이곳은 수업 철학이 무엇인지 계속 되물었다. 참으로 괴로웠다. 그때마다 복잡한 마음으로 매번 다른 수업 철학을 써 내려갔다.

그렇다면 과연 나는 수업을 통해 학생들이 무엇을 배우게 하고 싶은 걸까. 중학교 시절 그 수업에서 내 마음은 왜 일렁였던 걸까. 단순히 전통적인 방식을 탈피한 새로운 형태의 수업이어서는 아닐 것이다. 수업에 어떤 가치를 담기 원한 것일까, 프로젝트 수업 중 어떤 부분을 놓치지 않고 반영하고 싶은 걸까 생각해보았다.

지금까지 진개된 수업을 살펴보니 나는 수업이 세상에 실제적인 영향을 주길 바랐던 것 같다. 아이들의 마음을 담은 시나 소설을 모아 출간을 하거나 '독서 팟캐스트' 혹은 '북튜브'를 제작했다. 그 결과물을 교실 밖의 청중들과 공유하길 원했다. 수업을 통해 앞으로의 삶을 살아가는 데 필요한 것들을 습득하기를 바랐다. 정리해보면 결국 나는 수업을 통해, 세상으로 나아가는 학생들의 발걸음에 힘을 실어주고, 세상으로 나아갈 길을 터주고 싶었던 것이다.

물론 이것은 오랜 시간을 통해 깨달아 정리된 형태의 수업 철학은 아니다. 그렇지만 기대한다. 앞으로 끊임없이 배우고 알아차리고 다듬어가는 과정을 거치며 마침내 나만의 견고한 수업 철학이 세워질 것이라고.

다른 이들과 함께 살아가는 방법 습득하기

"선생님, 우리 학교 진짜 내년부터 남녀공학이 되나요?"
"그동안 여학생들은 학교 근처에 살아도 멀리 ○○중에 가야 했잖아. 이제 안 그래도 되겠다."
"그래도 그동안 쭉 남학교였잖아요. 여학생들이 있는 서령중은 상상이 안 돼요."

2023학년도에 우리 학교가 '남녀공학'으로 전환된다는 기사가 보도된 후 학교 분위기는 한동안 술렁거렸다. 1956년 개교한 이래 최초로 여학생들이 입학하는 학교가 된다니. 학교 구성원들은 쉽사리 이 변화를 받아들이지 못했다. 남학교를 선호해서 일부러 자녀를 진학시킨 학부모도 있었고, 이제는 남학생들만 있는 학교가 더 편한 학생과 교사도 있었다. 당장 여학생 화장실도, 탈의실도 없고, 교실도 부족한데 어떻게 바뀔 수 있는 것인지 의문을 품는 이들도 있었다.

"남녀공학이 되면 어떨 것 같니?"
"남자만 있어서 칙칙했는데, 여학생들이 오면 좀 밝아질 것 같아요."
"아무래도 수행평가 점수는 남학생들이 여학생들보다 못 받을 것 같은데요."
"여학생들이 진학하면 지금 없던 새로운 문제점이 생기겠지요."

그동안의 학교 구성원들은 남학생들만 대해 왔던지라 아직 다른 이들 특히, 여학생과 공존할 준비가 되지 않았다. '변화'를 '두려움'으로 맞이하지 않기 위해 일종의 '대비책'이 필요한 상황이었다.

이에 착안하여 2023학년도 변화하는 서령중의 모습을 예측하고 대비할 방법을 미리 마련해보기로 하였다. 당장 '여학생'과의 공존 방법을 배우는 것만이 중요한 것이 아니라 결국 졸업 이후의 삶에서 '다른 이들과 함께 살아가는 방법'을 배우고 깨닫게 하는 것이 중요하다는 판단이 들었기 때문이다. 그렇게 '웹툰서평 시놉시스 쓰기 프로젝트'가 시작되었다.

'웹툰서평 시놉시스 쓰기 프로젝트'라니…

처음 프로젝트명을 들었을 때 학생들은 고개를 갸우뚱거렸다. '웹툰서평'이 무엇인지도 모르겠는데 '웹툰서평 시놉시스'라니 도대체 무엇이란 말인가. 학생들의 반응도 일리가 있었다. 그래서 프로젝트를 시작할 때 학생들이 헤매지 않도록 다음과 같이 설명해주었다.

"이번 프로젝트의 최종 결과물은 '웹툰서평'이야. 쉽게 말하면 서평을 웹툰으로 구현한 것이지. 그런데 '웹툰서평'을 제작하려면 '웹툰서평 시놉시스'가 필요하거든. 영화를 제작하기 전에 주요 요소들을 요약해서 제공하는 것같이 '웹툰서평'에도 '시놉시스'가 있으면 좋겠지? 이번 1학기 수행평가는 바로 이 '웹툰서평 시놉시스'를 작성하는 것이란다."

이렇게 학생들에게 프로젝트명에 담긴 의미를 설명해 준 후 탐구질문에 대해 품을 수 있는 의문에 대해서도 설명해주었다.

"이번 프로젝트의 탐구질문은 '어떻게 하면 독자에게 매력적인 미끼를 던지는 웹툰서평 시놉시스를 완성할 수 있을까(feat. 적절한 근거&주체적 해석).'로 설정해 보았어. '적절한 근거&주체적 해석'은 성취기준을 달성하기 위한 부분이고, '독자에게 매력적인 미끼를 던지는' 이 부분은 '독자가 이 책을 읽고 싶게 만드는'이라는 뜻이 담겨 있어. 다시 말하면 '웹툰서평 시놉시스'를 접한 사람들이 그 책을 찾아 읽고 싶게 만드는 매력이 있어야 한다는 것이지."

이 프로젝트를 통해 우리 학교 학생들이 학교의 변화 과정에서 생길 수 있는 문제를 발견하고 이에 대한 해결책을 미리 모색하기를 바랐다. 더 나아가 다른 이들과 함께 살아가는 방법을 명확히 깨닫는 계기가 되길 바라며 프로젝트를 기획하였다.

프로젝트 개요

웹툰서평 시놉시스 쓰기 프로젝트		
과목 국어	학년 중학교 3학년	기간 12차시

핵심 가치
- 독서를 통해 갈등 해결 방법과 관계를 회복하는 방법을 습득한다.
- 쓰기 과정 중 부딪히는 다양한 문제를 능동적으로 해결하면서 웹툰서평을 완성한다.
- 학교의 변화로 생길 수 있는 문제의 해결책 모색의 차원을 넘어 다른 이들과 함께 살아가는 방법을 깨닫는다.

성취기준
[9국05-07] 근거의 차이에 따른 다양한 해석을 비교하며 작품을 감상한다.
[9국03-01] 쓰기는 주제, 목적, 독자, 매체 등을 고려한 문제해결 과정임을 이해하고 글을 쓴다.

탐구질문
어떻게 하면 독자에게 매력적인 미끼를 던지는 웹툰서평 시놉시스를 완성할 수 있을까?
(feat. 적절한 근거&주체적 해석)

프로젝트의 흐름
1~2차시: 프로젝트 시나리오를 제시하고 프로젝트를 안내한다. 학교의 변화에 대한 인식을 나누며 프로젝트의 필요성을 인식하고 모둠 세우기 활동을 진행한다.
3~4차시: '갈등 해결'과 '관계 회복'에 집중하여 책 읽은 후 다양한 관점에서 적절한 근거를 들어 작품 해석한다. 해석한 내용을 친구와 공유하고 근거의 적절성 판단한다.
5~6차시: 글쓰기 과정에서 부딪히는 문제를 적절하고 능동적으로 해결하면서 적절한 해석과 평가가 담긴 서평 초고를 작성한다.
7~8차시: 작품의 내용이 압축되어 있고 작품에 대한 적절한 해석이 반영된 웹툰서평 시놉시스를 작성한다.
9~12차시: 서평이 웹툰이 되는 과정을 거쳐 웹툰서평을 완성한 후 웹툰서평 공모전에 작품을 응모한다. 프로젝트 전 과정을 성찰하고 축하한다.

주요 결과물

개인 결과물: 서평 초고, 웹툰서평 시놉시스(평가 장면), 글콘티 · 그림 콘티(평가장면 이후)

모둠 결과물: 웹툰서평(평가장면 이후)

채점기준표

평가 문항	채점 요소	배점		채점 기준
문학작품의 다양한 해석과 감상	㉠ 작품을 해석하는 방법을 서술할 수 있음. ㉡ 작품을 해석할 때 적절한 근거를 들어 주체적으로 해석함. ㉢ 해석한 내용을 친구들과 공유하고 근거의 적절성을 판단할 수 있음.	30	30	㉠,㉡,㉢을 모두 만족함.
			25	㉠,㉡,㉢중 2가지를 만족함.
			20	㉠,㉡,㉢중 1가지 이하를 만족함.
문제해결 과정으로서의 글쓰기	㉠ 주제, 목적, 독자, 매체를 고려하여 서평 쓰기 계획을 세울 수 있음. ㉡ 내용을 충분히 생성하고 짜임새 있게 조직하였으며 서평의 조건을 갖춘 초고를 작성함. ㉢ 글쓰기 과정에서 부딪히는 문제를 적절하고 능동적으로 해결할 수 있음.	30	30	㉠,㉡,㉢을 모두 만족함.
			25	㉠,㉡,㉢중 2가지를 만족함.
			20	㉠,㉡,㉢중 1가지 이하를 만족함.
매체로 표현하기	㉠ 주어진 시놉시스의 요소를 모두 갖춤. ㉡ 주제, 목적, 독자, 매체를 고려한 시놉시스를 완성함. ㉢ 작품의 내용이 압축되어 있고, 작품에 대한 적절한 해석이 반영되어 있음.	20	20	㉠,㉡,㉢을 모두 만족함.
			15	㉠,㉡,㉢중 2가지를 만족함.
			10	㉠,㉡,㉢중 1가지 이하를 만족함.
프로젝트 성찰하기	㉠ 주어진 성찰저널의 요소를 모두 갖춤. ㉡ 다른 친구 3명에게 구체적이고 도움이 되는 피드백을 제공함. ㉢ 프로젝트 진행 과정에서 상호협력적인 자세로 임함.	20	20	㉠,㉡,㉢을 모두 만족함.
			15	㉠,㉡,㉢중 2가지를 만족함.
			10	㉠,㉡,㉢중 1가지 이하를 만족함.

수업 속으로

2023 학교의 변화에 대한 인식 나누기

이 프로젝트에 임하는 2022학년도 3학년 학생들은 이듬해 변화하는 학교의 모습을 받아들이고 경험할 이들이 아니다. 그러하기에 학생들에게 왜 이 프로젝트가 필요한지, 프로젝트는 어떤 의미를 갖는지 명확하게 인식하게 할 필요가 있었다.

프로젝트 시나리오와 프로젝트를 안내하는 첫 시작에 힘을 주었다. 학생들의 흥미를 유발할 프로젝트 도입 영상과 학교의 변화에 대한 인식을 나눌 토론을 준비한 것이다.

프로젝트 도입 영상에는 2023년 미래의 학생이 현재 학생들에게 보내는 메시지가 담겨 있다. 남녀공학이 된 서령중에서 여학생들과 공존할 준비가 되지 않아 생기는 문제점이 생겼는데, 2022학년도 선배님들이 이에 대해 미리 대비할 수 있도록 준비해달라는 것이다. 학생회장, 학생들, 선생님 역할을 맡은 이들의 열연과 맛깔나는 편집으로 완성도 있는 영상을 만들어 보여주었던 터라 프로젝트에 임하는 학생들의 동기를 유발하는 데 어려움은 없었다.

이어서 한 해의 프로젝트, 학기별 프로젝트를 안내하며 기대하는 마음을 품게 하는 시간을 가진 후 참여형 수업 플랫폼인 띵커벨을 사용하여 학교의 변화에 대한 인식을 나누는 토론을 진행하였다. 미리 준비하여 대비책을 마련해주는 선배가 지녀야 할 자세뿐만 아니라 곧 진학할 고등학교의 삶 또한 다른 이들과 함께 걸어야 하는 삶이라는 것을 알게 하고 함께 살아가는 방법을 깨닫게 하는 것이 바로 이 프로젝트임을 인식하도록 지도하였다.

특별히 프로젝트에 대한 동기를 부여하기 위해 프로젝트를 시작하기 전에 전교생을 대상으로 관련 독서문예 행사를 먼저 기획하였다. 웹툰 작가이자 콘텐츠 크리에이터인 '우동이즘'과의 만남을 기획한 것이 그것이다. 웹툰 작가의 삶과 스토리텔링 방법 등을 배우며 학생들의 프로젝트에 대한 기대감을 상승시킬 수 있었다.

웹툰 작가와의 만남

• 소소한 수업 팁 •

프로젝트를 학교 행사와 연계하라!

한 해 창체 운영계획에 세워지기 전에 발 빠르게 움직여서 프로젝트와 연관된 프로그램을 넣어보자. 학교 행사를 통해 학생들의 학습동기와 흥미가 불러일으켜진 상태에서 보다 매력적인 프로젝트를 시작할 수 있을 것이다.

성공적인 웹툰서평 완성을 위한 발판, '모둠 세우기 활동'

모둠 구성 활동은 모둠장 지원자를 뽑거나 추천받은 후 모둠장이 꼭 같이하고 싶은 학생 한 명을 뽑도록 한 뒤 룰렛을 돌려 모둠원을 구성한다. 1학년 때부터 3년간 지도한 학생들이기에 절대 만나면 안 되는 조합도 너무나도 잘 알고 있다. 반드시 망하는 조합이거나 모둠장이 다루기 힘겨운 구성원만 모였을 때는 조정을 거치기도 하였다.

학생들은 나와 함께하는 긴 호흡의 프로젝트를 부담스러워하면서도 프로젝트 도입 활동 후 바로 이어지는 모둠 세우기 활동을 기대한다. 매년 진행한 모둠 세우기 게임의 재미를 알기 때문이다. 이번에는 모둠원들이 서로의 손목을 잡고 풍선을 오래 띄우는 '풍선 오래 띄우기 게임'과 음악 도입부를 듣고 음악 이름을 맞추는 '음악 퀴즈' 등을 진행하면서 모둠원들이 협력을 유도하였다.

더불어 모둠원 역할 나누기, 모둠 서약서를 작성하는 시간을 가졌다. 모둠 세우기 활동은 프로젝트 진행 기간 중간에 포기하는 사람이 없도록, 싸우지 않고 평화롭게 서로에게 도움이 되는 관계가 될 수 있도록 하는 의미 있는 시간이다.

책 속에서 발견하기

국어 교사인지라 프로젝트 수업 속에 좋은 작품 한 권을 온전히 읽은 후, 이를 바탕으로 국어과 성취기준과 프로젝트 목표를 달성하게 하는 활동을 꼭 넣는다. 이 프로젝트에서는 '책 속에서 발견하기' 활동이 바로 그것이다. '다른 이들과 함께 살아가는 방법 습득'이라는 한 해 프로젝트 목표를 달성하기 위한 해답을 독서로 찾을 수 있다고 보았고, '갈등 해결'과 '관계 회복'에 집중하여 책을 읽게 하였다.

도서관에 구비되었거나 '전자책 플랫폼'에서 읽을 수 있는 책, 두 시간 안에 읽고 기록까지 할 수 있는 분량의 책, 자신의 수준에 맞는 책을 선정하게 하였다. 원하는 책을 선정하되, 책을 고르기 어려워하는 학생들을 위해 두 바구니에 추천 도서를 가득 담아 미리 준비해 두기도 하였다.

또한 이 부분은 꼭 다뤄야 할 핵심 내용, 즉 성취기준과 관련된 활동이기도 하다. '근거의 차이에 따른 다양한 해석을 비교하며 작품을 감상한다.'라는 성취기준을 달성하기 위해 학생들은 문학작품을 해석하는 방법(절대론적 관점, 표현론적 관점, 반영론적 관점, 효용론적 관점) 중 하나를 선택하고 자신이 선택한 방법에 따라 적절한 근거를 마련하여 작품을 해석하였다. 학생들이 이 지점에서 헤매지 않게 김유정의 '동백꽃'을 예로 들어 각 관점에서 해석한 예시 자료를 제공하였다.

반영론적 관점	이 작품은 1930년대 농촌을 배경으로 하고 있다. 이 시기는 일제의 탄압으로 인해 농촌이 황폐해진 시기로 지주와 자작농이 몰락하고 소작농이 급증하며, 급격한 계층 분화를 보이는 시기이다. 이 작품에서 점순이는 '마름'의 딸로서 소작농의 아들인 '나'에게 애정을 느껴 괴롭히는 모습이 나온다. 점순이가 이렇게 당돌하게 자신의 감정을 표현할 수 있던 것은 단순히 성격으로 인해 촉발된 행동이 아니라 점순이기 '나'에 비해 확실한 신분적 우위를 점하고 있기 때문에 가능한 일일 수 있다.
효용론적 관점	청소년기에는 좋아하는 사람에 대한 애정 표현을 반대로 하려는 경향이 있다. 나 또한 예전에 좋아하는 여자아이를 괴롭힌 적이 있다. 별명을 부른다거나 일부로 쌀쌀맞게 말하며 나에게 관심을 가지게 한 것이다. 점순이가 '나'를 괴롭힌 것 또한 이와 비슷하다고 볼 수 있다. '나'의 수탉에게 닭싸움 붙이며 자신에게 관심을 가져달라고, 자신의 마음을 들어주지 않으면 얼마나 힘든지 느껴보라고 끊임없이 이야기하고 있다.

적절한 근거를 들어 작품 해석하기 예시 자료 일부 (『동백꽃』 김유정)

모둠 내 돌려 읽기를 통해 친구와 공유하며 근거의 적절성을 판단하게 한 후 이 활동을 마무리하였다. 모둠 내 네 가지 관점의 해석이 모두 나오게 하고 싶었는데 생각보다 학생들이 어려워하였다. 다음에 이 활동을 진행하게 되면 학생 각각이 자신 있는 관점을 두 가지 정도 선택해 해석하게 하되, 다른 학생들이 잘 선택하지 않는 관점을 선택한 학생, 적절한 근거를 들어 주체적으로 잘 해석한 학생을 선정하여 해당 내용을 '과목별 세부능력 및 특기사항'에 살려 써줘야겠다고 생각하였다.

문제해결 과정으로서의 서평 쓰기

'문제해결 과정으로서의 서평 쓰기' 활동에서는 세 가지 요소가 꼭 포함되어야 한다. '일반적인 글쓰기 과정', '서평의 조건 갖추기', '글쓰기 과정에서 부딪히는 문제해결'이 바로 그것이다.

학생들이 이 활동을 통해 '계획하기', '내용 생성하기', '내용 조직하기', '표현하기', '고쳐쓰기'의 일반적인 글쓰기 과정을 거쳐 '주체적 해석과 평가'라는 서평의 조건을 갖추고, 글쓰기 과정 중 부딪히는 다양한 문제들을 해결해가면서 서평의 초고를 완성하도록 지도하였다.

특히 글쓰기 과정 중 자신이 겪은 어려움과 해결 방법을 정리해보도록 하였는데 학생들은 내가 예상한 것보다 더 막히는 지점이 무엇인지, 이를 해결하는 방법이 무엇인지 잘 알고 있었다. 직접 서평의 초고를 써 내려가면서 '문제해결 과정으로서의 글쓰기'를 내면화하고 있던 것이다.

글쓰기 과정	내가 겪은 어려움	해결 방법
계획하기	읽은 책의 주제를 파악하지 못해서 서평의 주제를 정하는 것이 어려웠어.	모둠원들과의 대화와 출판사 서평 참고를 통해 주제를 파악할 수 있었어.
내용 생성하기	저자에 대한 지식이 있어야 표현론적 관점에서도 서술할 수 있을 텐데 저자에 대해 아는 것이 하나도 없네.	인터넷 교○문고 저자 소개란에 보니 저자가 쓴 다른 소설들을 찾을 수 있었어. 이것을 표현론적 관점에서 해석할 때 참고하면 되겠다.
내용 조직하기	조사한 자료는 많은데 어떤 순서로 넣어야 할지 모르겠네.	저자 소개 다음에 출판사 서평을 쓰고 내가 깨달은 내용과 작품에 대한 평가를 쓰면 자연스럽게 녹아 들어갈 수 있겠다.
초고쓰기	초고를 어떻게 시작하지? 그리고 문단은 어떤 식으로 자연스럽게 연결하지?	처음에는 독자들에게 질문을 던지자. 관계 있는 문단끼리 묶어서 배열하고 알맞은 접속 부사를 넣으면 되겠다.

글쓰기 과정 중 자신이 겪은 어려움과 해결 방법 정리하기 학생 사례

서평이 웹툰이 되는 과정을 거쳐 웹툰서평 완성하기

프로젝트 디자인 단계부터 많은 고민을 안겨주었던 단계는 '웹툰서평 시놉시스'로 표현하기 활동이었다. 그만큼 프로젝트 성공을 위해 가장 중요한 지점이라는 뜻이 된다.

첫 번째 고민은 웹툰서평의 형태에 대한 고민이었다. 인터넷에서 '웹툰서평'이라고 검색하여 찾아보면 대부분 웹툰에 대한 서평이거나 출판사가 제작한 책을 팔기 위해 궁금증을 자아내는 홍보용 웹툰이었다. 마침 다른 지역 도서관에서 웹툰서평 공모전을 진행한 사례가 있어 응모된 작품을 찾아봤으나 참고할 만한 틀을 찾지 못하였다. 정형화된 틀이 없다면 이번 프로젝트에 사용할 웹툰서평의 형태를 따로 만들어 보기로 하였다. 간단하게 서평을 웹툰으로 구현한 것을 '웹툰서평'이라고 칭하고, 이 웹툰서평에는 기존 서평의 요소에 이번 수업의 성취기준과 프로젝트 목표가 녹아 들어가도록 하였다.

처음	• 이 책을 읽게 된 계기
가운데	• 줄거리 • 주체적 해석 및 감상 (성취기준과 관련된 항목) • 갈등 상황 및 해결 방법 (프로젝트 목표와 관련된 항목)
끝	• 이 책을 읽고 얻은 깨달음과 평가

웹툰서평 틀

두 번째 고민은 한 편의 웹툰서평을 완성하려면 어떤 과정을 거쳐야 할지에 대한 고민이었다. 자료도 찾아보고 여기저기 자문하면서 고민한 결과 서평이 웹툰이 되려면 다음과 같은 절차를 거쳐야 한다고 정리하였다.

웹툰서평 시놉시스 작성	→	글 콘티 작성	→	그림 콘티 작성	→	웹툰서평 완성

한 편의 웹툰서평을 완성하기까지

수업(혹은 평가) 장면에서는 시놉시스 작성까지만 하고 나머지는 기말고사 이후에서 진행하기로 하였다. 웹툰서평 시놉시스 틀이 따로 존재하지 않기에 웹 소설 시놉시스를 참고해서 구성해보았다. 기존 웹 소설 시놉시스 요소인 '제목, 주제, 기획 의도, 등장인물, 줄거리, 이야기 구성'에 독자에게 내 웹툰서평을 보게 만드는 매력적인 미끼 같은 지점인 '매력 포인트'와 '매체를 고려한 부분'을 추가하여 웹툰서평 시놉시스 틀을 구축하였다. 아래는 실제 수업 시간에 학생이 작성한 웹툰서평 시놉시스이다.

제목		같은 상황, 다른 생각, 다른 행동
주제		우리는 살면서 선택의 기로에 놓인다.
기획 의도		2022년, 2023년 서령중 학생들에게 기회가 왔을 때 어떻게 해야 할지 알려주고 싶다.
등장인물		백선규, 아버지, 여자아이, 선생님
줄거리		'내가 그린 히말리야시다 그림'의 주인공인 백선규는 어느 날 사생대회를 나가서 장원이 되지만, 그 그림이 자신의 그림이 아니라는 것을 깨닫고 성장한다.
이야기 구성	처음	• 이 책을 읽게 된 계기
	가운데	• 줄거리
		• 갈등 상황 및 해결 방법 선규는 미술대회에서 정당하지 않은 방법으로 우승하게 되는데, 선규는 이 계기를 통해 자신이 더욱 노력해서 유명한 화가가 되었다. 나였어도 미술적 재능을 확인받고 꿈을 이루기 위해 노력했을 것이다.
		• 주체적 해석 및 감상
	끝	• 이 책을 읽고 얻은 깨달음과 평가
매력 포인트		제목에서 주제를 드러내지 않고, 의미심장하게 써 놓아서 독자들이 웹툰서평의 내용을 궁금하게 했다.
매체를 고려한 부분		인스타그램에 올려 재미있는 해시태그를 쓰면 더 많은 사람들이 볼 것 같다.

웹툰서평 시놉시스 학생 예시

시놉시스를 바탕으로 글 콘티를, 글 콘티를 바탕으로 그림 콘티를 그렸다. 모둠원 네 명이 각각 2컷씩 총 8컷을 모아 웹툰서평을 완성하였다. 학생들이 이 과정에서 헤매지 않도록 다음과 같이 예시 자료를 제시하였다.

	글 콘티	그림 콘티	완성된 웹툰서평
1컷	(춘향이가 그려진 책을 들고 있는 나의 모습) "오, 춘향전!"		
6컷	(변학도와 춘향의 사이좋은 모습) '춘향에게 강요하지 않고 춘향의 뜻을 이해해 주었을 것이다.'		
8컷	(친구들과 사이가 좋아 보이는 웃고 있는 우리의 모습) '다 함께 사이좋게 지내기 위해서는' '서로의 뜻을 이해하고 자기 뜻을 강요하지 말아야겠다고 생각했다.'		

춘향전 웹툰서평 예시

세 번째 고민은 국어 교사인 내가 혼자서 이 모든 과정을 할 수 있을까에 대한 고민이었다. 일단 웹툰 작가들이 가장 많이 사용하는 '클립 스튜디오'라는 소프트웨어를 구입하였다. 수업 전에 써 보면서 활용 능력을 익히기 위해 사용 방법을 안내하는 책자를 구매하여 공부하였지만 혼자 힘으로 하는 것은 한계가 있었다. 그래서 지역의 인사를 활용하기로 하였다. 수소문 끝에 근처 만화 학원과 연결이 되어 강사를 모셔 반별 2차시씩 기말고사 후 수업 시간을 통해 '웹툰서평 제작 교육'을 실시하였다. 짧은 시간이었지만 학생들도 나도 '클립 스튜디오'를 이용해 웹툰서평을 그릴 수 있는 기본적인 능력을 충분히 획득할 수 있었다.

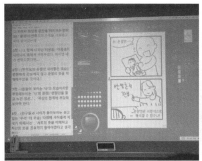

웹툰서평 제작에 대한 안내와 직접 그려보는 학생들

지역 인사의 섭외는 웹툰 제작 능력을 획득하는 것으로 끝나지 않았다. 강사님에게 충분히 프로젝트에 관해 설명하고 강의를 어떻게 진행할지 조율하는 과정에서 우리가 완성할 웹툰서평의 틀을 더 명확히 잡아갈 수 있었다. 화려하고 멋진 웹툰을 구현하기보다 학생들이 부담스럽지 않은 '인스타툰'의 형태로 구현하기로 정한 것도 강사님과의 대화를 통해 도출해낸 결론이었다.

• 소소한 수업 팁 •

물적 자원과 인적 자원을 미리 확보하라

- 프로젝트가 원활하게 진행되기 위해 물적 자원과 인적 자원 확보는 필수! 내 프로젝트와 관련 있는 학교 예산이 있나 알아보고, 없다면 교육청이나 교육지원청의 관련 사업을 신청하여 예산을 받아보자.
- 교사 혼자 모든 것을 가르칠 수 없을 때는 지역 인사를 섭외해보자. 나의 경

우 단순히 웹툰 제작 툴을 활용할 수 있는 능력을 배우는 것으로 끝나지 않았다. 대화를 통해 프로젝트 디자인의 아이디어를 풍성하게 얻을 수 있었다.

결과물을 공유하고 성공을 축하하기

기말고사 전 평가 장면에서는 시놉시스를 작성한 후 프로젝트 성찰하기가 이루어졌다. 학생들은 그동안의 활동을 되돌아보며 각 활동의 잘된 점과 아쉬운 점을 기록하였다. 또한 프로젝트 진행 과정에서 얼마나 상호협력적인 자세로 임했는지 자신에게 별점을 부여하는 시간을 가졌다. 이렇게 '책임, 타인 존중, 과제의 체계적 수행, 시간 엄수, 경청'의 항목에서 어떤 자세로 임했는지 점검한 후 전체 활동 후기를 작성하는 성찰하기 시간을 통해 평가 장면 내 공식적인 활동을 마무리하였다.

결과물 공유 및 축하의 시간은 기말고사 후 이루어졌다. 학교 자율 특색 교육과정에서 진행한 '웹툰서평 제작 교육'과 '웹툰서평 공모전'을 통해 학생들의 작품을 '인스타툰'의 형태로 완성하여 SNS에 업데이트하였고, 이 주소를 학교 e 알리미를 통해 공유하여 교직원, 학부모, 전교생이 볼 수 있

웹툰서평 공모전 홍보물

게 하였다. 잘 만들었다고 생각되는 작품에 '좋아요'를 누르고 댓글로 칭찬하게 하며 작품을 감상하는 시간을 가졌다. 우수작으로 선정된 학생들에게는 소정의 선물을 제공하며 프로젝트를 마무리하였다.

공선옥, '라면은 멋있다' 웹툰서평 학생 작품 일부

성석제, '내가 그린 히말라야시다 그림' 웹툰서평 학생 작품 일부

수업을 마치며

수고한 나 자신 안아주기

12차시, 긴 호흡으로 전개되었던 프로젝트가 드디어 끝났다. 의도대로 매끄럽게 전개된 것만은 아니다. 시작부터 완료되는 시점까지 '우당탕탕!' 많은 시행착오를 거쳤다. 긴 시간 고민하고 공들여 설계하여 애착을 가지고 진행한 프로젝트이기에 '허점'을 먼저 짚기보다는 우선 잘했다고 나 자신을 안아주는 것도 필요하다.

그런 맥락에서 '교사로서 이건 참 잘했다'라고 생각하는 부분을 다음과 같이 정리해보았다. 첫째, 한 해의 프로젝트가 유기적으로 연결되어 진행되었다는 점이다. 2022학년도는 학기별로 별개의 프로젝트 수업을 진행한 것이 아니라 1학기와 2학기 프로젝트가 하나의 목표 아래 자연스럽게 연결되게 구성하였다.

한 해 프로젝트	• 학교의 변화를 준비하는 우리
1학기 프로젝트	• 웹툰서평 시놉시스 쓰기 프로젝트
2학기 프로젝트	• 슬기로운 학교생활 지침서 만들기 프로젝트

2022학년도 한 해 프로젝트

학교의 변화를 미리 대비하기 위해 1학기에는 책 속에서 해답을 찾아 웹툰서평으로 표현하고, 2학기에는 학교 안에서의 실천 방법을 모색한 후 학교생활 지침서를 제작한 것이다. 한 해 프로젝트에 참여하면서 학생들은 자연스럽게 다른 이들과 함께 살아가는 방법을 깨달을 수 있었다.

둘째, 풍부한 자원으로 더욱 풍성한 프로젝트를 운영할 수 있었다는 점이다. 자율특색교육과정과 단위학교 선택 사업제 예산 등을 활용하여 웹툰 제작 툴을 구매하였고, 웹툰 제작 툴을 활용하는 기술을 알려줄 강사를 초빙하였고, 공모전 우수작 시상 물품 등을 구입할 수 있었다.

셋째, 제대로 된 프로젝트 수업을 실현하기 위해 GSPBL의 필수 요소를 만족하고자 노력했고, 완벽하진 않지만 일부는 달성했다는 점이다. 이 내용은 아래의 표로 정리해보았다.

공개할 결과물 (혹은 결과물 공개 방법)	• 완성된 웹툰서평을 SNS에 게시하여 교육공동체와 공유 • 웹툰서평 공모전 실시 후 우수작을 학교 홍보TV에 게시
학생의 의사와 선택권	• 결과물이 학생들이 선호하는 형태인 '웹툰' • 독서 활동 시 원하는 도서를 선정하게 함.
실제성	• 웹툰 작가들이 많이 사용하는 툴인 클립스튜디오를 사용하여 제작
지속적인 탐구	• 1학기와 2학기 프로젝트가 유기적으로 연결되어 하나의 프로젝트 목표를 달성하게 한 점. • 프로젝트의 각 과정에서 학생들이 끊임없이 질문하고, 자원을 찾고 정보를 적용하도록 설계하고 진행한 점.

프로젝트를 통해 충족된 GSPBL의 요소

손뼉만 치고 끝내지 말고, 반드시 점검해 볼 것

프로젝트 수업 후 매번 잘했다고 손뼉만 치고 끝을 맺지는 않는다. 향후 프로젝트의 완성도를 위해 아쉬운 점에 대한 점검도 필요하다.

이번 프로젝트에서는 특별히 '피드백' 요소를 강화하고 싶었다. 그래서 채점기준표에 '다른 친구 3명에게 구체적이고 도움이 되는 피드백을 제공'이라는 요소도 추가하였다. 문제는 교사와 학생 모두 '피드백'에 대한 이해가 부족한 상태였다는 지점에서 발생했다. 학생들의 현재 수준을 점검하고 개선할 기회를 제공하려고 피드백 요소를 추가하였는데, 본래 취지를 살리지 못하고 주어진 피드백의 조건과 횟수를 지켰는지 판단하여 점수를 주는 요소가 되어 버렸다.

수업에 반영하고 학생들에게 꼭 배우게 하고 싶은 요소가 그것을 연마하는 시간과 과정이 필요한 것이라면, 평가 장면에서 바로 시도하기보다는 다른 시간에 중점적으로 다루어 충분히 연습한 후에 비로소 프로젝트 내에서 도입할 필요가 있다는 교훈을 얻었다.

그럼에도 불구하고 다시 프로젝트 수업

"선생님, 또 프로젝트인가요."

"배우는 것도 많고 재미도 있지만, 너무 길어서 진이 빠져요."

웹툰서평 시놉시스 쓰기 프로젝트를 함께한 학생들은 코로나19 감염병 사태로 인해 2020년 6월에 처음 만나 2022학년도 3학년까지 3년을 함께한 이들이다. 3년간 한 학기 1회 이상의 프로젝트를 진행하였기 때문에 프로젝트에 대한 이해도와 참여도는 높다. 하지만 여전히 학생들은 프로젝트 수업의 시작을 부담스러워했다. 프로젝트 수행평가는 다른 교과 수행평가에 비해 상당히 긴 호흡으로 진행되었고 목표를 달성하려면 프로젝트 내내 끊임없이 질문하고 이에 대한 답을 내려야 했기 때문이다. 학생 중에는 단기간 쉽게 점수를 받을 수 있는 수행평가를 선호하는 학생도 많았다.

프로젝트 수업의 유익함을 몰라서 그러한 것은 아니었다. 프로젝트 수업을 통해 미래 사회를 살아갈 역량을 갖출 수 있다는 점을 피부로 느끼진 못하더라도 다음과 같이 프로젝트 수업에 대한 긍정적인 피드백을 주기도 하였다. '수업 시간 외 공을 들여 준비해야 할 요소가 없다는 점, 주어진 수업 시간 내에서 충분히 해결할 수 있는 수행평가가 진행된다는 점, 수행평가 기준이 명확하다는 점, 매시간 열심히 참여하기만 하면 좋은 성취를 얻을 수 있다는 점, 다른 교과에서 경험하지 못하는 것들을 시도한다는 점, 중학교 이후의 삶에서 필요한 것을 가르친다는 점'이 바로 그것이다.

프로젝트 수업의 장점을 알면서도 프로젝트 수업을 다소 부담스러워하는 것은 교사도 마찬가지이다. 학생들을 조금 더 편하게 해주고 싶으면서도 더 많은 것을 녹여내고 시도하고 반영하고 싶다. 그 욕심이 결국 긴 호흡의 프로젝트를 설계하게 만든다. 어떻게 하면 학생의 부담을 줄여 주면서 교사도 학생도 즐겁게 임할 수 있는 프로젝트를 설계할 수 있을까. 프로젝트 수업 n 년 차 교사지만 이에 대한 정답은 아직 찾지 못했다. 하지만 수업 속에서 생기를 찾고, 세상으로 나아가는 길을 발견하는 의미 있는 프로젝트를 설계하기 위한 고민을 계속한다면 마침내 그 답을 찾을 수 있을 것이라 믿는다.

"선생님, 이번에도 프로젝트인가요."
"그럼, (그럼에도 불구하고) 이번에도 프로젝트 수업이지!"

'시로 만나는 치유의 라디오 방송' 프로젝트

조나경 부석고등학교

삶에 쓸모 있는 이야기

학창 시절 선생님들의 수업을 돌아보면 교과 지식보다는 삶에 관한 이야기가 더 기억에 남는다. 인터넷이 발달한 오늘날, 얻고 싶은 지식은 요령껏 검색하면 얼마든지 확인할 수 있다. 그래서 나는 '삶에 관한 이야기'를, 그중에서도 '삶에 쓸모 있는 이야기'를 가르치고 싶었다. 그중에서도 프로젝트 수업이었던 이유는 긴 호흡으로 아이들과 함께하면서 실제성 있는 수업을 진행할 수 있었다는 점 때문이었다.

교직 4년 차에 접어들면서 '수행평가'에 대한 생각이 특히 많아졌다. 속성으로 진행하는 수행평가는 아이들이 충분히 숙성될 시간이 부족하며, '평가'를 위한 수행평가로 전락할 가능성이 크다고 생각했다. 그래서 내 나름대로 야매(?) 프로젝트 수업을 구상하면서 아이들과 수행평가를 진행했다. 그러나 뭔가 얼기설기한 느낌이 들었다. 그러던 중 PBL센터 교육과정에 초대받았다. 이날 교육과정에서 센터 선생님들의 프로젝트 기반 수업 사례를 나눔 받은 경험은 참 매력적이었다. 아이들이 수업 중에 충분히 준비하고, 삶과 관련지어 의미 있는 결과물을 산출해냈기 때문이었다. 내가 하고 있는 야매 프로젝트 수업을 진정한 의미의 프로젝트 수업으로 만들기 위해서 제대로 '프로젝트 수업'을 공부해야 하겠다고 생각했다.

'시로 만나는 치유의 라디오 방송' 프로젝트는 PBL센터에 가입해 처음 시도한 프로젝트 수업이다. 부푼 꿈을 가지고 야심 차게 시작했지만 수업 중에 허점을 발견하며 '이게 프로젝트 수업이 맞나?', 스스로를 의심할 때도 있었다. 그러나 이 수업을 나누고자 하는 이유는 프로젝트 수업을 처음 시작하고자 하는 선생님들에게 용기를 더해주고 싶기 때문이다. 그리고 처음 프로젝트 수업을 시작할 때 겪게 되는 문제에 대한 나름의 해결책을 말해주고 싶었기 때문이다.

시로 깨닫는 함께의 가치

나의 고민이나 상처를 타인에게 털어놓기는 참 어려운 일이다. 그러나 한번 두번 나의 속 이야기를 털어놓다 보면 '고민이나 상처가 생각보다 별일이 아니었구나.'라는 생각이 들기도 한다. 나 역시도 그랬다. 정말 어렵게 꺼내놓은 고민이 나만 겪는 일이 아님을 알게 되면서 안도하기도 했고, 내 탓을 하며 깊어진 상처는 위로와 조언을 받으며 자책의 고리를 끊어내어 치유되기도 했다. 내가 만나는 학생들도 고민이나 상처를 꺼내놓으면서 마음을 무겁게 하던 짐을 덜어내는 경험을 해보길 바랐다.

또한 비밀 이야기를 나눈 사람들끼리는 쉽게 친해지듯, 서로의 속 얘기를 나누다 보면 고1 아이들이 새로운 환경에 적응하는 데에도 도움이 될 것이라 여겼다. 나아가 학급 내의 '위로와 공감'은 학급이 안전한 공간이라 인식하는 데에 기여하리라 생각했다.

여러 문학 장르 중 시를 선택한 이유는 시는 짧지만 강하게 울림을 주는 갈래이기 때문이다. 또한 요즘 아이들이 긴 글을 읽는 데에 어려움을 느끼기 때문이었다. 짧은 시 한 편이 마음을 위로해줄 수 있음을 알게 하여 아이들이 '시'를 가까이 여겼으면 하는 바람이 있었다.

위와 같은 생각을 반영한 수업을 어떻게 진행할까 구상 중이었을 당시 나는 드라마 '스물다섯 스물하나'에 한창 빠져있었다. 드라마에서는 여자 주인공이 고등학교 방송부의 DJ였던 남자 주인공의 라디오 방송 녹음테이프를 반복해 들으면서 힘을 얻는다. 그러던 중 이미 졸업한 남자 주인공이 우연히 학교 방송실을 다시 찾게 된다. 남자 주인공은 여자 주인공의 성화에 못 이겨 그 녹음테이프의 대본을 읽으며 라디오 방송을 진행하게 된다. 남자 주인공의 방송은 각 반으로 송출되고, 공부로 지친 그 학교의 학생들에게 위로가 된다. 이 장면에서 '라디오 방송'의 형식으로 학생들의 녹음 파일 결과물을 이끌어내야 하겠다는 영감을 얻었다. 라디오가 주는 감성이 수업 의도와 어울렸기 때문이다. 또한 '녹음'은 친구들 앞에서 말하는 것이 익숙하지 않은 아이들에게 말하기 부담을 줄여 주는 데에 탁월한 방법이라고 생각했다. 따라서 녹음 파일을 최종 결과물로 만들기로 마음먹었다.

시를 매개로 하여 친구의 고민과 상처를 보듬어주는 경험을 통해 시 한 편의 가치를 깨닫게 하고, 위로받고 위로하는 과정을 통해 긍정적인 자아 개념을 확립하기를 바랐다. 사연자는 위로와 공감을 받으면서 혼자가 아님을, 대본을 쓰고 녹음을 한 학생은 내가 누군가를 보듬는 힘을 지녔음을 깨닫게 하고 싶었다.

그리고 내가 속한 학급의 친구를 위로해주고 공감하는 경험을 통해서 '함께의 가치'를 느꼈으면 했다. 상처를 꺼내놓고, 나누고 하는 과정 그 자체가 '치유'였으면 했다. 그런 노출과 공유의 경험이 학급을 '안전한 공간'으로 느낄 수 있기를 바랐다.

매력적인 탐구질문을 만들어야 한다고 배웠는데 프로젝트 수업 초보자에게는 탐구질문 만들기는 참 어려운 일이었다. 첫술에 배부를 수 없기에 욕심내지 않기로 마음먹고 핵심 학습 목표, 학생들의 수행 과제를 중심으로 탐구질문을 만들어야 하겠다고 생각했다. 그래서 탄생한 이 프로젝트의 탐구질문은 '내가 라디오 작가라면 어떤 시로 청취자의 마음을 위로하는 방송을 할 수 있을까?'로, 이에 대한 설명은 다음과 같다.

이 프로젝트의 첫 번째 핵심 학습 목표는 '자신의 경험과 성찰을 담아 정서를 표현하는 글쓰기'였다. 따라서 학생들이 이번 프로젝트에서 글(대본)을 쓴다는 점을 명료히 알 수 있게 하고자 '라디오 작가'라는 직업인이 된 상황을 탐구질문에 반영하였다. 또한 두 번째 핵심 학습 목표는 '주체적인 관점에서 작품을 해석하고 평가하며 문학을 생활화하기'로, 다양한 문학의 갈래 중 '시'를 주체적으로 해석하고 평가하게 됨을 탐구질문에 드러냈다. 이어 학생들이 수행해야 할 과제가 무엇인지 알게 하고자 '청취자의 마음을 위로하는 라디오 방송'이라는 명사구를 탐구질문 내에 명시하였다.

이 탐구질문은 학습 목표가 아주 뚜렷하게 전달되지는 않으나 공개할 결과물을 명료히 드러난다는 점에서 학생들이 이 프로젝트를 통해 궁극적으로 무엇을 도출해야 하는지를 잊지 않게 해준다는 점에서 나름대로 그 역할을 잘 수행했다고 본다.

끝으로 내가 재직 중인 학교는 비평준화 지역의 학교로, 보통 중하위권 학생들이 많이 입학하는 편이다. 이 프로젝트를 진행했던 해의 신입생들은 입학 성적이 기존 입학생들에 비해 좋다는 평이 있었고, 중학교 내신 성적의 분포를 살펴봤을 때 중간층에 해당하는 성적대의 학생이 많았다. 따라서 프로젝트 수업을 진행했을 때 학생들이 이해하고 따라오는 데에 큰 어려움이 없을 것이라고 예상했다.

프로젝트 개요

시로 만나는 치유의 라디오 방송 프로젝트		
과목 국어	학년 고등학교 1학년	기간 10차시

핵심 가치
- 시 한 편이 삶의 위로와 격려를 줄 수 있음을 깨닫는다.
- 타인을 위로해주고 공감하는 경험을 통해 '함께'의 가치를 내면화한다.

성취기준
[10국01-01] 개인이나 집단에 따라 듣기와 말하기의 방법이 다양함을 이해하고 듣기 · 말하기 활동을 한다.
[10국03-03] 자신의 경험과 성찰을 담아 정서를 표현하는 글을 쓴다.
[10국03-04] 쓰기 맥락을 고려하여 쓰기 과정을 점검, 조정하며 글을 고쳐 쓴다.
[10국05-05] 주체적인 관점에서 작품을 해석하고 평가하며 문학을 생활화하는 태도를 지닌다.

탐구질문
내가 라디오 작가라면 어떤 시로 청취자의 마음을 위로하는 방송을 할 수 있을까?

프로젝트의 흐름
0차시: 시로 만나는 치유의 라디오 방송 프로젝트에 관한 도입 활동을 진행한다.
1차시: 비밀 유지 · 절대 수용의 서약서를 쓰고, 위로받고 싶은 고민과 상처를 익명으로 나눈다.
2차시: 고민의 사연 중 위로해주고 싶은 사연에 어울리는 위로의 시 선정한다.
3차시: 내가 고른 시의 내용을 파악하고, 이 시를 선정한 이유를 소개하는 글을 쓴다.
4~5차시: 3차시의 내용을 토대로 위로를 담은 라디오 대본을 작성한다.
6차시: 대본에 대한 모둠 내 동료 피드백을 진행한다.
7차시: 교사 피드백과 동료 피드백을 바탕으로 대본을 보완 · 수정한다.
8~9차시: 시로 만나는 치유의 라디오 방송을 원으로 둘러앉아 청취한다. 결과물을 공유함으로써 프로젝트 과정을 축하한다.
10차시: 프로젝트 수업에 대한 설문조사를 진행한다.

주요 결과물
개인 결과물: 라디오 대본과 대본에 따른 녹음 파일
모둠 결과물: 녹음 파일 공유

채점기준표

평가요소	배점	채점 기준
시 선정	12	사연에 어울리는 시를 고른 경우
	11	사연과는 다소 어울리지 않은 시를 고른 경우
	10	사연과는 어울리지 않는 시를 고른 경우
시 선정 이유	30	시를 선정한 이유를 구체적으로 서술한 경우
	27	시를 선정한 이유를 서술하였으나 그 구체성이 다소 부족한 경우
	24	시를 선정한 이유를 서술하였으나 그 구체성이 부족한 경우
	21	시를 선정한 이유를 서술하지 않은 경우

	10	해당 요약만을 읽고도 시의 내용을 파악할 수 있게 작성한 경우
시의 내용 요약	9	해당 요약만을 읽었을 때 시의 내용을 파악하는 데에 다소 모호한 경우
	8	해당 요약만을 읽었을 때 시의 내용을 파악하기 어려운 경우
	7	시의 내용을 요약하지 않은 경우
글(대본)의 구 성 및 표현	12	대본의 전체적인 흐름이 자연스럽고 매끄러운 경우
	9	대본의 전체적인 흐름이 자연스럽고 매끄러움이 비교적 부족한 경우
	6	대본의 전체적인 흐름이 자연스럽지 않고 매끄럽지 않은 경우
	3	대본을 작성하지 않은 경우
글의 분량	10	요구한 글의 분량을 80% 이상 충족한 경우
	8	요구한 글의 분량을 80% 미만 50% 이상 충족한 경우
	6	요구한 글의 분량을 50% 미만 충족한 경우
매체를 고려한 말하기	14	라디오 방송 매체의 특성을 적절히 고려하여 말하기를 한 경우
	12	라디오 방송 매체의 특성을 고려하였으나 그 특성이 다소 미흡한 경우
	10	라디오 방송 매체의 특성을 고려하지 않고 말하기를 한 경우
	8	말하기를 하지 않은 경우
방송 시간	4	요구한 방송 시간을 지킨 경우
	0	요구한 방송 시간을 초과하거나 기준 미만으로 방송한 경우
피드백	8	근거를 들어 적절한 피드백을 제시한 경우
	7	피드백을 제시하였으나 그 근거의 적절성이 다소 부족한 경우
	6	피드백을 제시하였으나 그 근거가 부적절한 경우
	5	피드백을 제시하지 않은 경우

수업 속으로

0차시: 나도 누군가의 슬픔을 위로할 수 있다

학생들이 프로젝트 수업의 목적을 이해할 수 있게 하기 위해서 앞에서 말했던 드라마 속 장면을 영상으로 함께 시청했다. 그러고 나서 우리도 이렇게 누군가를 위로하는 라디오 방송을 해볼 것이라고 동기를 부여하고자 했다. 이 드라마 영상만으로는 학생들이 갈피를 잡기 어려울 것이라 여겼다. 또한 코로나19로 인해 비대면 수업으로 중학생 시기를 보냈던 학생들이 고등학교에 진학해서 처음 하는 프로젝트 수업이라는 점에서 어떤 식으로 프로젝트 결과물을 산출해야 하는지 명료히 알려줘야 한다고 생각했다.

따라서 도입 활동에서 이해를 돕기 위한 예시를 많이 제공하였다. 우선 추후 학생들이 작성해야 할 대본의 구성에 맞게 내가 직접 작성한 예시 글을 제공하였다. (교사의 예시를 제공할 때 고려할 사항은 학생들이 교사의 예시를 절대적인 모범사례로 여겨서 이를 모방하는 경우가 많다는 점이다. 따라서 교사의 예시를 제시할 때는 신중하게 생각할 필요가 있다고 느꼈다.) 또 다른 예시로 '사연-처방시-시인의 처방전'으로 구성된 김현 시인의 『당신의 슬픔을 훔칠게요』의 일부를 발췌하여 학습지로 제공하였다. 이 책의 경우, 김현 시인이 직접 그 내용을 읽어주는 오디오북이 있다. 이 오디오북을 학생들과 함께 들으며 이런 식으로 녹음을 진행하면 된다고 안내하였다.

1차시: 비밀 유지 · 절대 수용의 서약서 쓰기와 위로받고 싶은 고민과 상처 나누기

익명일지라도 고민과 상처를 나누는 일이 조심스럽고 어렵다는 점과 혹여나 타인의 고민과 상처의 경중을 함부로 평가하는 일이 발생할 수 있음을 우려하였다. 따라서 학생들의 엄숙한 마음가짐을 유도하기 위하여 비밀 유지 · 절대 수용의 서약서를 작성하도록 하였다. 비밀 유지와 절대 수용의 서약서는 회복적생활교육의 한 방법인 '써클'의 기본 규칙에서 아이디어를 얻어서 기획하였다. 서약서 작성 후 각 학급의 국어 도우미가 대표로 선서하였고, 나머지 학생들도 대표 학생을 따라 선서의 과정을 거쳤다.

이어 위로받고 싶은 고민과 상처의 사연을 작성하도록 하였는데, 막상 학생들이 이 활동을 마주했을 때 어떤 고민과 상처를 이야기해야 할지 막막해할 수 있을 것 같아 통계청의 〈청소년이 고민하는 문제(2020)〉 통계 그래프를 제시하여 학생들이 고민 · 상처를 쉽게 떠올릴 수 있도록 하였다. 그리고 익명성을 바탕으로 자유롭게 사연을 쓸 수 있도록 '나'의 고민이 아닌, 온라인상에서 봤을 법한 고민을 나의 사연인 것처럼 써도 좋다고 조건을 달았다. 작성한 사연은 띵커벨이라는 공유 플랫폼을 이용하여 학급 친구들과 공유하였다.

비밀 유지와 절대 수용의 서약서

우리는 〈시로 만나는 치유의 라디오 방송하기 프로젝트〉를 시작함에 앞서
아래의 사항을 지킬 것을 선서합니다.

하나. 나 (   )은/는 학급 내에서 공유된 고민과 상처는 외부로 유출하지 않습니다.
하나. 나 (   )은/는 각자의 고민과 상처가 각기 다름을 받아들입니다.
하나. 나 (   )은/는 친구의 고민과 상처에 대해 함부로 평가하지 않습니다.
하나. 나 (   )은/는 프로젝트에 성실하게 임합니다.

2022년   월   일
1학년   반

2차시: 위로하고 싶은 사연 고르기와 사연에 맞는 시 선정하기

띵커벨에 친구들이 올린 사연을 읽고, 위로해주고 싶은 사연 하나를 고르라고 했다. 그리고 사연자를 위로할 수 있는 시를 골라보도록 했다. 이때 학교 도서관에서 시집 70여 권을 빌려다가 교실 앞에 펼쳐두었고, 학생들이 직접 시집 두 권을 골라서 마음에 드는 위로의 시를 찾아보도록 안내하였다. 한 학급당 24~25명의 학생으로 구성되었기 때문에 선택할 수 있는 시집을 최대한 많이 확보하였다. 학생들에게 '단순히 마음에 든다'라는 이유로 시를 고르는 것이 아니라 고민 사연에 맞는 위로의 시를 고를 것을 강조하였다. 학생들은 여러 후보 시들 중에 최종적으로 선정한 시를 골라서 필사하였다. 지금 돌이켜보면 학생들이 시를 읽어본 경험이 많이 없기 때문에 시를 잘 이해하기 어려웠을 것 같다. 다시 이 수업을 한다면, 학생들과 시를 읽고 해석하는 연습을 충분히 해본 후에 시를 고르도록 하는 것이 더 좋았을 것 같다. 또한 학생들이 창비교육의 '창비 청소년 시선'의 시집을 이해하기 쉬워했고 재밌어했다. 따라서 다시 수업을 한다면 수업 시작

전에 꼭 창비가 아니더라도 청소년을 독자로 한 시집을 여러 권 구입하여 수업 때 활용하면 좋겠다고 생각했다.

3차시: 내가 고른 시 내용 정리 및 시를 선정한 이유 쓰기

사연자가 내가 고른 위로의 시를 듣고 시의 내용을 이해하지 못할 수도 있는 상황을 가정하여 안내하고, 사연자를 위해서 시적 화자는 누구이고, 어떠한 상황에 놓여 있는지 등을 정리하라고 안내했다. 그리고 이 시를 위로의 시로 선정한 이유를 '시의 구절, 분위기, 나의 경험'과 관련하여 작성해보라고 했다. 이 활동이 대본을 작성하는 데에 중요한 역할을 한다는 점을 강조하였다.

앞서 말한 바와 같이 학생들이 시의 내용을 파악하는 것을 어려워했다. 3차시 수업을 두 학급 정도 진행했을 때 도저히 이대로 그냥 수업을 해서는 안 되겠다는 생각이 들어 나머지 세 학급에서는 그동안 학생들이 배웠던 시를 토대로 시의 내용을 파악하는 방법을 추가로 안내하였다. 그러나 학생들에게는 시를 이해하는 일이 쉽지 않았던 듯하다.

3차시의 활동이 학생들이 추후 대본을 작성할 때 특히 중요하다는 점에서 학생들이 쓴 글을 피드백했다. 피드백은 학생의 글 중 수정해야 할 내용에 코멘트를 달아 하나하나 교정하는 식으로 진행했다. 학생들이 글을 처음 쓰는 것이다 보니 이와 같은 수고를 감수하였다. 만약 이 책을 읽고 있는 선생님의 학교 학생들이 글쓰기 수준이 어느 정도 뒷받침돼 있다면 나와 같은 세세한 피드백 대신 ○, △, □ 등과 같은 기호를 사용하여 교정하는 바가 무엇인지 시각화하는 피드백을 추천하고 싶다.

학생들의 글을 피드백하다 보니 공통으로 범하는 글쓰기 실수가 무엇인지 알 수 있었다. 학생들이 흔히 하는 글쓰기 실수는 다음과 같다. 첫째, 중심 내용이 바뀔 때 문단을 나누지 않는다는 점, 둘째, 한 문장이 지나치게 길다는 점, 셋째, 문체의 일관성이 없다는 점(평어체와 경어체가 혼용됨), 넷째, 해당 시가 어떠한 이유에서 사연자를 위로할 수 있는 시인지 모호하다는 점이었다. 이와 같은 내용은 다음 활동을 시작하기 전에 전체 공지를 하여 대본을 작성할 때는 같은 실수를 반복하지 않도록 당부하였다.

4~5차시: 위로를 담은 라디오 대본 작성하기

3차시 활동을 토대로 하여 라디오 대본을 작성하도록 안내하였다. '라디오'라는 매체의 말하기 방법이 일상적인 말하기 상황과 다름(존댓말, 은어, 줄임말 등 방송에 부적절한 표현을 사용하지 말 것)을 고려하여 대본을 쓸 것을 강조하였다. 학생들은 '사연-시-시 소개와 위로의 글'의 구성으로 대본을 작성해갔다. 대본 작성은 두 시간 동안 진행되었고, 되도록 활동 시간 내에 대본을 완성할 것을 독려하였다.

라디오 방송을 할 때 완성도 높은 결과물을 얻고 싶은 마음에 학생들의 대본 역시 피드백을 진행했다. 앞서 진행한 피드백과 마찬가지로 모든 학생에게 구체적 피드백을 제공하다 보니 교사의 피로도가 커지는 고충이 있었다. 피드백을 진행하면서 다른 학생들에 비해 글쓰기에 재능이 있는 학생을 파악하였다. 왜냐하면 모둠 내 동료 피드백을 진행할 때 모둠을 이끌어갈 학생이 필요했기 때문이다. 학급당 6명의 모둠장을 선정하였다. 그리고 나머지 학생들의 글쓰기 실력을 중, 하로 나누어 고르게 모둠원들 구성하였다. 덧붙이자면, 활동이 종료된 뒤에 요즘 학생들에게 '라디오'는 낯선 매체였음을 깨달았다. 대본을 쓰기에 앞서 학생들과 실제 라디오 방송을 듣고, 라디오 방송의 특성을 하나하나 살펴봤더라면 학생들이 라디오 방송에 대한 이해도가 높아져 대본을 쓸 때와 녹음을 할 때 더 좋은 결과물을 냈을 것 같다.

◎ **사연**

'일찐스님'님의 사연: 저의 고민은 직업을 아직 못 정한 것입니다. 저는 중학생 때부터 장래 희망이 없었습니다. 딱히 관심 없어서 그냥 그런대로 지내왔는데 고등학교에 진학하니 자꾸 장래 희망이 뭐냐고 물어보더라고요. 고등학교도 왔으니까 장래 희망을 찾고 싶어졌습니다. 그런데 막상 꿈을 찾으려니 내가 잘하는 게 뭔지 모르겠어서 고민이 많습니다. 도와주세요. ㅠㅠ

◎ **내가 고른 위로의 시**

길[15]

김애란

난 뭐가 되지? 뭘 할 수 있지?
어느 길로 가야 하지? 길은 있을까?
묻는 내게 엄마는 생뚱맞게도
큰 사거리 케이마트에 갔다 오란다.

가서 니 젤로 먹고 자픈 거 사 온나
꼭 사거리 케이마트여야 하는 기라

꼬깃꼬깃 구겨진 5천 원짜리 한 장을
내 손에 꼭 쥐여 주셨다
왜 하필 길도 잘 모르는
남의 동네 케이마트일까

골목길을 벗어나
장미꽃 흐드러지게 핀 동네 슈퍼를 돌아
소망약국을 지나 편의점 파라솔 밑에서
어느 쪽 길로 갈까 잠시 망설이다가
벽화가 그려진 담장 길을 걸어 케이마트에 가서
땡볕 때문에 제일 먹고 싶어진 아이스크림을
골라 담아 열 개에 4900원에 사 왔다

집에선 안 보이던 길이
나가니께는 보이제?
것도 이 길 저 길 많이 보이제?
똑같은 기라
지금은 암것도 안 보이고
똑 죽은 거맹키로 막막한 거 같아도
일단 나서면 보이는 게 길이래이
가다 보면 없던 길도 생긴대이
길이 끊기몬 돌아서면 되는 기라
그라믄 못 보고 지나친 길이 새로 보이는 기라
어디든 길은 쌔고 쌘 기라

---

15 김애란, 『난 학교 밖 아이』, 창비교육, 2017. 중 「길」

◎ **시 내용 소개, 이 시를 선정한 이유와 공감 · 위로의 말**

장래 희망을 찾으려는데 막상 찾으려니 잘하는 것을 몰라 고민이 많은 '일찐스님'님의 사연을 보고 김애란 시인의 '길'을 소개해드리고 싶습니다. 이 시는 시적 화자인 아들이 자기 자신이 무얼 잘하는지, 뭐가 될지, 어느 길로 가야 할지를 몰라 방황하고 있을 때 아들의 엄마가 아들을 새로운 길로 가보게 함으로써 길은 여러 개이고 자신이 가려는 곳이 어느 곳이든 길이 될 수 있다는 걸 알려주며 위로와 자신감을 북돋아 주고 있습니다.

저는 이 시를 통해 진로 찾기를 어려워하는 사연자님께 꿈을 향한 길에는 여러 길이 있다는 것과 아직까지 진로를 선택하지 못한 것이 잘못된 게 아닌 미래를 향한 첫걸음이라는 걸 느낄 수 있게 해드리고 싶습니다.

이 시에서 사연자님께 꼭 전해드리고 싶은 부분은 엄마가 자식에게 사투리로 길은 많고 가는 곳이 길이니 걱정하지 말라는 위로의 말을 해주는 6연입니다. 저는 슬픈 일이나 속상한 일이 생겼을 때 부모님께 위로와 공감의 말로 위로받은 적이 많았어서 6연의 엄마의 말이 더욱 마음에 와닿았습니다. 저처럼 사연자님도 이 부분을 읽고 엄마가 자식에게 전하는 따뜻한 조언과 공감으로 치유되었으면 합니다.

진로를 정하는 데에는 많은 경험과 시간이 필요하죠. 처음엔 막막한 게 당연합니다. 저도 사연자님과 같이 진로를 정할 때 골머리를 앓았던 경험이 있습니다. 작년까진 내가 잘하는 것, 좋아하는 것을 알지 못해 밤마다 고민을 꽤 했었는데 시간이 지날수록 경험과 깨달음이 쌓이다 보니 점점 길이 보였고 제 꿈을 찾을 수 있게 되었습니다.

'일찐스님'님, 진로를 찾는 데에 너무 많은 생각을 할 필요는 없어요. 대신 자신이 좋아하고 흥미를 느끼는 것부터 차근차근 알아보면 길이 보이게 될 거예요. 만약 그 길이 맞지 않는 길 같다고 해도 괜찮아요. 길은 많으니까요! 시간이 흐르며 생기는 경험들이 반드시 빛을 보는 날이 올 테니 힘내세요!

라디오 대본 학생 사례

6차시: 모둠 피드백하기

교사의 피드백을 통해 선정한 모둠장과 글쓰기 실력에 따라 학생들을 고르게 분포시켜 모둠을 편성하였다. 모둠으로 모여서 모둠원들의 대본을 피드백하도록 하였는데 이때 피드백의 기본원칙인 '친절하고, 구체적으로, 도움이 되게'를 강조하였다. 학생들이 흔히 하는 글쓰기 실수를 다시 한번 보여주며 해당 실수가 친구의 글 속에 있지 않은지 점검해주라고 당부하였다.

자신의 글도 제대로 못 쓰는데 다른 이의 글을 피드백해줄 수 있냐는 평이 학급마다 왕왕 있었다. 일리가 있는 말이었다. 더구나 학생들이 다른 이의 글을 피드백해본 경험이 부족했기 때문에 효용성 있는 피드백이 많지 않았다. 다시 이 수업을 진행한다면 피드백할 범주를 명시하고, 적절한 피드백을 하는 방법을 사전에 가르칠 것이다. 이 수업 이후 다른 수업에서 아예 '좋은 피드백하는 방법'에 대해 가르쳤다. '친절하게, 구체적으로, 도움이 되게'가 각각 뜻하는 게 무엇인지와 학생들이 실제 제공한 피드백을 예로 가지고 와서 평가해보는 시간을 가졌다. 그런 다음에 글을 피드백하도록 하니, 이전보다 훨씬 의미 있는 피드백을 하는 모습을 보여줬다.

7차시: 교사와 동료 피드백을 바탕으로 대본 보완·수정하기

7차시에는 앞서 교사와 모둠원들이 제공한 피드백을 바탕으로 최종적으로 대본을 보완·수정하도록 안내하였다. 이때 다시 손 글씨로 쓰는 것이 아니라 태블릿과 블루투스 키보드를 활용하여 한글오피스 문서에 타이핑할 것을 요청하였다. (4~5차시부터 타이핑을 했으면 어땠을까 생각하는 선생님도 있을 것 같다. 물론 학교 수준에 따라서 처음부터 대본을 타이핑으로 진행할 수 있는 학교도 있으리라 생각한다. 나 역시 한 학급을 4차시부터 타이핑으로 대본 작성을 하도록 진행해보았는데 기대에 미치지 못한 채 아이들이 헤매는 시간이 길었다. 그래서 차분히 교실에서 손 글씨로 완성본을 쓰고 이를 타이핑하면서 수정해가는 것이 더 낫겠다고 판단하여 다음 학급 수업부터는 손으로 대본을 작성하도록 하였다.) 학생들에게 주어진 대본의 형식에 맞게 '사연-시-시 소개와 위로의 글'을 작성하도록 했다. 완성한 문서는 교사의 메일로 발송하도록 하였다.

이때 타이핑을 하도록 한 이유는 학생들에게 컴퓨터나 태블릿을 활용한 문서 작업 경험을 시켜주고 싶었기 때문이다. 대학에 진학하면 과제는 대부분 컴퓨터를 활용한 문서 작업으로 수행할 텐데, 우리 학교 학생들이 대학에 진학하고 난 후에야 비로소 이와 같은 방식의 문서 작업을 경험하는 일이 없기를 바랐다.

태블릿에 한글오피스 앱을 하나하나 깔았고, 블루투스 키보드를 구입하였다. 또한 문서 작성과 블루투스 키보드 연결 방법을 구체적으로 설명해주는 설명서를 만드는 데에 품이 많이 들었다. 품을 많이 들인 만큼 성과는 컸다. 수업에 잘 참여하지 않는 학생 한 명을 제외하고 모두가 한글 문서로 대본을 수정하는 작업을 해냈다.

요즘 아이들이 휴대폰, 태블릿과 같은 디지털 기기를 많이 사용하지만 정작 문서 작업, 이메일 발송 등을 하는 방법은 잘 모른다. 그래서 이 프로젝트 수업을 통해서 디지털 기기를 이용한 활동을 해보고, 사용법을 익히길 바랐다. 처음 문서 작업을 시켰을 때는 우후죽순으로 '블루투스 키보드 어떻게 연결하는 거냐, 한글오피스는 어딨느냐' 등등의 설명서를 읽으면 해결할 수 있는 질문들이 쏟아져서 머리가 아팠다. 그런데 아이들은 참 스펀지와 같아서 다음 학기에 한글 문서 작업을 시켰을 때는 설명서를 따로 준비하지 않았는데도 알아서 척척 키보드를 연결하고, 한글 문서 작업을 하는 모습을 보여줬다. 별거 아니지만 나에게는 큰 감동이었다.(한글오피스를 사용하는 것도 물론 좋지만 아이들이 글 쓰고 있는 것을 실시간으로 확인할 수 있는 구글 공유문서를 쓰는 것을 더 추천하고 싶다. 이 수업이 끝나고 얻게 된 아이디어였다.)

8~9차시: 결과물 공유, 축하의 시간 – 시로 만나는 치유의 라디오 방송

학생들이 작성한 대본은 개별적으로 출력하여 나누어주었고, 각자 녹음을 해서 녹음 파일을 메일로 발송할 것을 안내하였다. 녹음을 수업 중에 할 수 없었던 이유는 그 많은 학생이 한 교실에서 녹음을 한다면 잡음이 많이 섞여 방송의 음질이 떨어지기 때문이었다. 학생들에게 일정 기간을 주고, 그때까지 녹음 파일을 보낼 것을 당부하였다. 녹음 파일을 제날짜에 보내지 못할 학생들을 고려하여 각 학급의 방송 일정을 적절히 설정하였다.

최소 3분에서 최대 5분으로 제한을 두어 녹음을 진행할 것을 당부하였다. 녹음 소요 시간은 대본을 작성할 때도 고지된 사항이라서 학생 대부분이 시간을 잘 맞추어 녹음 파일을 보냈다.

예정된 방송 일자에는 학생들을 원으로 둘러앉도록 하였다. 원의 가운데에는 실제 라디오 방송인 양 라디오를 빌려다가 두었고, 그림과 꽃다발을 두어 감성적인 분위기를 유도하였다. 꽤 많은 학생이 녹음된 자기 목소리를 듣는 것을 부끄러워했다. 그래서 녹음 파일을 들을 때, 부끄러움으로 몸부림쳐 분위기를 해치는 경우가 있었다. 다시 수업을 진행한다면 왜 녹음을 하는 것인지 아이들이 납득할 수 있도록 충분히 설명해줄 것이다.

이 시간은 결과물을 공유하는 시간이자 프로젝트를 마치는 축하의 장이기도 했기에 학생들에게 간식을 나누어주었고, 원한다면 개별적으로 간식을 들고 와서 청취에 방해되지 않는 선에서 먹을 수 있도록 하였다. 학생들이 방송을 듣기만 한다면 집중도가 떨어질 것을 우려하여 친구의 방송에 대한 별점을 주는 활동지를 작성하도록 하였다. 또한 학급 담임선생님을 수업에 초대하여 학생들이 만든 결과물을 선보였다. 라디오 방송에 함께한 담임선생님들은 긍정적인 반응을 보였다. 왜냐하면 학생들의 고민이 무엇인지 알 수 있고, 뜻밖의 학생이 멋진 위로의 말을 전해주는 경우를 발견할 수 있었다는 점 때문이었다.

두 차시에 걸쳐 학생들이 보낸 녹음 파일을 내가 노트북으로 틀어주는 것으로 방송을 진행했다. 방송의 순서는 제비뽑기로 진행하였다. 시각적 요소 없이 청각에만 의존해야 했기 때문에 다소 집중도가 떨어질 때도 있었다. 시간이 좀 더 여유로웠다면 세 차시에 걸쳐서 진행하거나, 실제 라디오 방송처럼 배경음악도 넣어서 녹음을 진행하도록 했다면 학생들이 집중하는 데에 도움이 됐을 것 같다.

수업을 마무리하면서 학생들에게 다시 한번 수업의 의도를 설명해주었다. 시 한 편이 누군가의 삶을 위로할 수 있고, 우리 모두 타인의 상처를 보듬어줄 수 있는 존재가 될 수 있음을 상기시켜주었다.

10차시: 학생들 반응과 피드백을 통한 성찰하기

성찰을 함께 나누는 시간이 있었으면 좋았을 텐데 학기 말이다 보니 그럴 시간이 많지 않았다. 따라서 구글 폼으로 설문조사를 만들어 학생들에게 이 프로젝트에 대한 피드백을 요청했다.

120명 중 112명의 학생이 참여하였고, 프로젝트에 대한 전반적인 만족도는 매우 만족은 23명, 만족은 31명이었다. 보통은 45명, 불만족은 11명, 매우 불만족은 2명이었다. 절대다수의 학생이 만족한 것은 아니었지만, 이 프로젝트가 만족스러운 이유에 '피드백을 통해 글을 자연스럽게 쓰는 방법을 익힐 수 있었다.', '글쓰기 실력이 늘었다.', '긴 시간 동안 진행되어 부담이 적었다.', '친구들의 고민을 듣고 내가 위로를 해줄 수 있었다.', '어색한 사이의 친구들과도 심적으로는 친한 친구가 된 느낌이 들었다.', '특정 친구들에 대한 편견이 있었는데 위로도 할 수 있는 면이 있음을 깨달았다.', '새로운 방식의 수업이라서 재미있었다.' 등의 내가 이 프로젝트를 통해 학생들이 깨닫기를 바랐던 바와 근접한 내용을 적어주어 기뻤다.

학생들이 불만족한 이유는 대부분이 녹음을 공유하는 것이 부끄러웠다는 의견이 주를 이뤘다.

이 프로젝트를 통해 시에 대해 배움이 있었는지의 물음에는 81명이 긍정적인 답변을 남겨주었다. 설문조사의 내용은 학생 본인이 수행한 프로젝트에 대한 자기성찰이라기보다는 프로젝트 수업에 관한 평가였지만 이를 통해서 간접적으로나마 학생들이 자신들의 수행을 돌아볼 수 있을 것으로 생각하여 설문조사를 진행해보았다.

수업을 마치며

교사? 학생? '우리들'의 성장

처음 한 프로젝트 수업이었는데 나름대로 프로젝트 수업의 구색에 맞춰서 다양한 시도를 해본 나 자신이 기특하다고 생각한다. 중간중간 변수가 생겼을 때 적절한 대응 방법을 사용하여 대처했다는 점, 품이 많이 들어서 프로젝트 말미에는 심신이 너덜너덜해졌으나 그래도 끝까지 포기하지 않고 완성했다는 점이 참 잘했다고 생각한다.

또한 2회고사에서 학생들이 글쓰기에서 흔히 하는 실수를 서답형 문제로 출제하였다. 프로젝트 수업을 통해 배운 것을 평가로 연결 지어 본 점도 유의미하다고 생각한다. 아이들에게 한글 문서 작업, 메일 보내는 방법을 연습시킨 점, 라디오 방송이라는 낯선 시도를 120명 중의 1명 빼고 모두 참여했다는 점에서 역시 나를 칭찬하고 싶다.

이 프로젝트 이후, 2학기에도 글을 쓰는 프로젝트 수업을 진행했는데 학생들의 글쓰기 실력이 부쩍 향상된 모습을 볼 수 있었다. 또한 설명서를 따로 주지 않는데도 학생들이 알아서 태블릿을 이용해 한글 문서 작업을 하는 것을 보며 감동했다. 그러나 여전히 미흡했던 부분이 마음에 걸린다. 시를 해석하는 방법, 올바른 피드백을 제공하는 방법을 미리 가르쳤으면 더 좋았을 것 같다. 이에 대해서는 학생들에게 준비 없이 수행평가를 시킨 느낌이 들어 미안한 마음이다.

프로젝트 수업을 처음 접하는 선생님들은 프로젝트 수업을 진행하다 보면 교과 진도는 어떻게 하냐는 질문을 많이 한다. 나 역시도 이 프로젝트 수업을 하면서 진도 나가기가 빠듯했는데 그 이유는 교과 내용과 프로젝트 수업이 별개의 것이라는 생각 때문이었다. 진도 고민을 PBL센터 선생님께 털어놓으니, 시를 주체적으로 해석하는 방법과 같은 교과 내용을 활용해서 수업을 진행하면 진도에 대한 부담이 줄어들 것이라는 조언을 받았다. 내가 프로젝트 수업을 잘못 이해하고 있음을 깨달았던 순간이었다. 다음 학기 프로젝트에서부터는 교과 내용을 연계한 수업을 진행하였다.

끝으로 성취기준을 명료하게 반영한 평가를 했는지에 대한 아쉬움이 남는다. 프로젝트 수업의 방향이나 학습지를 미리미리 구상해뒀다면 채점 기준표의 빈틈이 줄어들 것 같다. 또한 활동 시간을 좀 더 넉넉하게 주었다면 더욱더 완성도 높은 결과물이 산출되었을 것 같다.

프로젝트 수업의 묘미는 '도전할수록 성장하는 것'이라고 생각한다. 작은 시도들이 모이고 모이면 교사의 프로젝트 수업의 수준이, 아이들의 수준이 향상되어 가는 것이 고스란히 느껴지기 때문이다. 완벽한 수업이 어디에 있겠는가? 우선 도전해보고 아쉬운 점은 다음 프로젝트에서 보완해서 또다시 도전한다면 그 과정 속에서 성장하는 '우리'를 만날 수 있을 것이다.

일본 애니 더빙 프로젝트

정윤희 충남외국어고등학교

재미있고 의미 있는 배움

　　"선생님, 이거 외워야 해요?"

　학생들이 일본어를 배우면서 많이 하는 질문 중의 하나이다. 일본어를 모국어처럼 습득할 수 있는 나이가 이미 지나버린 학생들은 여타 성인 학습자와 같이 꾸준히 어휘와 문법을 암기해야만 회화에 응용할 수 있다. 일본어는 어휘 수가 많은 언어로 일상 회화의 96%를 이해하는 데 필요한 단어의 숫자가 프랑스어는 5,000개 정도이지만, 일본어는 무려 22,000개나 된다.[16] 따라서 일본어 학습에 있어 많은 어휘의 암기는 필수지만, 한편으로 학습자를 괴롭게 만드는 요소 중의 하나이기도 하다.

　이 과정을 최대한 고통스럽지 않고 재미있게 느껴지게 하는 것이 교사의 역할이다. 그래서 햇병아리 교사 시절에는 '재미있는 수업'을 하는 것이 최대 목표였다. 학생중심수업을 도입해서 무엇이든 직접 체험해 보고, 만들어 보고, 표현해 보며 나름 재미있는 수업을 진행해 왔다. 하지만, 재미라

16　긴다이치 하루히코, 『일본어(상)』, 소화, 1997.

는 요소에 가려 진정한 배움이 일어나고 있는지를 어느새 고민하게 되었고 이에 대한 해답을 프로젝트 수업과의 만남을 통해 찾을 수 있었다. 프로젝트 수업을 적용하게 되면서 수업 시간에 일본어 의사소통 능력의 향상만이 아닌 창의성, 협업, 문제해결 능력 등을 기를 기회를 학생들에게 마련해 줄 수 있었다. 그래서 이후 나의 수업 철학은 '재미있고 의미 있는 배움'을 추구하는 것으로 변경되었다.

매번 새로운 프로젝트 수업을 하는 것은 나에게도 아이들에게도 낯설고 품이 많이 드는 도전일 수밖에 없다. 하지만, 도전할 만한 과제를 부여하고 옆에서 지지하며 학생이 성장해 가는 모습을 확인할 수 있다는 매력 때문에 프로젝트 수업을 포기할 수는 없었다. 프로젝트를 설계하고 진행하면서 어떻게 하면 학생들의 창의성을 자극하고 주체적으로 학습할 수 있도록 흥미를 갖게 할 것인지를 고민하는 사이에 나도 모르게 학생의 배움에 초점을 맞추게 되었다. 학생들이 즐겁게 학습에 몰입하고 그 과정에서 자신에게 의미 있는 배움을 경험할 수 있도록 좋은 수업을 기획하는 것이 교사의 최대 과제인 것 같다.

일본어로 말하고 싶어 하는 욕구를 지속시키는 방법

학기 초 학생들은 히라가나를 배우면서 일본어 학습을 시작하게 된다. 일 년간의 일본어 수업의 성패를 좌우하는 문자 학습의 중요성을 늘 가슴에 새기고 조금이라도 지루하지 않게 여러 방법을 동원해 교육에 힘쓴다. 하지만, 히라가나 46글자의 암기가 끝나면 '탁음, 반탁음, 요음, 발음, 장음'이라는 특수음 발음 세트가 기다리고 있다. '힘내 얘들아! 조금만 더 하면 일본어로 된 글을 읽을 수 있어'라고 다독이며 설득해 보지만, 학기 초 그렇게 반짝이던 아이들의 눈빛은 서서히 빛을 잃어간다. 초기 일본어 학습자에게 보이는 '일본어로 말하고 싶어 하는 욕구'가 글 중심의 학습으로 인해 사그라지는 점을 늘 안타깝게 생각해 왔다. 이 생각은 회화가 중심이 되는 재미있는 활동이 없을까 하는 고민으로 이어졌고 그 결과 '애니 더빙을 활용한 수업'을 떠올리게 되었다.

아이들의 최대 관심사: 일본 애니메이션

이 프로젝트를 실시했던 학교는 남녀공학의 인문계 고등학교로 교육과 정상 2학년에 일본어와 중국어가 개설되어 있어 학생들이 제2외국어로 둘 중 하나를 선택할 수 있다. 2학년 총 13학급 중 8학급이 일본어를 선택하였고 한 반당 학생 수는 35명 정도였다. 수업시수는 1학기는 일주일에 세 시간, 2학기는 일주일에 두 시간이었으며 일본 애니 더빙 프로젝트는 일본어 학습에 익숙해진 후 실시해야만 하므로 2학기에 실시했다. 총 8차시로 진행되었으며 구체적인 일정은 다음과 같다.

순서	수업 내용	제출 과제
1차시	모둠 및 애니 선정	
2차시	대본 작성1	애니 더빙 동영상 제작계획서
3차시	대본 작성2	
4차시	더빙 및 연습1	대본 제출(개인별)
5차시	더빙 및 연습2	
6차시	모둠별 녹음1	
7차시	모둠별 녹음2	모둠 더빙 영상 제출
8차시	애니 더빙 상영회	

일본 애니 더빙 프로젝트 일정

학생들이 일본어를 선택하는 데 있어 '일본 애니메이션'이 미치는 영향은 매우 크다. 일본어 수강생 중에는 소위 '덕후'라고 불리는 일본 애니메이션에 푹 빠진 친구들은 물론, 어렸을 때부터 접해왔던 일본 애니메이션의 영향으로 일본어와 일본문화에 친숙한 학생들이 많다. 그래서 새로운 내용을 다룰 때마다 가능하면 그 문형이 사용된 애니메이션의 장면을 골라 보여주고 원어를 직접 알아듣는 기쁨을 맛보게 해주려고 노력해 왔으나 이것만으로는 부족하다는 생각이 들었다.

일본어는 영어처럼 어렸을 때부터 배워왔던 외국어가 아닌지라 일 년을 배워도 간단한 일상 회화 정도만 가능한 수준에 머무르는 경우가 많다. 즉, 고등학교 때 일본어를 배워도 초급학습자를 벗어나기가 쉽지 않고 말하기 수행평가 또한 수준의 제약이 있어 '쉬운 문장 말하기'만 반복해 왔다. 실상 학생들은 애니메이션을 시청하며 자막 없이 대사를 알아듣고 싶어 하나 지금의 어학 실력으로는 불가능에 가깝다. 그래서 현재 학생들의 수준을 뛰어넘긴 하지만, 초급학습자도 이런 대사를 말하고 알아들을 수 있다는 자신감을 키워주고 싶어 일본 애니 더빙 프로젝트를 계획하게 되었다.

'애니 더빙'이란 대본을 소리내어 읽으며 연기하는 활동으로 목소리로 생동감 있게 극의 내용을 표현하는 것이다. 대본을 외우지 않고 보면서 활동하기 때문에 외울 때보다 의미에 집중하면서 일본어 문장을 읽을 수 있고 표현력 또한 신장시킬 수 있다. 학생들은 애니메이션의 성우가 되어 일본어 대사를 정확하고 유창하게 발음해 보고 이를 녹음하여 더빙 영상을 만들게 된다.

반복된 연습을 통해 정확하게 일본어를 듣고 발음할 수 있고, 더빙을 위한 대본 일부를 일본어로 쓸 수 있으며, 더빙 과정을 통해 일본인의 언어·비언어 문화를 이해할 수 있도록 하는 것이 이번 프로젝트의 최종 목표이다. 또한 최종 결과물인 더빙 영상을 만들기까지 모둠원끼리 협력하는 과정을 통해 협업 능력과 의사소통 능력이 자연스럽게 향상되는 것을 목표로 하였다.

　탐구 질문은 학생들의 흥미를 유발하고 도전 정신을 불러일으키기 위해 '내가 만약 일본 애니의 성우라면?'으로 정했다. 이 질문은 학생들이 이후 진행할 모든 활동의 초점이 되고 학생들을 탐구 과정으로 이끌게 된다.

프로젝트 개요

일본 애니 더빙 프로젝트		
과목 일본어 I	학년 고등학교 2학년	기간 8차시

핵심 가치
- 학습한 어휘와 표현이 사용된 애니메이션을 선정하여 인물의 대사를 반복 연습한 후 더빙을 통해 직접 회화로 표현해 봄으로써 의사소통 능력을 향상한다.
- 더빙을 위한 대본을 일본어로 쓸 수 있으며 더빙 활동을 통해 일본인의 언어 · 비언어 문화를 이해한다.
- 최종 결과물인 더빙 영상을 만들기까지 모둠원끼리 협력하는 과정을 통해 협업 능력과 의사소통 능력을 향상한다.

성취기준
[12일I-01-03]의사소통 기본 표현과 관련된 쉬운 글이나 대화를 듣고 대의나 의도를 파악한다.
[12일I-02-03]의사소통 기본 표현과 관련된 짧고 쉬운 대화를 한다.
[12일I-04-04]의사소통 기본 표현과 관련된 내용을 짧고 쉬운 글로 쓴다.
[12일I-05-01]일본인의 언어 · 비언어 문화를 이해하여 표현한다.

탐구질문
1. 내가 만약 일본 애니의 성우라면?
2. 초급학습자인 내가 자막 없이 일본 애니메이션을 볼 수 있는 방법이 있다면?

프로젝트의 흐름
1차시: 모둠을 구성하고 모둠별로 더빙할 일본 애니메이션을 선정한다. 애니메이션의 선정 기준과 분량 등에 관한 상세한 정보를 안내한다.
2~3차시: 모둠 안에서 가능한 역할이 균등하게 돌아가도록 배역을 나누고 개인별로 대본을 작성한다.
4~5차시: 모둠별로 돌아가며 대본 연습 과정을 지켜보고 실제 녹음하는 것처럼 리허설을 실시하며 발음, 억양, 연기 등에 관해 피드백한다.
6~7차시: 빈 교실에서 모둠별로 녹음을 진행한다. 교실에 남아있는 모둠은 대본 연습을 실시하며 더빙 결과물에 대한 성찰을 진행한다.
8차시: '애니 더빙 상영회'를 개최하여 이제까지의 성과를 다 함께 공유한다. 친구들의 작품을 시청하며 프로젝트 전 과정을 성찰하고 축하한다.

주요 결과물
모둠 결과물: 애니 더빙 동영상 제작계획서, 애니메이션 더빙 영상 혹은 더빙 음성 녹음 자료
개인 결과물: 애니 더빙 대본

채점 기준표

평가영역 (채점 요소)	채점 기준	배점	총점
더빙 대본 제작	자신의 역할의 대본이 빠짐없이 100% 작성되었다.	30	30
	자신의 역할의 대본이 80% 이상 100% 미만으로 작성되었다.	20	
	자신의 역할의 대본이 80% 미만으로 작성되었다.	10	
언어 사용	정확한 발음, 리듬, 억양으로 대본의 내용을 우수하게 전달한다.	35	35
	발음, 리듬, 억양이 양호하여 대본의 내용이 대부분 전달된다.	30	
	발음, 리듬, 억양이 다소 어색하여 대본의 내용 전달이 다소 미흡하다.	25	
	교사나 친구의 도움을 받아 어려운 표현의 발음, 리듬을 말할 수 있으며 내용 전달이 부족하다.	20	
비언어적 요소	등장인물의 특징을 잘 살린 목소리와 자신감 있는 자세로 발표하며 연기 력이 우수하다.	35	35
	등장인물의 특징을 대체로 잘 살린 목소리와 자신감 있는 자세로 발표하며 연기력이 좋다.	30	
	자신감이 다소 부족하지만, 등장인물의 특징을 살린 목소리로 발표하려 노력한다.	25	
	자신감이 부족하고 자신의 역할에 맞는 목소리로 연기하지 못한다.	20	

수업 속으로

도입 활동

프로젝트 수업의 필수 요소 중 '실제성(학교 밖 세상에서 실제로 사용하는 도구나 기법을 사용하는가?)'을 고려하여 학생들을 프로젝트로 끌어들이는 동기 유발 활동을 했다. 이를 위해 실제 일본 애니메이션 성우들이 대본을 녹음하는 영상을 활용했다. 영상을 보며 학생들은 자신들이 즐겨보던 애니메이션의 더빙이 실제로 어떻게 이루어지는지를 확인하게 된다. 이어서 선배들의 더빙 영상 중 우수작을 골라 예시로 몇 작품을 보여준다. 처음에는 실제 성우들이 녹음한 원본 영상을 보여주고, 이어서 원본 영상에서 음성을 제거하고 효과음만 남겨둔 동영상, 마지막으로 선배들의 목소리가 입혀진 더빙 영상을 보여주며 프로젝트의 과정을 안내한다.

우수작①
남학생들이
능청스런
여자 아이돌 연기

우수작②
남우주연상
수상작품

우수작③
성우 뺨치는
발음과 연기력

우수작④
여고생들의
능수능란한
아줌마 연기

우수작 예시작품

남학생들끼리 여자 아이돌 역할을 맡아 걸걸한 목소리를 뽐내며 연기하는 배꼽을 잡고 웃을만한 작품, 진짜 성우가 연기하는 것인지 언뜻 들으면 착각할 정도로 발음과 연기력이 뛰어난 작품 등을 우수작으로 보여주며 선배 중에는 히라가나를 아직도 못 외우는 친구가 있다고 말해준다. 히라가나도 알지 못하는 친구도 A 받을 수 있는 수행평가라고 강조하면 대부분의 학생이 '나도 할 수 있겠다.'라는 표정을 짓는다. 그리고 올해 나오게 될 우수작 또한 내년 후배들에게 예시작품으로 보여주겠다고 말하면 도전 정신에 불타오르는 친구들이 있어 꼭 안내하는 편이다. 우수한 예시작품을 보여주면 학생들은 교사가 자신들에게 요구하는 결과물의 완성도가 어느 정도인지를 파악하고 그것을 뛰어넘으려고 노력하는 경향을 보인다.

모둠 구성 활동

모둠은 '자율 모둠'으로, 즉 친한 친구들끼리 모둠을 자유롭게 구성할 수 있도록 한다. 비록 목소리에 불과하지만, 연기해야 하므로 낯선 친구들로 모둠을 구성하기보다는 친한 친구들끼리 최소 2인에서 최대 4인까지 구성하도록 한다. 모든 학생을 자리에서 일어나서 교실 뒤쪽으로 나가 있도록 한 뒤 모둠이 만들어진 팀부터 순서대로 교실 앞쪽으로 오도록 안내한다. 모둠이 구성되는 순서대로 착착 교실에 자리를 배치하고 앞으로 애니 더빙 시간에는 현재 배치한 자리에 앉도록 안내한다. 대체로 한 학급당 8~10개의 모둠이 구성되고 4인 모둠이 대부분이지만, 코로나19의 영향인지 2인 모둠도 많이 늘어나 12개의 모둠이 나온 반도 있었다.

모둠이 구성될 때 교사는 잘 지켜보고 있다가 소외되는 친구들을 재빨리 파악해야 한다. 자율 모둠은 아이들이 선호하는 방식이지만 으레 있기 마련인 어떤 모둠에도 속하지 못하는 친구들에게는 다소 잔인한 방법이기도 하다. 그래서 모둠 구성에서 소외되는 학생을 재빨리 파악하여 이미 구성된 모둠에 "이 친구도 같이하지 않을래?"라고 권유하여 모둠을 만들어 주는 것에 교사가 신경을 써야 한다. 최소 2인이기 때문에 대부분 소외되지 않고 모둠을 구성하지만, 가끔 소외되는 친구가 나오기 때문에 최대한 상처받지 않도록 재빨리 팀을 구성해 주는 것이 관건이다.

애니메이션 선정

더빙할 동영상은 다음의 조건을 갖춰야 한다고 안내한다.

▷ 더빙 영상의 선정 조건
① 일본어로 된 영상일 것
② 반드시 한글 자막이 있을 것

③ 되도록 '유튜브'에 있는 영상을 활용할 것

영상이 꼭 원본 애니메이션이 아니어도 되고 영화나 드라마여도 좋다고 안내한다. 단, 일본어로 녹음된 영상이어야 하고 반드시 한글 자막이 있어야 한다. 한글 자막이 없으면 연습할 때 자신의 대사를 말해야 할 타이밍을 잡기가 어렵고 상영회 할 때도 친구들이 내용을 이해하기가 어려우므로 한글 자막은 꼭 필요하다. 더빙 영상의 길이는 1인당 30초 이상으로 4인 1모둠의 경우 2분 이상의 애니메이션을 골라 더빙해야 한다. 이때 '1인당 30초 이상'은 1명이 30초 이상 더빙을 하라는 의미가 아닌 단순 동영상의 길이를 의미한다. 실제 모둠별로 정확하게 2분의 분량만 채우는 경우도 있고 2분만 해도 되는데도 불구하고 두 배인 4분 이상을 해내는 기특한 친구들도 있다.

모둠이 구성되고 나면 애니메이션을 선정하게 되는데 영상을 고르는 데 꽤 시간이 걸리는 편이다. 등장인물 수와 대사의 양을 고려해서 결정해야 하기 때문이다. 그렇다 보니 여러 명의 등장인물이 나오는 짱구나 도라에몽, 아따맘마 같은 애니메이션을 고르는 경우가 많다. 애니메이션 선정이 끝나는 대로 '애니 더빙 동영상 제작계획서'를 작성하도록 한다. 애니 더빙의 전 과정은 구글 클래스룸을 통해 이루어지기 때문에 제작계획서도 '구글 슬라이드'를 이용하여 같은 모둠 친구들이 스마트기기로 동시에 접속해서 작성할 수 있도록 안내한다.

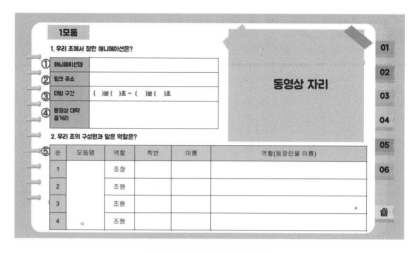

애니 더빙 동영상 제작계획서

▷ 애니 더빙 동영상 제작계획서 작성 항목

① 애니메이션 명

② 유튜브 링크 주소

　: 이후 내려받아서 음성 제거 동영상을 만드는 데 필요하다.

③ 더빙 구간

　: 만약 유튜브에 있는 원본 영상이 6분이라면 6분을 전부 더빙하는
　게 아니므로 모둠에서 더빙하고자 하는 구간의 '시작과 끝 시간'을
　설정하도록 한다.

④ 동영상 대략 줄거리

⑤ 모둠 구성원과 맡은 역할

대본 작성

　2차시에 걸쳐 대본을 작성한다. 애니 더빙 프로젝트는 모둠을 구성하여
모둠원끼리 협력하면서 결과물을 만들어 내야 하지만, 모둠별 점수는 없고

모두 개인 평가로 반영된다. 대본 또한 개인이 '자신이 맡은 역할의 대사만' 작성한다. 대본은 일본어부분에 '들리는 대로 한글로 작성'하고 우리말 부분에는 동영상에 나온 '한국어 자막'을 적도록 한다. 예를 들어 애니메이션 '원피스'의 명대사의 경우 다음과 같이 작성한다.

※자신의 대사 중 [3문장]은 '일본문자(히라가나, 가타카나)'로 적습니다!! 나머지는 한글로 적어도 됩니다.

예시	일본어: 오레와 루피, 카이조쿠오-니 나루 오토코다 おれは ルフィ、かいぞくおうに なる おとこだ
	우리말: 나는 루피, 해적왕이 될 남자다
1	일본어:
	우리말:
2	일본어:
	우리말:

대본 작성 예시

대사 중에 쉬운 문장을 골라 세 문장은 일본어로도 적어보게 한다. 학생들의 현재 수준으로는 대사를 완벽하게 알아듣지 못하기 때문에 대본 작성은 '정확도'보다는 '듣기 연습을 반복'하기 위해 실시한다. 대본을 적기 위해 동영상을 여러 차례 반복해서 들어보며 일본어의 발음, 억양, 리듬에 익숙해지게 한다. 학생 중에는 한글 자막을 파파고로 번역하여 대본에 적는 일도 있는데 정확도를 평가하지 않으므로 들리는 대로 적어볼 수 있도록 다시 안내한다.

이 과정에서 대사가 들리지 않는다며 찾아오는 학생이 많은데 이때가 일본어 교사로서의 위엄을 보여줄 때이다. 평소 쉬운 일본어만 할 때는 선생님의 일본어 능력을 보여줄 기회가 좀처럼 없었다. 그런데 본인들이 아무리 들으려 노력해도 들리지 않는 대사를 일본어 교사가 듣고 바로 알려주면 대부분 존경의 눈빛으로 바라보게 된다.

나중에 교사가 완성 대본을 작성하여 제공하므로 최종적으로는 그 대본으로 연습이 진행된다. 대본은 마감일까지 '구글 클래스룸'에 사진으로 찍어서 제출하도록 한다. 대본은 연습할 때 사용해야 하므로 원본은 본인이 가지고 있고 사진만 찍어서 제출하도록 하는 것이 편리하다. 구글 클래스룸의 경우 마감일을 설정해 놓으면 기간 안에 제출했는지도 쉽게 파악할 수 있고 제출 여부를 엑셀 파일로 내려받을 수도 있어 굉장히 유용하다.

▷ 학생들이 대본을 작성하는 동안 교사가 해 두어야 할 작업
① 원본 영상 내려받기
  : 제작계획서에 적혀 있는 유튜브 주소를 클릭해서 원본 동영상을 내려받는다.
② 더빙 구간만큼 동영상 자르기
  : 동영상 편집 프로그램을 이용하여 원하는 구간만큼 동영상을 자른다.
③ 음성 제거하고 효과음만 남기기
  : 포털사이트에 '목소리 제거 및 분리'를 키워드로 검색하면 효과음은 남아있는 채로 음성만 제거해 주는 사이트가 나오므로 활용하여 자른 영상에서 음성만 지우는 작업을 시행한다.
④ 음성 제거 동영상 만들기
  : 다시 동영상 편집 프로그램을 이용하여 원본영상의 음성을 음소거 상태로 두고 ③번에서 만든 음성을 오디오 트랙에 추가하여 효과음은 살아있고 목소리만 빠진 음성 제거 영상을 만든다.

⑤ 완성 대본 만들기

: 애니메이션을 틀어놓고 들리는 대로 한국어로 대본을 작성한다. 학생들이 작성한 대본에는 전체 대사가 아닌 자기 대사만 있고 정확한 일본어도 아니므로 이를 보완하기 위하여 완성 대본을 '구글 문서'로 작성해서 제공한다. 이후 학생들에게 매 대사의 앞부분에 '역할명'과 '연기한 사람 이름'을 적도록 한다. 이 작업이 끝나면 모둠 인원수만큼 대본을 출력해서 나눠주고 학생들은 이후 연습을 이 대본으로 진행한다. 교사는 나중에 채점할 때 이 대본을 활용하여 개인 평가를 진행한다.

더빙 연습 및 피드백

모둠별로 돌아가며 연습 과정을 지켜보고 피드백을 제공한다. 애니 더빙은 자막이 사라지기 전에 빠르게 자기 대사를 소화하는 연습이 가장 중요하다. 그래서 어떻게 대사 타이밍을 맞추는지, 긴 대사를 빨리 말하기 위해서는 어떤 연습이 필요한지를 주로 설명하고 학생들의 발음을 들어보며 피드백한다. 처음에는 다들 어려워하지만, 시간이 지나 연습 시간이 늘수록 실력이 향상된다. 더빙 프로젝트를 진행하며 이제까지 발견하지 못했던 학생들의 새로운 모습을 발견하는 때가 많다. 특히 평소에 조용하고 말이 없는 친구가 놀랍도록 더빙 실력이 우수해서 깜짝 놀라는 경우가 많다. 드러나지 않고 학생 안에 잠자고 있던 능력이 발휘될 수 있는 다양한 수업을 해야겠다고 다시금 결심하게 되는 순간이다.

모둠별 녹음 진행

모둠별로 순서를 정해 학교 빈 교실에서 수업 시간에 녹음을 진행한다. 가운데 노트북을 놓고 모둠원 중 한 명의 핸드폰으로 녹음하도록 안내한다. 노트북에는 3개의 이어폰이 연결되어 있는데 이처럼 여러 개의 이어폰을 노트북에 연결하기 위해서는 '이어폰 분배기'가 필요하다. 모둠 전원이 한쪽 귀에 이어폰으로 원본 동영상의 소리를 들으면서 녹음할 수 있도록 준비해 놓는다. 원본 동영상의 성우 목소리를 들으며 연기하면 좀 더 연기에 쉽게 몰입할 수 있고 정확히 시간 안에 대사를 소화할 수 있어 이 방법을 활용한다.

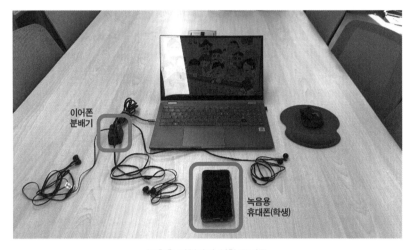

녹음을 진행하기 위한 준비물

학생들이 제출하는 최종 결과물은 편집을 누가 하느냐에 따라 달라진다. 최종 편집을 교사에게 맡기는 경우는 '원테이크(시작부터 끝까지 끊이지 않고 한 번의 컷으로 촬영하는 기법)'로 녹음한 음성파일을 제출해야 하고, 학생이 편집할 때는 목소리가 입혀진 영상 파일을 제출하게 된다. 대부분 학생이 편집하고 교사가 편집하는 경우는 한 반에 한 팀 정도이다.

결과물 제작 및 공유

마지막은 이제까지의 성과를 다 함께 공유하는 시간이다. 구글 설문으로 제시한 '자기평가 및 동료평가지'를 기록하면서 친구들이 더빙한 영상을 시청한다. 설문 결과를 보고 최우수 작품상과 남우주연상, 여우주연상을 뽑아 별도로 시상한다. 상영회를 할 때 모둠장에게 "우리가 작품을 감상하는데 눈여겨봐야 할 부분은?"이라는 질문을 던져 "○○의 연기에 주목해 주세요. ○○의 웃음소리에 주목해 주세요."와 같은 답변을 듣고 영상을 감상한다.

대부분 학생이 자신이 더빙한 영상을 친구들과 함께 보는 것이 쑥스러워서 책상에 엎드린 채로 보게 된다. 하지만, 친구들의 감탄이나 긍정적 피드백에 어깨가 으쓱해지는 때도 있어 상영회는 꼭 진행할 필요가 있는 것 같다. 해당 학급의 담임선생님을 초청하여 함께 상영회를 보기도 하고 과자나 음료수 등의 간식을 자유롭게 가져오도록 해서 즐겁게 성찰과 축하의 시간을 갖기도 한다.

수업을 마치며

모두가 참여하는 수업

이 프로젝트는 히라가나를 모르는 학생도, 지필평가 때마다 3번으로 찍고 자는 학생도 모두 참여하는 수업이었다. 친구들과 즐겁게 의견을 교환하며 자신들이 선정한 애니메이션을 더빙해 가는 과정에서 교사가 의도했던 '재미있고 의미 있는 배움'이 일어나는 것 같아 뿌듯했다. 예전처럼 외워서 말하는 말하기 평가를 했으면 절대 A를 받지 못할 친구들도 열심히 참여하여 A를 맞고 기뻐하는 모습을 보며 많은 생각을 하게 되었다.

일본어 말하기 능력의 향상에도 효과가 있었다. 교과서의 문형은 아무리 외우라고 해도 외우지 않던 아이들이 자신이 맡은 역할의 대사는 외우라고 하지도 않았는데 어느새 외워버렸다. 외운 대사를 쉬는 시간에도 곧잘 일본어로 툭툭 내뱉는 것을 보면서 학생의 관심사와 연계된 수업의 중요성을 다시금 깨닫게 되었다.

애니 더빙 프로젝트는 교사의 시간과 노력을 엄청나게 할애해야 하는 수업이다. 학생들이 선정한 애니메이션을 ① 더빙할 구간만큼만 자르고 ② 자른 영상에 음성을 지우고 효과음만 남겨놓고 ③ 자른 영상에 목소리를 제거한 음성을 합치고 ④ '원본'과 '음성 제거' 버전을 구글 클래스룸에 올리고 ⑤ 각 모둠이 선정한 애니메이션을 들어보며 완성 대본을 구글 문서로 작성하여 총 8개 학급 78작품 정도를 올려야 한다. 눈그늘이 턱 끝까지 내려왔지만 '그래! 너희들이 즐거우면 됐다!'라는 마음으로 버틴 것 같다. 수업 후 실시했던 설문에서 이런 내 마음을 찰떡같이 알아주는 학생의 코멘트를 보고 모든 피로가 풀리고 다시 시작할 힘을 얻게 되었다. 아래는 인상 깊었던 학생들의 코멘트이다.

▷ 처음에 조원끼리 대본을 작성할 때 친구들이 못 듣는 대사들을 가르쳐주었다. 내가 친구를 도와줄 수 있다는 것에 뿌듯했고 일본어를 들을 수 있다는 것에 일 년 동안 배운 일본어가 쓸모가 있다는 생각이 들어서 성취감을 느꼈다.

▷ 편집을 맡았었는데 편집하면서 '쉬운 일이 아니구나'라는 것을 깨달았고 일본어 더빙을 하면서 감정도 같이 말하는 작업도 어려웠었지만, 일본어 실력이 조금은 향상된 거 같다.

▷ 평소에 만화를 보면서 성우가 연기하는 것이 대단하다고 생각만 했는데 이번에 수행평가를 통해서 직접 목소리로 연기를 하면서 생각보다 재미있었고 원본 영상을 보면서 발음이나 톤 등을 더 자세히 보게 되면서 일본어 실력을 늘리게 되었다고 생각했다.

▷ 처음 해보는 방식의 수행평가였는데 생각보다 새롭고 재밌었다. 친한 친구들과 함께하니 훨씬 더 수월했고 더빙도 더 적극적으로 할 수 있었다. 마지막으로 반 친구들과 애니 더빙을 보는 시간을 가진 것도 조금 부끄럽긴 했지만, 성우처럼 목소리가 예쁘고 연기력과 일본어 실력이 출중한 친구들의 장점을 새로 발견할 수 있어 좋았다.

▷ 애니 더빙을 내가 하게 될 거라 한 번도 생각해 본 적이 없는데 이번 수행평가를 기회로 해보게 되었다. 처음엔 낯설고 내가 잘할 수 있을까 많은 걱정을 했는데 친구들과 조를 짜 함께하니 무척 재미있었고 멋진 영상이 나왔다. 아마 이런 수행평가가 아니었다면 평생 해보지 않을 일이었는데 할 수 있게 되어 매우 좋은 경험이라 생각한다.

▷ 선생님께 대본을 받기 전에, 직접 일본어를 듣고 스스로 들리는 대로 대본을 적어보는 시간을 가졌다. 처음에는 잘 안 들리고 이게 무슨 소린가 싶어서 10번이고 100번이고 되감으면서 엄청 많이 들었는데 그렇게 반복하고 아래 자막과 함께 일본어를 들으면서 적다 보니 극히 일부지만 조금씩 들리는 단어가 있었다.

▷ 처음엔 너무 당황스러운 수행평가였지만 꾸준히 하면서 일본어 더 빙 실력을 늘려갔고 점점 하면서 느는 모습을 보고 영상과 같이 맞 춰지는 시간이 지나면서 점점 뿌듯함을 느꼈다. 어렵다고 무작정 포기하기보다 끝까지 노력하고 더 잘하기 위해서 노력하였던 것이 나에게 노력하면 된다는 동기부여를 하도록 도와줬던 것 같다.

▷ 편집을 담당했는데 편집이 녹음한 음성들을 합치는 것뿐만이 아니 라 멀리서 이야기하는 부분의 디테일이나 전체적인 소리크기 조 정, 자막과 입 모양과 일치하도록 하는 등의 노력이 필요했다. 편 집했던 경험을 통해서 더빙이 필요한 영상에 대해 이해도를 높일 수 있었다. 또 모둠의 수행평가가 최종적으로 나의 편집을 통해 이 루어지는 만큼 책임감을 느끼고 활동했던 경험이 기억에 남는다. 수행평가 이후 성우들의 더빙이 필요한 콘텐츠들을 볼 때마다 그 콘텐츠에 참여한 사람들이 대단하게 느껴지는 걸 경험할 수 있었 다.

▷ 참신한 수행평가를 내주신 선생님께 감사했다. 애니 더빙 수행평 가는 선생님이 정말 수고스러우셨을 텐데 우리의 경험과 재미를 위해 이런 재미있는 수행평가를 기획하신 것 같아 많이 감사했다. 덕분에 즐거운 수업을 들을 수 있었다.

처음에 시작할 때 '저는 소심해서 못 해요' 하던 친구들이 연습을 거듭한 끝에 꽤 어려운 대사를 소화하고 연기해 내는 모습을 보았다. '태어나서 편 집 처음 해 봐요'라며 낯설어하던 친구들이 편집에 재미를 느끼고 도전하 는 모습도 발견할 수 있었다. 프로젝트 수업을 통해 아이들이 일본어 외에도 눈에 보이지 않는 많은 역량을 키워나가고 있다고 실감하게 되었다. 일본어 더빙이라는 새로운 경험에 도전하고 해답을 찾기 위해 고군분투하며 아이들도 나도 함께 성장할 수 있었던 것 같다.

4부

먹거리로 세상과
만나는
프로젝트 수업

한국 음식을 소개하는 글쓰기 프로젝트

강미영 음암중학교

'배운 영어'를 '사용하는 영어'로 바꾸는 수업!!

영어 시간에는 즐겁게 영어를 합시다.♥

　영어 시간에 학생들이 받는 학습지에는 위와 같은 문구가 적혀있다. '영어 수업 시간에 당연히 영어를 하겠지. 다른 걸 하겠나?'라고 당연한 말을 적어놨다고 생각할 수도 있다. 하지만 여기서 '영어를 한다는 것'은 학생들이 수업 시간에 '배운 영어'를 실생활과 밀접한 관련이 있는 맥락에서 자기 생각을 표현하는데 '사용하는 영어'로 활용하는 것을 의미한다. 그리고 이왕 공부하는 거 학생들이 '즐겁게' 수업에 참여하길 바라는 마음으로 저 문구를 학습지에 새겨 놓았다.

　'나의 수업 철학'은 학생이 삶을 살아가는데, 영어가 조금이라도 도움이 될 수 있도록 돕는 수업을 만들어나가는 것이다. 한때는 '영어가 선택과목이었으면 어땠을까?' 하는 마음도 있었다. 영어가 필수 과목이기 때문에 가르치는 사람도 배우는 사람도 고통스러운 수업 시간을 만들고 싶지 않았다. 하지만 영어를 알면 삶을 살아가는데 선택할 수 있는 부분과 경험할 수 있는 부분이 넓어지는 것은 사실이다. 그래서 수업 시간을 통해 학생들이 지식으로 아는 영어를 실제 맥락에서 사용하는 영어로 만들어주고 싶었다.

그렇다면 삶을 살아가는데 만나게 되는 어려움이나 문제를 해결하는 데 필요한 역량을 기를 수 있는 답이 무엇일지에 대해 생각해 보았다. 그건 바로 프로젝트수업을 실행하는 것이다. 하지만 '의지'만 있다고 되는 것은 아니었다. 매년 PBL센터 선생님들과 함께 배운 내용을 실제 수업에서 실천할 때마다 어려움에 직면하고 포기하고 싶은 마음도 들었다. 그리고 내가 올바르게 진행하고 있는지에 대해 의구심이 들었다. 하지만 PBL센터 선생님들과 함께 의견을 주고받으며 보완하고 '함께'라는 것이 많은 의지가 되고 힘이 되어서 매년 힘들어도 하게 된다.

나와 프로젝트수업의 관계를 한마디로 정의해보자면 '애증(?!)의 관계'라고 볼 수 있다. PBL센터는 나에게 '병원'과 같은 곳이다. 사람이 몸이 아프면 병원에 가서 치료받는 것처럼, 수업에 대한 고민이 깊을 때 찾아가면 해답을 얻을 수 있는 곳이 PBL센터이기 때문이다.

한국 음식 어디까지 알고 있니?

우리 학교는 면 단위 6학급의 작은 시골 학교이다. 어렸을 때부터 형성된 교육공동체가 거의 그대로 유지되는 편이라 학생들은 서로에 대해 잘 알고 있으며 성실하게 학교생활을 하며 지내는 편이다. 올해 내가 맡은 학생들은 중2, 중3이다. 해당 프로젝트 수업은 중2 학생들을 대상으로 진행하였다. 나는 '어떻게 하면 학생들이 영어학습에 대한 흥미를 갖도록 도와줄 수 있을까?'라는 나만의 탐구 질문을 만들고 그에 대한 해답을 프로젝트 수업에서 찾게 되었다.

영어로 글쓰기를 하는 것에 대한 학생들의 부담감을 줄여주고 학생들의 삶과 문화에 관련된 주제로 무엇이 있을까 고민 끝에 음식에 관한 글쓰기 프로젝트수업을 떠올리게 되었다. 평소 나는 문화적 다양성, 문화적 감수성에 대해 관심이 많아 관련 내용을 다룬 뉴스 기사를 즐겨보는 편이다. 내가 프로젝트 수업을 구상할 때 한국 문화에 대한 가짜 뉴스와 왜곡된 사실에 관한 기사들이 눈에 들어왔다. 나는 학생들에게 어떤 정보에 대해서 사실과 의견, 그리고 거짓 정보를 구분하는 힘을 길러주고 싶었다. 그리고 수업의 주제가 문화와 관련되어 있으면 좋겠다고 생각했다.

따라서 학생들이 한국 음식에 대한 정확한 정보를 발견하고 관련 주제에 관한 지속적인 탐구에 기반하여 영어로 된 글을 써보는 프로젝트를 계획하고 실행하였다. 아울러 우리 음식 문화에 대한 자부심을 고취하고 다른 나라 사람들에게 우리 음식을 자신 있게 글로 소개하는 기회를 만들어주고 싶었다.

이 프로젝트 수업의 탐구 질문은 '우리는 어떻게 한국 문화(음식)를 정확하게 세계 사람들에게 설명할 수 있을까?'이다.

이 프로젝트의 단계별 목표는 다음과 같다. '지식/기능' 측면에서 학생들은 다양한 문화에 대한 글을 읽고 내용을 파악할 수 있으며, '활용' 측면에서는 핵심 구문을 활용하여 우리나라 음식에 대한 '사실적 정보'와 본인의 '의견이나 생각'을 나타내는 문장을 포함한 짧은 글을 쓸 수 있는 것이 목표이다. 마지막으로 '문화적 측면'에서는 문화적 다양성을 존중하고 우리 문화에 대한 자부심 고취에 목표를 두고 있다.

프로젝트 개요

한국 음식을 소개하는 글쓰기 프로젝트		
과목 영어	학년 중학교 2학년	기간 12차시

핵심 가치
- 영어 의사소통역량을 향상시켜 자신의 생각이나 의견을 글로 표현할 수 있다.
- 문화적 다양성에 대한 감수성을 높이고 존중의 태도를 배운다.

성취기준
[9영04-01]일상생활에 관한 주변 대상이나 상황을 묘사하는 문장을 쓸 수 있다.
[9영04-02]일상생활에 관한 자신의 의견이나 감정을 표현하는 문장을 쓸 수 있다.

탐구질문
우리는 어떻게 한국 문화(음식)를 정확하게 전 세계 사람들에게 설명할 수 있을까?

프로젝트의 흐름
1~5차시: 세계의 다양한 문화(세계의 춤)를 소개하는 글을 읽고 내용 및 핵심 구문 파악한다. (추후 글쓰기 프로젝트와 연결)
6~7차시: 다양한 문화를 소개하는 글 속에 'Facts'와 'Opinions' 구분해보며 해당 글 속에 등장하는 핵심 영어 구문과 관련된 형성평가를 통해 자신의 학습 이해 정도를 파악하고 오개념을 바로 잡는다.
8~9차시: 한국 음식을 소개하는 글쓰기 프로젝트에 관해 설명을 듣고 본인이 선택한 주제에 대해서 자료를 조사 및 글쓰기 활동을 시작한다.
10~11차시: 학생들은 초고를 작성하고 교사에게 글의 내용, 구성, 문법 부분에 대해 피드백을 받고 본인의 글을 보완한다.
12차시: 학생들은 해당 주제에 관한 글을 최종 완성한다.

주요 결과물
개인 결과물: 글쓰기 결과물
결과물 공유기회 부족(오프라인 또는 온라인 공간에서 학생들이 본인의 글을 소개하고 발표할 기회가 부족하여 아쉬움이 남음. 다양한 결과물 공유 방법을 탐색하여 다음 프로젝트 수업에 보완하고자 함.)

채점기준표

평가 요소	채점 기준(점수)				
내용 구성	40	35	30	25	20
① 음식 이름 ② 음식의 맛 ③ 음식에 대한 사실적 설명 ④ 음식에 대한 나의 생각이나 감정 표현	①~④를 모두 만족하여 글을 작성한 경우	①~④중 세 가지를 만족하여 글을 작성한 경우	①~④중 두 가지를 만족하여 글을 작성한 경우	①~④중 한 가지를 만족하여 글을 작성한 경우	①~④ 모두 만족하지 못한경우

구문 활용	채점 기준(점수)		
	20	15	10
제시된 2가지 문법의 정확한 활용	두 가지 모두 만족하여 글을 작성한 경우	한 가지를 만족하여 글을 작성한 경우	모두 만족하지 못한 경우

조건 부합성	채점 기준(점수)				
	40	35	30	25	20
① 철자 및 문법 오류 3개 이하 (단, 제시된 두 가지 문법이 포함된 문장 제외) ② 글쓰기를 위한 마인드맵 작성 ③ 4문장 이상 구성 ④ 글의 제목 포함	⑴~⑷를 모두 만족 하여 글을 작성한 경우	⑴~⑷중 세 가지를 만족하여 글을 작성한 경우	⑴~⑷중 두 가지를 만족하여 글을 작성한 경우	⑴~⑷중 한 가지를 만족하여 글을 작성한 경우	⑴~⑷ 모두 만족하지 못한 경우

수업 속으로

도입 활동

교과서의 다양한 문화(세계 여러 나라의 춤)를 소개하는 글을 읽고 글의 내용 및 핵심 구문을 파악할 수 있는 읽기 수업을 먼저 진행하였다. 읽기 수업 후에 문화의 다른 갈래인 '음식'으로 주제를 옮겨서 '한국 음식을 소개하기 글쓰기 프로젝트'를 소개하였다. 학생들이 글의 주제를 선정하기 전에 '한국 음식' 범주와 '세계 속에서의 한국 음식'에 관한 내용을 동영상 자료를 활용해 소개하였다.

활용한 동영상 자료 목록			
	채널명/게시날짜	제목	QR코드
1	한식진흥원/ 2019. 9. 20	한국의 맛, 한식 (Hansik, The Taste of Korea)	

2	tvN /2019. 5. 11.	Are you korean? 외국인 순례자의 Kimchi 홀릭	

다양한 춤에 관한 글을 읽고 한국문화와 어떻게 연결할 수 있을지에 대해 고민하였다. 학생들의 흥미를 불러일으키고 적극적으로 참여할 수 있도록 도입 활동을 구성하면 좋았겠지만 아쉽게도 그러지 못하였고 수업 주제와 관련된 동영상 자료들을 활용하여 프로젝트수업과 연결하였다. 가장 많이 신경 쓴 부분은 해당 프로젝트수업을 어떻게 진행해야 할지에 대한 고민이었다. 학생들이 본격적으로 글쓰기 활동을 시작하기 전에 학생들이 프로젝트 수업 단계마다 본인이 무엇을 어떻게 해야 하는지 알 수 있도록 지속해서 설명하고 점검하였다.

프로젝트 수업 안내 활동

글쓰기 프로젝트에 대해 중요한 내용을 요소별로 '주제, 실시 일정, 글쓰기 내용, 실시 과정, 그리고 해당 프로젝트 피드백에 관한 내용'을 학생들에게 정리하여 설명하였다. '한국 음식을 소개하는 글쓰기'라는 주제로 본인이 소개하고 싶은 한국 음식에 대해 고민해보고 해당 음식의 이름과 맛, 사실적 설명, 그리고 선정한 음식에 대한 본인의 생각이나 감정이 본인 글속에 포함되어 있어야 함을 안내하였다. 프로젝트수업의 특성상 수업의 긴 호흡을 유지하면서 진행되어야 하므로 학생들이 계획을 세워서 글쓰기를 진행하길 바랐다. 실시 과정은 '1차 쓰기-피드백-2차 쓰기-피드백-3차 쓰기(최종 쓰기)'로 안내하였다. 글쓰기 중간마다 포함된 피드백에 관해서 다음과 같이 설명하였다.

한국 음식을 소개하기 글쓰기 피드백 관련 안내 사항			
피드백 횟수	피드백을 받을 수 있는 시간	피드백 내용	피드백 관련 기타 안내
한 학생당 3회	수업 시간	글의 내용 영어 사용 글의 조건 부합성	교사에게 피드백 받기 전 학생 스스로 체크리스트를 활용하여 자기평가 시행 피드백을 구체적으로 받고 싶은 부분 생각해보기

어떻게 하면 학생에게 도움이 되는 피드백을 제공할 것인가?

학생의 성장과 배움을 촉진하는 피드백의 필요성과 중요성에 대해서는 익히 잘 알고 있지만 무엇을 어떻게 얼마큼의 피드백을 제공해야 하는지는 아직도 잘 모르겠다. 하지만 많은 시행착오를 거치더라도 학생들의 수행에 대해 피드백을 시행해야 하는 이유는 분명히 존재한다. 그것은 피드백을 통해 학생과 교사 모두 성장할 수 있는 계기가 되기 때문이다.

위의 표는 이번 프로젝트수업의 피드백 관련 내용을 담고 있다. 처음 피드백 횟수를 정할 때 고민이 많았다. 어떻게 하면 교사가 학생에게 유용한 피드백을 지속해서 줄 수 있을지에 대한 고민과 피드백 횟수에 따른 형평성에 대한 고민이었다. 한정된 수업 시간에 피드백을 너무 많이 받는 학생이 있다면, 피드백 기회를 얻지 못하게 되는 학생이 있을 수도 있기 때문이다. 더불어 횟수에 대한 제한을 두지 않으면 교사가 먼저 지치게 된다. 피드백은 수업 시간에만 받을 수 있게 하였다. 그래서 항상 미리 준비하고 긴장한 상태로 수업에 임할 수밖에 없었다. 피드백은 글의 내용(해당 글에 포함될 요소들이 내용에 맞게 들어갔는지), 영어 사용 그리고 글의 조건 부합성(글 전체 중에서 철자 및 문법 오류의 개수, 글쓰기를 위한 마인드맵 작성 여부, 4문장 이상 포함 여부, 그리고 글의 제목 유무)에 관한 것이었다.

학생들이 교사에게 피드백을 받기 전에 위의 내용을 스스로 점검하고 교사에게 오면 효율적이고 도움이 될 것이라고 안내하였다. 하지만 이건 교사인 나만의 바람(?!)이었던 것 같다. 학생들이 영어 글쓰기를 처음 해보는 것이라 스스로 점검을 먼저 해보고 교사 피드백을 받으러 오는 경우는 많지 않았다. 그래서 1차 피드백 후 2차 피드백을 받기 전에는 꼭 스스로 점검하고 오라고 지속해서 안내할 수밖에 없었다.

글쓰기 완성본 예시 안내

교사의 설명과 PPT 자료만으로는 학생들이 해당 주제에 관한 글을 영어로 작성하는 것에 대해 많은 부담을 느끼리라 생각하여 글쓰기 완성본 예시를 학생들에게 보여주고 설명하였다. 예시의 종류를 'Good-Acceptable-Bad'로 나누어 설명하였다. 학생들이 세 가지 예시들 사이의 차이점을 발견하고 더 짜임새 있는 글을 작성할 수 있길 바랐다.

글쓰기 완성본 예시 자료

해당 프로젝트 주제에 관한 글쓰기 예시 (Good)

Enjoy Seaweed Soup! (글의 제목)

Seaweed soup (음식 이름) is a Korean traditional food. This food is so delicious that everyone enjoys it. (음식의 맛/so~that 구문 사용) This soup is eaten by many Koreans on their birthdays. (음식에 대한 사실적 설명/수동태 사용) I like to eat it with Kimchi. I think this food is great because it is nutritious. (음식에 대한 나의 감정이나 생각 표현)

글쓰기 완성본 예시 자료

해당 프로젝트 주제에 관한 글쓰기 예시 (Acceptable)

Seaweed Soup! (글의 제목)

Seaweed soup(음식이름)a Korean traditional food. It tastes deliciously. (음식의 맛) It's ingredient is seaweed. (음식에 대한 사실적 설명) This soup is eat by many Koreans on birthdays. (음식에 대한 사실적 설명) I think this food is good. (음식에 대한 나의 감정이나 생각 표현)

글쓰기 완성본 예시 자료

해당 프로젝트 주제에 관한 글쓰기 예시 (Bad)

(   )

Seaweed soup Korean food. It tastes. This soup eats......

글쓰기 길잡이 역할을 해줄 마인드맵 작성하기(개별활동)

해당 글쓰기 프로젝트의 주제를 선정하고 주제에 관한 정보를 구성하기 위한 마인드맵 작성을 위해 학생들에게 마인드맵에 관해 설명하고 작성하게 하였다. 아울러 마인드맵 작성 예시를 제시하였다. 학생들은 글쓰기 활동지에 본인 글에 대한 마인드맵을 작성하여 글의 토대를 다졌다.

해당 주제에 관한 글쓰기(개별활동)

학생들은 본격적으로 글쓰기를 시작했고 글의 내용은 작성한 마인드맵을 활용하고 영어 사용 면은 수업 시간에 배운 내용이 담긴 교과서와 활동지, 그리고 영어사전을 참고하여 글을 작성하였다. 학생들은 글쓰기의 조건과 틀을 준수하면서 글을 작성해야 했기 때문에 진지하게 활동에 임하였다.

해당 프로젝트에 관한 피드백 제공(개별활동)

학생들의 1차 글쓰기에 대해 피드백을 주었다. 피드백 제공내용 및 방법에 관한 이해를 돕기 위해 대화문 양식을 활용하여 설명하고자 한다.

> 교사: ○○아, 선생님에게 오기 전에 너의 글을 스스로 체크리스트를 이용해서 점검해 봤니?
>
> 학생: 네. 근데 잘되어있는지 아닌지 잘 모르겠어요.
>
> 교사: 그렇구나. 그럼 같이 보자. 먼저 내용 구성면부터 보면 음식은 떡으로 했고, 음식에 대한 사실적 설명은 어떤 내용을 썼니?
>
> 학생: 떡을 만드는데 필요한 재료들로 사실적 설명으로 적었어요.
>
> 교사: 그렇구나. 여기 Rice cakes are made from grains. 이라고 적었네. 음식의 재료는 사실적 설명에 해당하지. 그리고 음식의 맛과 해당 음식에 대한 00의 생각이나 감정은 영어로 어떻게 표현했니?
>
> 학생: Rice cake taste sweet. Rice cake is delicious, so I think people wants to eat a lot. 이라고 썼어요.
>
> 교사: ○○가 마인드맵에 쓴 것처럼 떡의 맛에 대한 정보와 해당 음식에 관한 본인의 생각이나 감정을 매끄럽게 잘 연결했네. 다만 영어 문장을 작성할 때 신경을 써야 할 부분이 주어와 동사의 수 일치야. 첫 번째 문장과 세 번째 문장에서 수일치가 잘못

된 부분을 찾아보고 문장을 수정해볼까?

학생: 네! (스스로 생각해보고 교사와 해당 부분에 대해 다시 이야기
한다…)

교사: 자, 이제 문장의 개수와 글 속의 포함된 각각의 내용이 유기적
으로 잘 표현되어 있는지 살펴볼까?

학생: 네! (후략)

글쓰기 피드백 자기평가 체크리스트 양식	
내용	자기평가
1. 해당 글쓰기의 내용 구성면에서 빠진 내용이 있는가? (음식 이름 /음식의 맛 / 음식에 대한 사실적 설명 /음식에 대한 나의 생각이나 감정 표현)	(빠진 것 없음) (있음)
2. 철자 및 문법 오류 3개 이하인가? (단, 제시된 두 가지 문법이 포함된 문장 제외)	(오류 없음) (오류 있음)
3. 글쓰기를 위한 마인드맵을 작성하였는가?	(빠진 것 없음) (있음)
4. 해당 글쓰기에 4문장 이상을 구성하였는가?	(빠진 것 없음) (있음)
5. 해당 글쓰기의 글의 제목 포함되었는가?	(빠진 것 없음) (있음)

※ 선생님에게 중간에 피드백을 받을 수 있습니다. 기회는 세 번이니 신중하게 생각하고 확인받으세요!

1회		2회		3회	

피드백 받은 내용을 활용하여 다시 글을 쓰고 다시 피드백 받기(개별활동)

학생들은 1차 글쓰기-교사 피드백(+ 체크리스트를 활용한 점검)의 과정을 거
쳐서 2차 글쓰기를 하였다. 1차 글쓰기에 대한 피드백 내용을 받은 후 학생
들은 본인 글의 비문법적인 문장을 먼저 고치고 내용상 글쓰기 조건에 부

합하는지 먼저 점검하였다. 2차 글쓰기에는 조금 더 글의 완성도와 구체화에 집중하여 해당 주제에 대해 짜임새 있는 글을 쓰는 모습을 발견할 수 있었다.

더불어 본인 글의 보완점을 알고 이를 해결하기 위해 스스로 고민하고 탐구하는 모습을 볼 수 있어서 학생의 배움에 조금이나마 도움을 줄 수 있었다는 점에서 의의가 있다고 생각한다. 한 학생당 3번의 피드백을 받을 수 있어서 1차 교사 피드백 후에 2번의 기회는 최종 글쓰기 전까지 가능하다. 첫 번째 피드백에서는 무엇이 부족하고 어떻게 부족함을 채울지 몰랐다면 두 번째와 세 번째에서는 학생들은 자신의 보완점에 집중하여 교사에게 질문하고 고민하는 모습을 보였다.

최종 글쓰기 및 제출(개별활동)

학생들은 해당 프로젝트의 마지막 단계인 최종 글쓰기를 마무리하고 교사에게 제출한다.

수업을 마치며

포기하지 않고 완수했다는 성취감 그리고 또 다른 도전의 시작

수업자로서 해당 프로젝트의 진행, 시행착오, 그리고 결과에 대해 돌아보았다. 좋았던 부분과 아쉬웠던 부분, 그리고 어려웠던 점을 소개하고자 한다.

해당 수업에서 만족스러웠던 부분은 글쓰기 프로젝트에 대한 새로운 시각을 갖게 된 점이다. 학생들의 글을 읽으면서 평소 수업 시간에 보던 모습과는 다르게 개별 학생들의 생각 깊이와 다양성을 엿볼 수 있었다. 아울러 학생들이 수업 시간에 배워서 알게 된 영어 지식을 활용하여 나의 생활과 밀접한 맥락의 문장을 직접 작성해볼 수 있는 경험을 줄 수 있었다는 점에서 의의가 있었다고 생각한다. 그리고 학생들이 이 과정을 통해서 영어를 왜 배워야 하는지에 대한 이유를 학생들이 스스로 어느 정도 찾길 바랐다.

아쉬웠던 점은 학생들의 결과물 공유의 기회가 부족했다는 점이다. 오프라인 또는 온라인 공간에서 학생들이 본인의 글쓰기 결과물을 소개하고 발표하는 기회가 있었다면 다음 학습을 위한 동기부여도 되고 성취감을 조금 느낄 수 있었으리라는 아쉬움이 남는다. 다시 내가 해당 프로젝트수업과 비슷한 수업을 하게 된다면 우리 학교 학생들의 상황을 고려한 방법을 생각하고 보완하여 진행하고자 한다.

마지막으로 어려웠던 점은 모국어가 아닌 다른 언어로 쓰인 학생들의 글에 대해 피드백을 즉각적으로 주는 것이 정말 어려웠다. 영어에 대한 언어적 감각과 직관력이 부족하기 때문이라고 생각한다. 그래서 계속 공부를 해야 하는 사실이 마음을 무겁게(?!) 만든다. 해당 수업을 진행하면서 어려웠을 때는 정말 감사한 동교과 선생님의 도움과 영어 작문에 도움이 되는 문법 검사 기능을 제공하는 웹사이트들을 활용하였다.

해당 프로젝트 수업을 돌아보니 만족스러웠던 부분보다 보완하고 아쉬웠던 부분이 더 많았다는 점이 슬프지만 그래도 중간에 포기하지 않고 끝까지 완수했다는 작은 성취감을 느낄 수 있었고 앞으로 다가올 수업에서 프로젝트 수업에 대한 이론과 실제를 더 학습하여 학생들에게 좀 더 나은 수업을 제공하고 학생들의 성장에 도움이 될 수 있도록 힘써보고자 한다.

영어 작문과 문법 검사에 도움이 되는 웹사이트

https://quillbot.com/

https://www.grammarly.com/

https://www.engram.us/ko/grammar-check/

K-도시락 프로젝트

강은영 천안중앙고등학교

생활의 감성을 가꾸는 은영쌤의 교실

'기술·가정' 교과는 우리나라 입시 현실에서 수능 과목이 아니라는 이유로 때때로 설움을 당하는 교과목 중 하나이다. 1주일에 2시간, 2시간 중에서도 1시간은 가정, 1시간은 기술로 나뉘어 운영되는 과목으로 인문계 고등학교에서는 비주류로 불린다. 그러나 팍팍한 현실 속에서 다양한 활동이 살아 있는, 실습으로 꽃피울 수 있는, 아이들에게 감히 '힐링 과목'이라고 불리기도 하는 참으로 행복한 교과이기도 하다.

가정 과목은 생활의 전반적인 분야를 다루고 있다. 어떤 생활방식이 자신에게 쾌적한지 알아내고, 쾌적하게 살기 위한 실질적인 방법을 체득하는 과목이라고 할 수 있다. 먹는 것, 입는 것, 일하는 것, 쉬는 것 모두가 생활이며 개개인이 쾌적하다고 생각하는 생활의 기준은 모두 다르다. 따라서 우리네 삶에서 자신에게는 쾌적하지만 타인에게는 불쾌할 수도 있음을 고려할 만한 '감성'이 필요하다. 다시 말하면 자신의 생활을 꾸려가는 것 외에도 사회 속에서 남과 더불어 살아가는 힘을 길러야 한다는 것이다. 나와 만난 아이들이 생활의 감성을 가꿔 풍요로운 인생을 살아나가길 바라며 나의 수업 'K-도시락 프로젝트'를 시작하였다.

디자인 씽킹과 요리 실습을 접목한 생활 감성 한 스푼!

요리 실습을 떠올리면 단순히 '먹고 노는 시간'이라는 인식이 자리 잡혀 있는 아이들을 위해 요리 실습 과정이 포함된 제대로 된 프로젝트를 해보고 싶었다. 단순히 먹는 것으로 끝나는 게 아니라 시장 조사, 타깃 설정, 메뉴 개발 보고서, 푸드 스타일링, 상품 설명회까지 연결한 대대적인 실습 프로젝트를 기획해보고자 했다. 최근 대한민국의 한류 열풍이 국제적으로 확산되면서, K-Pop을 중심으로 K-Drama, K-Food 등 한국문화의 위상이 날로 높아지고 있다. 한국 음식을 칭하는 K-Food의 맛과 멋을 찾기 위해 한식당을 찾는 외국인들이 늘고 있고, 2021년 기준 K-Food 수출액은 사상 최초로 100억 달러를 돌파했다. 이러한 자부심에 힘입어 '가정' 수업과 'K-Food' 열풍을 연결하는 수업을 기획하게 되었다. 내가 근무하는 학교는 충청남도 아산시에 있는 꽤 큰 규모의 여자고등학교이다. 여학교 특성상 희망하는 전공 분야가 생활과학 영역과 많이 맞닿아있다. 유·초·중등 교사를 비롯하여 식품·영양, 패션·디자인, 주거 공간·건축, 소비·마케팅, 지속가능·환경 등 가정 교과와 진로를 연계할 수 있는 지점이 많다. 그래서 식생활 단원의 내용을 단순 암기하고 지나가는 것이 아니라 다양한 관심 분야들과 연계하여 문제를 해결해나가는 경험을 하게 해주고 싶었다. 식생활 문화의 강점과 약점을 파악하여 더 나은 문화로 성장할 수 있도록 성찰하는 것은 행복한 가정생활 문화를 창조하는 기초이다. 이에 한국인의 밥상 위에 담긴 전통 식문화를 이해하고 강점과 약점을 반영하여 'K-도시락 메뉴 개발'로 수업을 이어가고자 하였다. 이 과정에서 시장 조사 및 타깃 설정, 식품군 분석, 푸드 스타일링, 환경을 생각한 뒤처리 방안 등 종합 예술(?)로 거듭난 '요리 실습' 경험을 할 수 있길 바라는 욕심 가득한 수업이었다. 특히 한식의 우수성을 담되, 한식에 대한 거부감이 있는 외국인들을 대상으로 문제해결 역량을 펼쳐보길 바라는 마음을 담아 탐구 질문은 "외국인들에게 매력적인 K-도시락을 어떻게 제작할 수 있을까?"로 정하였다. 스탠포드 D.School의 디자인씽킹 프로세스를 적용하여 문제해결력을 키우는 수업을 구상하였다. 디자인씽킹은 인간에 대한 공감과 이해를 바탕으로 유연한 사고를 통해 문제에 대한 창의적인 해결책을 제시하는 것이다. D.School의 디자인씽킹 프로세스는 5단계로 공감(Empathize), 정의(Define), 아이디어(Ideation), 프로토타입(Prototype), 실행 및 평가(Test)로 진행된다. 아이들이 삶과 연계된 문제에 공감하는 경험을 통해 반성하고 성찰하는 계기를 가지길 바랐으며, 수업 과정에서 협력적 문제해결 경험을 통해 배움의 희열을 느껴보길 바랐다. 특히 삶의 필수 요소지만 어쩌면 경시되고 있는 '먹는 것'에서 그 아이디어를 찾고자 하였다.

프로젝트 개요

K-도시락 프로젝트		
과목 기술 · 가정	학년 고등학교 1학년	기간 9차시

핵심 가치
- 당면한 문제에 공감하고 문제점을 해결하기 위한 아이디어를 제안한다.
- 아이디어를 실현하기 위한 프로토타입을 제작하고 평가한다.
- 실천적 문제해결 전반의 과정에서 생활자립 능력, 관계형성 능력을 기른다.

성취기준
[12기가02-01] 한식의 우수성과 다른 나라의 식생활 문화를 이해하고 현대의 식생활과 접목한 음식을 만들어 건강한 식생활을 실천한다.

탐구질문
외국인들에게 매력적인 K-도시락을 어떻게 제작할 수 있을까?

프로젝트의 흐름
1~3차시: 한식의 우수성을 학습하고, 한국 식품 기업의 해외 진출 사례를 탐구한다.
4차시: K-도시락 프로젝트의 탐구질문과 디자인씽킹 프로세스에 대해 이해한다.
5차시: 한식이 가진 한계점을 조사하고 세계화를 위한 한식의 한계점 극복 방안 아이디어 그룹핑 활동을 한다.
6차시: K-도시락 제작을 위한 메뉴 개발 보고서를 작성한다.
7~8차시: 모둠별로 재료 구입, 조리 실습, 실습 후 마무리 과정을 거친다.
9차시: 상품 설명회를 가지고 전체 활동을 성찰한다.

주요 결과물
개인 결과물: 메뉴 개발 보고서
모둠 결과물: 조리 실습을 통한 K−도시락 작품

채점기준표

평가 요소	채점 기준(점수)		
	탁월한 수준 (20)	기준에 근접한 수준 (15)	노력이 더 필요한 수준 (10)
디자인씽킹 보고서	문제 발견, 문제 해석, 창의적 아이디어 발상 과정을 90% 이상 분량의 개연성 있는 보고서로 작성함.	문제 발견, 문제 해석, 창의적 아이디어 발상 과정을 90% 미만, 70% 이상 분량의 개연성 있는 보고서로 작성함.	문제 발견, 문제 해석, 창의적 아이디어 발상 과정을 70% 미만 분량의 보고서로 작성함.
K−도시락 구성	①한식의 한계점 극복, ②영양적 균형, ③심미적 표현을 모두 만족하는 작품을 시각적으로 표현함.	①~③ 중 2가지 조건을 충족함.	①~③ 중 1가지 이하의 조건을 충족함.
K−도시락 제작	①대상의 적절성, ②재료 선택의 효율성, ③창의적 특징을 반영한 작품 기준을 모두 충족함.	①~③ 중 2가지 조건을 충족함.	①~③ 중 1가지 이하의 조건을 충족함.
실습 과정	①위생적인 조리 진행 과정, ②재료 분량의 적정성, ③위생복 착용 및 청소상태를 모두 만족함.	①~③ 중 2가지 조건을 충족함.	①~③ 중 1가지 이하의 조건을 충족함.
자기평가 및 활동 참여도	①자신 수행 수준을 평가한 후 앞으로 해야할 일을 구체적으로 작성할 수 있으며, ②프로젝트 전 과정에 빠짐없이 참여함.	①과 ② 중 1가지 조건을 충족함.	자기평가 및 활동에 참여하지 않음.

수업 속으로

프로젝트 전체 흐름

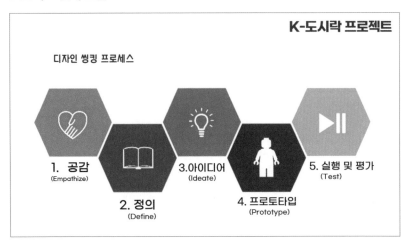

[1단계: 공감하기]

도입 활동

　코로나19와 함께 중학교에 다닌 우리 아이들은 제대로 된 실습수업은 커녕 모둠 활동 경험도 전무하다시피 했다. 그래서 프로젝트 수업의 결과물이 요리 실습으로 귀결된다는 사실만으로도 눈이 반짝반짝해지는 고마운 아이들이었다. 따로 프로젝트 수업 속으로 꾀어내는 작업은 필요 없었지만, 프로젝트 주제와 관련한 영상 콘텐츠들을 도입자료로 함께 보았다. tvN '현지에서 먹힐까'와 '윤식당', KBS '백종원 클라쓰' 등 한식을 접한 외국인들의 다양한 반응들을 편집한 영상을 통해 한식의 호불호 모습을 보며 소감을 나눴다. 특히 유튜브 채널 '영국남자'의 콘텐츠인 '한국 급식을 처음 먹어본 영국 중학생의 반응'과 유튜브 채널 '코리안브로스'의 콘텐츠 '청국장을 처음 먹어 본 외국인의 반응'을 깔깔거리며 시청했다. "청국장을 발 냄새가 난다고 표현하다니, 청국장이 얼마나 구수한데!", "멸치를 작은 생선이라고 하네? 나도 멸치 싫어하긴 해." 등 각자의 귀여운 음식 취향을 밝혀보았다. 한식이 우수하다는 사실은 익히 들어 알고 있지만, 실제로 한식의 어떤 면이 우수하다는 것인지, 한식이 현지 외국인들에게는 어떤 반응인지, 외국 시장에서 우리가 흔히 먹는 '피자', '파스타'처럼 인기를 얻으려면 어떻게 해야 할지에 대한 다양한 질문들을 던지면서 프로젝트의 세계로 빠져드는 순간이었다.

모둠 구성 및 팀 빌딩 활동

본격적인 프로젝트 활동을 위해 모둠을 구성했다. 진로 연계성을 고려하여 모둠을 구성하였으며 식품 · 영양, 경영 · 경제, 문화 · 예술, 환경 · 공학, 교육 등 커다란 카테고리로 묶어 5~6인 한 조로 모둠을 구성하였다. 모둠 구성 시 3~4명이 가장 이상적이지만 실습을 하려면 실습실의 조리대 숫자를 고려해야 하므로 5~6인이 한 조가 될 수 있도록 구성하였다. 모둠원들끼리 만났으니 이제 친해질 차례이다. 본인이 이 직업에 관심을 갖게 된 계기를 서로 소개하고, 각자의 MBTI에 대해 이야기해보는 시간을 가졌다. 비슷한 직업을 꿈꾸는 학생들끼리 의외로 비슷한 MBTI 유형이 많다는 것을 발견하며 서로 키득키득 대는 모습이 얼마나 귀여웠는지 모른다.

모둠 안에서 모둠명을 정하고 함께 의미를 찾아가는 작업을 하였다. 모둠 활동의 성패를 좌우하는 모둠 역할을 분담하는 시간이다. 모둠 역할은 리더, 발표자, 기록자, 메인 셰프, 디자이너로 그 역할을 나누어 자신 있는 역할을 맡고 포부를 밝히는 시간도 가진다. 그 외에도 모둠원들 간의 아이스브레이킹을 위해 모둠별 극강의 단합력을 높여주는 교실 게임을 통해 모둠 결속력을 높이는 시간을 가졌다.

문제해결을 위한 기본 배경 지식을 확장하기 위해 식생활 영역에서 가장 기본이 되는 영양소와 식품군에 대해 공부하는 시간을 가졌다. 중학교 기술·가정 시간에 배운 내용들을 복습하고 영양소와 식품군의 차이에 대해 활동지를 활용하여 정리하였다. 또한 아이들이 사랑해 마지않는 실제 우리 학교 급식 식단을 분석해보며 균형 잡힌 식단이란 어떤 것인지에 대해서도 공부하였다.

다음으로 한식의 우수성을 탐구하기 위해 직소(Jigsaw) 모형을 활용하여 협동학습을 운영하였다. 한식의 우수성에 대해 건강, 발효, 조리법, 식재료, 풍습 등의 소주제로 나누어 모둠 안에서 소주제를 분담하게 하고, 각 집단에서 같은 소주제를 담당할 학생들이 별도로 모여 전문가 집단을 형성하였다. 소주제별 전문가들은 한식의 우수성에 논리적 근거가 뒷받침될 수 있도록 자료 조사를 하고 함께 학습한 후 본래 모둠으로 복귀하여 다른 구성원들에게 내용을 가르치도록 하였다. 협동학습 후 교사가 오개념을 잡아주고, 다시 한번 강조되어야 하는 내용을 추가 지도하며 배경 지식을 꼼꼼히 확장해 나갔다.

또한 모둠별로 한국 식품 기업의 해외 진출 사례를 탐구하여 발표할 수 있도록 하였다. CJ의 '비비고' 브랜드 성공 사례, MBC '무한도전'의 비빔밥 프로젝트, 뉴욕을 사로잡은 '한식 도시락 팝업 스토어' 등 다양한 아이디어들을 발표하였다. 차곡차곡 쌓인 배경지식 위에 다양한 아이디어들이 확장되면서 세상을 바라보는, 한식을 바라보는 아이들의 눈이 번쩍 뜨이고 있었다.

3차시의 기나긴 배경지식 토대 위에 우리 프로젝트 수업의 큰 줄기인 탐구 질문을 소개했다. '외국인들에게 매력적인 K-도시락을 어떻게 제작할 수 있을까?'라는 탐구 질문을 소개하고 매 차시 수업 시작 시 큰 소리로 읽어보며 우리의 최종 목표를 주지시켰다.

앞으로 우리의 K-도시락 프로젝트가 어떻게 진행될 것인지 프로젝트 로드맵을 소개하였고, 우리가 도출해 낼 결과물에 대해 안내하였다. 특히 우리 프로젝트의 방법론적 줄기가 될 디자인씽킹에 대해서 이해하는 시간이 필요하였다. 디자인씽킹의 개념, 디자인씽킹이 가지는 강점, 디자인씽킹의 사례들을 소개하였다. 디자인씽킹을 활용하여 잔반 줄이기 프로젝트를 수행한 중학생들의 '무지개 식판 프로젝트' 영상을 함께 보는 시간도 가졌다. 급식 잔반의 양을 보고 음식물 쓰레기 문제의 심각성을 느낀 서울의 한 중학생들이 배식 양을 스스로 조절할 수 있는 식판을 디자인하는 과정을 그린 영상이었다. 거창한 디자인이 아니라 식판에 줄을 그어 밥, 반찬을 정량으로 담을 수 있도록 하고, 가벼운 재질을 써서 음식의 무게를 느낄 수 있도록 제작된 식판이었다. 영상을 보면서 디자인씽킹이 커다란 기업에서 수행하는 거창한 프로세스가 아닌 소소한 출발이며, '우리도 할 수 있다.'는 마음을 심어주었다.

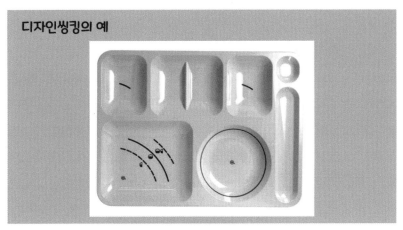

디자인씽킹의 예

무지개 식판 프로젝트

[2단계: 정의하기]

아이디어 그룹핑 활동

'우리 한식이 이렇게나 우수한데 왜 이탈리아의 피자, 인도의 카레, 일본의 초밥처럼 대중화가 되지 않은 걸까?'라는 궁금증을 갖고 역으로 한식의 한계점을 살펴보기로 하였다. 모둠별로 외국인들이 가지고 있는 한식에 대한 편견 및 한계점을 각자 포스트잇에 붙여보며 아이디어 그룹핑 활동을 하였다. 포스트잇 1장에 1개의 아이디어를 쓰고, 최대한 많은 아이디어를 자유롭게 낸 후 비슷한 아이디어끼리 유목화시키는 작업을 하였다. 아이디어를 유목화하고 그에 따른 해결 방안을 찾고 가장 기발한 해결 방안을 모둠별로 발표하는 방법으로 생각을 나누었다. 아이디어 그룹핑 한 작품은 교실 벽에 부착해두고 아이들이 세부적으로 살펴볼 수 있도록 하였다.

아이디어 그룹핑 활동

[3단계: 아이디어 찾기]

메뉴 개발 보고서

자, 이제 작품 제작을 위한 메뉴 개발 보고서를 위한 아이디어를 모을 차례이다. 먼저 K-도시락을 위한 타깃 소비자를 명확히 하는 작업이 필요했다. K-도시락을 접할 소비자의 지역(국가, 문화권), 연령대, 라이프 스타일, 적정 가격대를 정하였다. 예를 들어 돼지고기를 먹지 않는 이슬람 문화권, 트렌디한 음식을 좋아하는 10대, 아침을 챙겨 먹을 시간이 없는 직장인 등 나름대로의 타깃 소비자를 선정하였다.

이 외에도 메뉴 개발 보고서를 작성할 때 충족해야할 조건은 다음과 같았다.

　　① 한식의 한계점을 극복하는 아이디어를 반영할 것

　　② 5대 영양소 및 6개의 식품군이 골고루 충족될 것

　　③ 50분 이내 조리될 수 있는 레시피로 구성할 것

　　④ 단품으로 도시락 메뉴를 구성할 것

한식의 한계점 극복을 위해 [K-도시락 메뉴 개발 보고서(예시 자료)]처럼 젓가락질이 어려운 외국인을 위한 핑거푸드 메뉴, 매운맛에 거부감이 있는 외국인을 위한 퓨전 메뉴, 여럿이서 반찬을 공유하는 위생 문제를 해결하기 위한 도시락 메뉴 등을 구성하였다. 또한 5대 영양소, 6개 식품군을 골고루 담기 위해 디저트 메뉴를 추가한다거나 재료를 빼고 더하는 과정을 통해서 영양적 균형도 이룰 수 있도록 지도하였다. 도시락 플레이팅을 위해 색감이나 디자인 구성까지 신경을 쓰는 꼼꼼한 모습에 아이들을 향한 흐뭇한 미소가 절로 지어졌다.

K-도시락 메뉴 개발 보고서			
모둠명	1급 유리 서바이벌		
K-도시락 명칭	날아라 쌈밥		
타깃	지역(국가/문화권)	연령대	라이프 스타일	가격대
	미국	2~30대	바빠서 아침을 챙겨 먹기 힘든 직장인	7,700원
시안	그림		식품군 / 주요 영양소 표시
			밥: 곡류 / 탄수화물 김치: 채소류 / 비타민, 무기질 차돌박이: 고기 · 생선 · 달걀 · 콩류 / 단백질 곶감: 과일류 / 비타민, 무기질 호두: 고기 · 생선 · 달걀 · 콩류 / 단백 질 / 탄수화물, 지방 크림치즈: 우유 · 유제품류 / 무기질
재료 및 분량	씻은 묵은지 3장, 밥 1공기, 차돌박이 100g, 들기름 1큰술, 소금 약간, 통깨 약간, 곶 감 3개, 호두 5알, 크림치즈 20g		
예상 소요시간	40분		
만드는 법	1. 묵은지를 흐르는 물에 씻어내고, 물기를 꼭 짜준다. 2. 밥 1공기에 들기름 1큰술, 소금을 약간 넣고 통깨를 솔솔 뿌려준다. 3. 차돌박이를 프라이팬에 노릇노릇 구워준다. 4. 펼친 묵은지 위에 차돌박이를 펼쳐주고, 알맞게 밥을 올려준 후 돌돌 말아준다. 5. 곶감의 꼭지와 씨를 제거하고 옆면을 잘라 얇게 펼쳐준다. 6. 랩 위에 3개의 곶감을 일렬로 세워 정렬하고 그 위에 크림치즈, 호두 순으로 올 려준다. 7. 곶감 말이의 재료들을 돌돌 말아 랩으로 감싸준다. 8. 10분 정도 냉동보관 후 예쁘게 잘라 플레이팅한다.		
특징 (한식의 우수성, 한계점 극복 아이디어, 심미적 특징 등 소개글 작성)	매운 음식에 대해 거부감이 있는 외국인의 마음을 사로잡기 위해 묵은지를 씻어 매 운기를 뺀 쌈밥을 개발하였습니다. 또한 젓가락 사용이 어려운 외국인들을 위해 핑 거푸드로 식사할 수 있도록 메뉴를 구성하였습니다. 영양적 균형을 위해 한식 디저 트인 곶감말이를 곁들여 바쁜 미국의 직장인들을 위한 한 끼 식사로 손색없는 메뉴 를 만들었습니다. 특히 5대 영양소, 6가지 식품군이 골고루 들어가도록 신경써서 영 양적 균형, 심미적 아름다움, 한식의 한계점 극복을 담은 완벽한 K-도시락을 구성하 였습니다.		

K-도시락 메뉴 개발 보고서 활동 학생 사례

다음 단계에서는 본격적인 상품화에 앞서 요리 실습을 통한 프로토타입을 제작하게 된다. 프로토타입(Prototype)이란 본격적인 제품 개발, 생산에 앞서 검증과정을 거치기 위한 시제품을 의미한다. 이에 프로토타입 제작에 앞서 실습 가능성 체크리스트를 제공하고 실습 실현 가능성에 대해서도 체크해보도록 하였다. 실습비는 모둠별로 5만 원을 지원하며, 기본 양념류나 조리 도구, 위생 소모품은 학교에 준비되어 있음을 공지하였다. 모둠별 역할에 충실하게 '리더'가 모둠 활동의 사회자가 되고, '기록자'는 활동 내용을 꼼꼼히 기록하였다. 또한 '메인 셰프'는 실습 가능성 체크 및 레시피 구안, '디자이너'는 푸드 스타일링 전략을 세우는 등 각자의 역할에 흠뻑 빠져서 모둠 활동을 해나가는 모습이 너무 대견스러웠다.

비계 제공 및 아이디어 개선하기

메뉴 개발 보고서를 작성하면서 고려해야 할 조건들이 많아 어려움을 토로하는 모둠들이 있었다. 요리를 처음 해보는 학생부터, 도대체 불고기를 익히는 데 몇 분이 걸리는지 질문하는 아이, 호두는 어느 식품군에 해당하는지, 도시락 가격을 얼마에 판매해야 적정한지 등 다양한 질문이 쏟아졌다. 학생들이 스스로 도움이 필요하다는 사실을 깨닫고 요청해 올 때 교사의 역할은 빛나기 마련이다. 참고할 수 있는 레시피 자료를 검색하는 방법부터 다양한 식생활 지식을 쏟아내며 모둠에서 모둠으로 엄청난 순회공연을 펼치며 아이들에게 비계 제공을 하였다.

이렇게 1차 완성된 메뉴 개발 보고서를 업그레이드시키기 위해 비평하고 개선하는 활동을 가졌다. 결과물을 수정하고 필요한 지식과 기능들을 익히는 이 시간이 프로젝트의 핵심이자 실제적 배움이 일어나는 과정이라고 생각한다. 모둠별로 작성한 메뉴 개발 보고서와 실습 가능성 체크리스트를 펼쳐놓고 실제 실습을 위한 가능성을 타진해보며 본인들의 보고서를 견고히 하는 작업을 하였다. 실제 시장에서 재료 가격은 어떻게 되는지, 식재료는 언제 · 누가 · 얼마나 구입할 것인지, 조리 시간은 적정한지, 푸드 스타일링을 위해 어떤 색의 식기를 사용해야 음식을 돋보이게 할지 등 구체적인 계획을 세우며 실제성에 한 발 한 발 다가가고 있었다.

[4단계: 표현하기]

실습 사전 작업

요리 실습은 방심하는 순간 안전사고와 직결되기 때문에 사전 안전 교육이 매우 중요하다. 실습실 모둠 배치 및 동선 안내, 불과 칼 사용 안내, 마스크 착용 및 기타 위생 점검을 강조 또 강조하였다. 혹시 모를 사고에 대비한 구급상자를 구비하고 모둠 리더들을 필두로 안전에 대한 교육을 단단히 하였다.

행정실의 협조를 받아 모둠별 5만 원의 실습 지원비를 사용할 수 있도록 지역 대형 마트를 섭외하고, 재료 구입증을 모둠 리더들에게 배부하였다. 아이들은 재료 구입증을 가지고 가서 식재료를 구입하고 영수증을 챙긴다. 실습을 마친 후 교사는 영수증을 정리해 마트로 가서 일괄 결제한다. 이 과정이 나에게는 번거롭고 까다로운 일이었지만, 아이들이 계획에 맞게 식재료를 비교하고 꼼꼼히 따져보며 구입해보는 실제 경험들을 해보길 바랐다. 이런 경험들이 아이들에게 삶의 자립 역량을 길러주리라. 장을 봐온 아이들은 내 얼굴을 보자마자 "요즘 물가가 왜 이렇게 비싸요? 몇 개 안 담았는데 예산을 초과할 뻔했어요.", "봉툿값을 아끼려고 에코백을 챙겨갔어요. 저 잘했죠?", "원하는 식재료가 없어서 제철 재료로 구입했는데, 괜찮을까요?" 등의 기특한 반응들을 보였다. 물론 중간에 영수증을 분실한 학생, 이미 공지한 공통 양념류를 중복해서 사 온 학생 등 머리 아픈 사건들도 있었지만, 인생은 크고 작은 갈등의 연속이라는 것을 나와 학생들이 함께 배워나가는 시간이 되었다. 이렇게 11개 학급의 실습을 위한 준비는 끝났고 이제 정말 실전만 남았다.

프로토타입(시제품) 제작하기

메뉴 개발 보고서를 바탕으로 모둠별로 야심 차게 준비한 메뉴들을 조리해나가기 시작했다. 모둠의 '메인 셰프'를 필두로 재료를 씻고 다듬고, 크기에 맞게 썰어내고, 지지고 볶고 하는 과정들을 수행해나갔다. 교사는 학생들의 사전 위생 준비, 조리 과정, 플레이팅, 뒤처리 등의 과정들을 체크하였다. 특히, 자원 절약을 위해 음식물 쓰레기를 가장 조금 배출한 팀에게는 가산점을 부여한다는 조건을 내걸고 실습을 시작하였더니 재료를 야무지게 사용하고 음식물 쓰레기 줄이기에 혈안이 된 모습을 보였다. 다시 생각해봐도 아주 좋은 전략이었다는 생각이 든다.

50분의 실습 시간은 정말 빠르게 흘러갔고, 정해진 도시락 용기에 창의적 푸드 스타일링을 하기 시작했다. 모둠의 '디자이너'가 완성 작품을 위해 최종 플레이팅하고 작품 사진 촬영을 하였다. 10대들의 감성으로 K-도시락 내용물을 스타일링 하고, 그뿐만 아니라 테이블 디자인, 식기 디자인까지 신경 쓰는 진짜 푸드 스타일링의 정수를 보여주었다.

K-도시락 프로토타입 제작

[5단계: 평가하기]

상품 설명회

완성 작품 사진을 패들렛에 공유하고 모둠의 '발표자'가 청중들에게 상품을 설명하는 시간을 가졌다. 앞에 나와 모둠 이름과 모둠 구성원들을 소개하고, 모둠별 K-도시락 명칭을 공개하였다. 본인들이 설정한 타깃 소비자를 밝히고 반영한 한식의 한계점 극복 아이디어, 포인트를 준 중점 아이디어를 발표하였다. 학급 친구들이 직접 만든 작품이라고 생각하니 아이들 모두가 집중해서 발표를 들어주었으며 서로에게 아낌없는 박수를 보내주었다. 교사 개인적으로는 적은 수업 시수를 갖고 실습까지 연결하느라 시간표 조정, 모둠 리더들과 사전 미팅 등 나름의 우여곡절이 많았다. 더 많은 시수의 수업 시간이 허락됐다면 실습 전에 브랜딩 로고 디자인을 하거나, 프로토타입 피드백을 반영하여 상품의 완성도를 끌어올리는 재실습 시간을 가졌으면 좋았을 것이라는 아쉬움이 남기도 한다.

그러나 우리는 서로의 K-도시락 상품 설명회를 경청하고 뜨거운 성찰과 축하의 시간을 가지며 곧 있을 시식 시간을 앞두고 세상 행복한 표정을 짓고 있었다.

시식하고 피드백 남겨주기

모둠 내에서 먼저 시식 시간을 가졌다. 메뉴 개발 보고서대로 조리가 되었는지, 도시락 한 끼 분량으로 적당한지, 예상 시안처럼 푸드 스타일링이 되었는지 등을 평가하면서 모둠별로 성찰의 시간을 가졌다. 이후 개인 평가지에 자신의 활동을 스스로 평가해보고, 모둠 활동에 기여도를 체크하였다. 그리고 이번 활동을 통해 새롭게 배운 내용과 인상 깊었던 내용, 내가 배운 것들을 나의 삶에 어떻게 활용할 것인지, 어려움을 느낀 순간과 극복 과정을 프로젝트 평가지에 기록하도록 하였다.

K-도시락 프로젝트 평가지			
나의 활동을 스스로 평가해본다면? 그렇게 평가한 이유는 무엇인가요?	★★★★☆		
	나는 우리 모둠의 '메인 셰프'로서 친구들이 낸 도시락 아이디어를 최대한 실현시키기 위해 레시피를 정말 많이 탐구하였다. 그리고 실습 과정에서 모둠원들에게 역할을 적절히 분배하여 시간 내 프로토타입 제작을 했던 것이 가장 뿌듯하다.		
모둠 활동에 큰 기여를 한 모둠원은 누구인가요?	유형	이름	구체적인 활동 내용
	모둠 활동을 잘 이끌어간 친구	김○○	모둠의 리더로서 아이디어를 낼 때 가장 적극적으로 진행하였고, 말할 기회를 골고루 제공하였다.
	이야기를 귀담아 들어준 친구	손○○	우리 모둠에서 유일하게 I인 친구였는데 처음엔 소극적이라고 생각했지만 이야기를 누구보다 잘 경청해주고 있었다.
	중요한 아이디어를 제시한 친구	이○○	6개 영양소를 맞출 때 과일류랑 우유·유제품류가 부족해서 고민하고 있었는데 크림치즈 곶감말이 아이디어를 내줬다.
	실습 때 중요한 역할을 한 친구	정○○	보조 셰프로서 누구보다 나를 잘 도와주었고, 음식물 쓰레기 정리 등 궂은일을 도맡아 해줘서 고마웠다.
이번 활동을 통해 새롭게 배운 내용과 인상 깊었던 내용은 무엇인가요?	한식을 떠올리면 한식은 무조건 좋고 우수하다는 생각만 했었는데, 생각을 전환하는 계기가 된 것이 충격적이었다. 한식도 분명히 단점이 있을 텐데 그것을 보완하는 아이디어를 낸 게 인상 깊었고, 디자인씽킹을 해본 것도 좋은 경험이었다.		

이번 활동을 통해 내가 배운 것을 나의 삶 (또는 진로)에 어떻게 활용할 수 있을까요?	어떤 문제가 닥쳤을 때 친구들과 협동하면 못해낼 것이 없다는 것이다. 각자 잘하는 분야가 다르기 때문에 서로 협업한다면 세상의 모든 문제를 해결해 나갈 수 있다는 자신감이 생겼다. 그리고 프로토타입을 제작하면서 부족한 부분도 많이 발견되었다. 이때 친구들의 피드백을 반영하여 다시 보완한다면 더 좋은 결과물이 나올 거라는 믿음이 생겼다.
이번 활동에서 어려움을 느꼈던 순간은 언제인가요? 그것을 어떻게 극복했나요?	장보기 팀을 정할 때 애들이 학원 간다고 다 바쁘다고 했을 때가 가장 절망이었다. 메인 셰프로서 책임감이 나름대로 컸는데 애들이 안 따라주는 것 같아서 속상했다. 그렇지만 서로 조금씩 양보하면서 시간 약속을 다시 잡았다. 다시 돌아보면 부모님 없이 우리끼리 마트에 장 보러 갔던 게 가장 기억에 남고 재미있었다.

K-도시락 프로젝트 성찰 활동 학생 사례

개인 및 모둠 성찰 시간을 어느 정도 가진 후 다른 모둠을 순회하며 시식 시간을 가졌다. 도시락 컨셉에 대한 질문부터 레시피 방법 공유, 맛 평가 등 다양한 모둠별 피드백이 오고 갔다. 교사가 피드백 모범 답안을 선공개한다거나, 활동지에 기록하여 검사 맡는다거나 하지 않더라도 프로젝트 전 과정에서 함께 공감하고 실제 부딪히며 당면한 문제를 해결해나갔기 때문에 꽤 진정성 있는 피드백이 오고 갔다. "숟가락과 젓가락 사용을 위한 안내 자료를 도시락과 함께 동봉해준다면 우리나라 문화를 알릴 수 있는 계기가 될 것 같다.", "하와이의 포케와 우리나라의 비빔밥이 만나다니, 정말 기발한 아이디어인데?", "내가 외국인이라면 쌈장 맛이 너무 나서 거부감이 들 수 있을 것 같아. 간장 소스를 개발해보면 어떨까?" 등 흡사 10대 백종원이 된 것만 같은 열린 피드백들이 자발적으로 오고 가는 장면을 수업 속에서 발견하였다.

다시 본래 모둠으로 돌아와 9차시의 K-도시락 프로젝트를 마무리하며 서로의 소감 및 소회를 밝히고 기념사진 촬영 및 서로를 따뜻하게 안아주는 마무리 시간을 가졌다.

상품 설명회

수업을 마치며

사랑하는 아이들과 함께하는 열정 감성 두 스푼!

"선생님, 왜 사서 고생을 하세요?" 누군가가 나에게 말했다. 물론 실습수업은 수업 전, 수업 중, 수업 후까지 교사의 손길이 닿지 않으면 완성될 수 없다. 대한민국 가정과 선생님들은 다 이해하겠지만, 특히 요리 실습의 경우 교사들의 무한 체력을 요구하는 막노동(?)에 가깝다. 그럼에도 불구하고 아이들의 진심으로 행복해하는 미소, 종알종알거리는 수업 대화 소리,

눈빛이 번뜩이며 배움이 일어나는 그 순간들을 나는 사랑한다. 이게 바로 내가 프로젝트 수업을 사랑할 수밖에 없는 이유다.

우리는 삶 속에서 경험한 것은 생생하게 기억한다. 학창 시절 수없이 외운 수학 공식은 희미해졌지만, 수년 전 다녀온 여행에서 느꼈던 기분은 바로 어제 일처럼 말할 수 있는 것처럼 말이다. 그래서 나는 학생들이 학교 현장 속에서 수업을 하나의 인생 경험으로 인식하길 바란다. 그래서 인생을 살아가면서 직면하게 될 크고 작은 실생활의 문제들을 지혜롭게 헤쳐나갈 힘을 기르길 바란다. 특히 우리 가정 교과가 학생들에게 실천적 경험을 제공하여 자기 주도적인 삶, 행복하고 건강한 생활을 영위할 수 있는 힘, 타인과 더불어 살아가기 위한 생활 감성을 기르는 데 도움이 되기를 간절히 바란다.

수많은 프로젝트 수업의 사례들을 공부하며 앞서가는 선배 교사들을 동경하는 마음과 동시에 '역시 프로젝트 수업은 어려워.', '과연 내가 잘해낼 수 있을까?'라는 무서움이 앞섰던 나의 첫 프로젝트 수업이 생각난다. 완벽함보다는 부족함으로 점철된 모자란 교사일지라도 사랑하는 나의 아이들을 위해 우당퉁탕 은영쌤의 프로젝트 수업 도전은 계속될 것이다. 쭈욱.

고3, 지속가능한 식생활 프로젝트

유희수 충남삼성고등학교

내 수업의 브랜드 이름은 'PBL, 하브루타 수업으로 식품과 영양 수UP하자'이다. 나는 이 이름을 가지고 삶과 연결된 실제성 있는 수업, 학생 주도성이 발현되는 좋은 수업을 하고 싶다.

"좋은 수업은 민주적인 수업 문화의 틀 아래서 교육 본연의 과제에 기초하여 성공적인 학습동맹이라는 목표를 가지고 의미의 생성을 지향하면서 모든 학생의 능력의 계속적인 발전에 기여하는 수업이다"(Hilber Myer, 2004)라는 말처럼 내 수업을 통해 모든 학생의 능력이 성장할 수 있길 바란다.

2016년 나무학교 프로젝트팀에서 활동하며 프로젝트 수업이란 무엇이고, 어떻게 수업에 녹여낼 수 있을까를 고민하기 시작했는데, 브랜드 이름에 넣을 정도로 프로젝트 수업은 좋은 수업을 만들어 가는 나만의 수업 방법이다.

2022년 9월부터 식품과 영양 교과수업을 프로젝트 수업으로 진행하였다.

지속가능한 식생활을 하는 세계시민으로 성장하자

내가 근무한 학교는 자율형 사립고로 식품과 영양 수업에 참여하는 학생은 94명이다. 과학기술계 학생들과 다른 학과 학생들로 구성되었다. 4개 팩(반)으로 나누어 수업을 진행하였다. 나는 수업을 위해 Valenti Turn과 Stefan Kreuzberger의『무엇을 먹고 어떻게 분배할 것인가』[17]를 참고하였다.

학교 급식은 전국에서 손에 꼽을 만큼 영양 면에서 부족하지 않고, 청소년의 기호를 만족시킬 수 있는 정도였으나 급식에 대한 학부모의 글을 보면 고등학생인 자녀들이 더 건강한 음식, 영양소가 골고루 들어있는 맛있는 음식을 먹었으면 하는 기대가 있었다.

식품과 영양 수업을 고3 학생들이 자신의 식생활에 관심을 두고 건강한 식생활을 영위하기, 다른 사람도 배려할 줄 아는 식생활 영위하기, 지속가능발전과 연계하여 지속가능한 식생활을 이해하고 실천할 수 있는 힘을 기르는 수업으로 구성하고자 하였다.

지속가능한 식생활의 정의를 찾아보았다. "지속가능한 식생활이란, 환경적 영향은 낮으면서 현재와 미래 세대에게 식품과 영양을 보장하며 건강한 삶에 기여하는 식생활이다. 이는 생물다양성과 생태계를 보호하고 존중하며, 문화적으로 수용할 수 있고, 접근할 수 있으며, 경제적으로 공정하고 가격이 적정하며, 영양상으로 적절하고, 안전하고, 건강하며, 동시에 자연과 인적 자원을 최적화하는 것이다."[18]

2010년 농림축산식품부 중심으로 전개된 녹색식생활은 건강, 환경, 배려의 3대 핵심 가치를 표명하였다. 지속가능한 식생활도 같은 맥락에서 이해할 수 있다.

---

17 무엇을 먹고 어떻게 분배할 것인가?, 발렌틴 투른 저, 이미옥 역, 에코리브르 2017

18 FAO(Food and Agriculture Organization), 2010

고3 지속가능한 식생활 프로젝트		
과목 식품과 영양	학년 고등학교 3학년	기간 2022학년도 2학기

핵심 가치

- 우리 생활에서 식생활이 가지는 의미와 영양소의 기능을 이해한다.
- 자신의 식생활을 알아차리고 청소년기 영양 관리 방법을 이해하고 실천한다.
- 코로나19와 같은 위급한 사회 상황에 대처하는 식생활의 변화에 대해 이해한다.
- 지속가능한 식생활을 위해 무엇을 해야 할지 고민하고, 실천할 수 있는 해결 방안을 제안한다.

성취기준

[12식영01-01] 우리 생활에서 식생활이 가지는 의미와 영양소의 기능을 이해한다.

[12식영01-03] 건강한 식생활을 위한 요소를 이해한다.

[12식영01-04] 식사 구성안을 이용하여 균형 잡힌 식사 계획을 하는 과정을 이해하고 관련 실무에 적용한다.

[12식영03-03] 청소년기 성장·발달의 특징과 영양 관리 방법을 이해한다.

탐구질문

세계시민으로서 충남삼성고 3학년 수험생의 식생활지침은 무엇이며 지속가능한 식생활을 위해 무엇을 해야 할까?

탐구질문 후보: 내 인생의 셰프가 되려면?

충남삼성고 삼시세끼 해결하기

건강한 식생활을 위해 MZ 셰프가 알아야 할 것은 무엇인가?

프로젝트의 흐름

1~4차시: 충남삼성고 학교 급식 중 자신의 최애 음식으로 식단을 구성하여 패들렛으로 제출한다.

5~6차시: 청소년 1일 권장식단, 1일 1회 분량을 근거로 최애 식단을 분석한다.

7~8차시: 분석자료를 모둠별로 발표하고 피드백을 주고받으며 성찰한다.

9~10차시: 성찰한 것을 기초로 자신만의 식생활지침 6개 항목을 제안한다.

11~13차시: 식생활지침 제안서를 도서 내용과 연계하여 작성한 후 발표한다.

14~15차시: 가정간편식 조사 보고서를 제출한다.

16~17차시: 청소년 선호에 맞춘 밀키트를 구성한다.

18~20차시: 밀키트 제작 판매를 위한 포장디자인을 한다. (AI 그림 앱 활용)

21차시: 시중에서 판매되고 있는 밀키트를 조사한다.

22~26차시: 밀키트를 구매해 조리한다.

27차시: 밀키트 조리 후 염도와 당도 실험·실습보고서를 제출한다.

28차시: [무엇을 먹고 어떻게 분배할 것인가?] 독후활동

주요 결과물

개인 결과물: 식생활지침 제안서

밀키트 구성 및 포장디자인(AI 그림 앱 활용)

모둠 결과물: 식생활지침 발표 후 피드백하기

밀키트 구성 및 포장디자인 발표 후 피드백하기

밀키트 조리 실습 및 밀키트 염도와 당도 실험실습 보고서 제출하기

채점기준표

평가 요소	채점 기준(점수)		
	잘함(20)	보통(15)	노력 필요(10)
자신만의 식생활지침 제안서를 작성하는가?	① 자신의 식생활을 분석하고 문제점을 발견하는가? ② 더 건강한 식생활을 위한 자신만의 식생활지침 제안서를 작성하는가? ③ 모둠별 발표를 잘하는가?	①, ②, ③ 중 두 가지의 조건을 지키며 식생활지침 제안서를 작성하고 발표하는가?	①, ②, ③ 중 한 가지 이하의 조건을 지키며 식생활지침 제안서를 발표하는가?
도서 연계하여 식생활지침 제안서 발표문을 작성하는가?	도서를 읽은 후 내용을 인용하여 자신의 식생활지침 제안서 발표문을 작성하는가?	도서를 읽은 후 내용 이해가 부족하지만, 내용을 인용하여 자신의 식생활지침 제안서 발표문을 작성하는가?	도서를 읽은 후 내용을 이해하지 못했지만, 내용을 인용하여 자신의 식생활지침 제안서 발표문을 작성하는가?
가정간편식에 대한 조사보고서를 작성하는가?	가정간편식의 종류, 소비현황, 성장 가능성 등의 내용으로 보고서를 작성하는가?	가정간편식의 종류, 소비현황, 성장 가능성 중 2가지의 내용으로 보고서를 작성하는가?	가정간편식의 종류, 소비현황, 성장 가능성 중 1가지의 내용으로 보고서를 작성하는가?
청소년의 기호에 맞는 밀키트를 구성하는가?	청소년의 기호, 식품의 궁합, 판매 가능성 등 3개 요소를 갖춘 밀키트를 구성하고 구성 이유를 밝히는 학습지를 작성하는가?	청소년의 기호, 식품의 궁합, 판매 가능성 중 2개 요소를 갖춘 밀키트를 구성하고 구성 이유를 밝히는 학습지를 작성하는가?	청소년의 기호, 식품의 궁합, 판매 가능성 중 1개 요소를 갖춘 밀키트를 구성하고 구성 이유를 밝히는 학습지를 작성하는가?
밀키트 포장디자인을 AI 그림 앱을 활용하여 디자인하고 포장지를 제작하는가?	AI 그림 앱을 활용한 밀키트 포장디자인, 조리 방법이 제시된 주목성 있는 디자인으로 포장지를 제작하는가?	AI 그림 앱을 활용한 밀키트 포장디자인, 조리 방법을 제시하였으나 주목성이 부족한가?	AI 그림 앱을 활용한 밀키트 포장지를 제작하기 어려운가?

수업 속으로

도입 활동

식품과 영양 교과는 3학년 2학기 선택과목 중 하나이다. 수업 첫 시간에 학생들에게 물었다. "왜 식품과 영양 수업을 선택했습니까?" 수업에 대한 학생들의 기대치를 알고 싶었다. "식단을 구성하는 방법을 배우고 싶다. 요리하고 싶다.", "식품과 영양이 실제 생활, 또는 진로 관심 분야에 더 적합하다고 판단하였다. 수업을 통해 식품에 대한 기본적인 지식 정도는 알아가고 싶다.", "식품과 영양 수업을 통해 식품학과 영양학의 기본이 되는 지식을 얻고 싶다. 배운 지식을 기반으로 하여 현대인들에게 맞는 식단을 제공해 보고 싶다.", "나의 일상생활과 식습관을 점검하고, 이를 개선할 수 있는 방법을 구체적으로 찾고 적용해 보고 싶다.", "자취할 때 도움이 될 듯하다.", "대학교의 식품영양학과에 대한 정보와 지식을 얻을 수 있을 것 같다."고 하였다. 이 질문으로 학생들은 수업에 집중할 수 있는 이유를 분명히 할 수 있었다.

프로젝트 수업과 하브루타 수업이 뭐야?

유튜브 동영상을 활용하여 '유대인 학습법 하브루타'[19]와 '프로젝트 수업(PBL)'[20]에 관한 영상을 보았다. 그리고 GSPBL(Gold Standard Project Based Learning)의 7가지 구성요소를 통해 좋은 수업이 되는 식품과 영양 교과의 프로젝트 구성요소를 알려주었다.

내 수업에서 PBL 요소가 잘 드러난 것은 7가지 구성요소 중 수업의 실제성과 학생 주도성으로 나타나는 학생의 의사와 선택권이다. 각자 자신의

---

19 https://www.youtube.com/watch?v=nttlAfVQT6w&t=8s

20 https://www.youtube.com/watch?v=uKsm81IAOE8 / https://www.youtube.com/watch?v=MvYauXdhuXA

식습관 특성을 알아차리고 자신을 위한 식생활지침을 세우는 것은 수업이 실제 삶과 연결된 실제적인 배움이라는 것을 보여주었다. 그리고 몇몇 학생의 주도성은 학습 결과물에서 잘 드러났다.

탐구질문을 만들어 보자

수업을 통해 해결해야 할 어려운 문제로 탐구질문을 만들었다. 탐구질문은 수업 목표이기도 했다. 교사가 미리 작성한 탐구 질문을 보며 수정에 수정을 거듭하고 교사와 학생이 같이 만들어 갔다. 처음에는 '내 인생의 셰프가 되려면', '충남삼성고 삼시세끼 해결하기', '건강한 식생활을 위해 MZ 셰프가 알아야 할 것은 무엇인가?' 등 몇 개 탐구질문 후보가 있었다. 이 질문들은 어렵지 않게 해결할 수 있는 쉬운 문제들이었다. 우리는 탐구질문으로 좀 더 어려운 문제가 무엇일까 생각해보았다. 우리가 생각해볼 수업은 건강뿐 아니라 다른 사람을 위한 배려, 그리고 환경까지 생각해 볼 수 있는 깊이 있는 수업이길 바랐다. 그래서 '세계시민으로서 충남삼성고 3학년 수험생의 식생활지침은 무엇이며 지속가능한 식생활을 위해 무엇을 해야 할까?'로 정하였다. 나만을 위한 식생활 탐구가 아니라 세계시민으로서 객관적이고 폭넓은 문제에 다다르고 싶었다. 그리고 지속가능한 발전과 연결하여 지속가능한 식생활을 영위하는 것은 어떻게 하는 것일까를 알아보고 싶었다. 학생들도 탐구질문을 만들어 가는 과정을 함께 했다.

학교 급식으로 자신이 좋아하는 최애 식단 작성하고 분석하기

먼저 교사는 2022학년도 1학기 급식 중 월마다 하루를 정해서 아침, 점심, 저녁 식단을 정리해서 학생들에게 제공하였다. 학생들은 자신이 좋아하는 음식으로 먹고 싶은 아침, 점심, 저녁을 자신의 최애 식단으로 구성하고 패들렛으로 제출하였다. 학생들은 자신이 먹고 싶은 음식으로 식단을 구성한다는 것 때문에 재미있어했다. 패들렛을 사용할 때 4개를 무료로 사용할 수 있어서 도움이 되었다. 그리고 청소년 1일 권장식단과 1인 1회 분량을 참고하여 자신의 아침, 점심, 저녁 메뉴를 분석하였다. 분석한 것을 글로 정리하고 발표하였는데 발표를 위한 글을 독서 연계 도서인 권기한 외 5명의 『건강을 위한 식품과 영양』[21]을 참고하여 작성하도록 하였다. 자신의 식단 분석을 통해 식습관의 문제점을 알아차리는 성찰의 글이 보였다. 곡류 섭취량이 적고 고기류 섭취량이 많다는 것과 더 건강한 식생활을 위해 우유를 섭취해야겠다는 글이 눈에 띄었다. 하지만 우유를 마시면 배가 아파서 잘 못 마시는데 그래도 건강을 위해 하루에 2회 우유를 섭취하고 싶다고 했다. 그러면서 배탈이 나지 않는 방법을 모색한다고 했다. 우유를 마시면 소화가 안 된다고 하는 학생들도 있었는데 락토프리 우유가 소화가 잘된다는 정보를 알고 좀 더 구체적으로 알아보는 학생도 있었다. 그리고 새롭게 알게 된 사실인데, 내 아들도 중학생 때 우유를 마시면 배가 아팠지만 우유를 마시면 키가 클 수 있다는 생각에 배가 아파도 마셨었다는 말을 듣고 놀랐다.

최애 식단 분석 결과 공유하기

최애 식단 분석 결과를 보고 학생들의 성찰 내용을 정리해서 수업 시간에 학생들과 공유하였다. "끼마다 다양한 음식을 섭취하겠다.", "편식 등으로 영양소 섭취가 불균형적이다.", "어머니가 챙겨 주시는 과일을 잘 먹어야겠다.", "체질적인 특징이 있어서 체질에 맞춰서 먹겠다.", "세 끼를 꼬박꼬박 챙겨 먹어야겠다.", "짠 음식과 기름진 음식을 적게 먹어야겠다.", "튀긴 것보다 구운 음식, 생채소 등을 먹어야겠다.", "건강한 식습관을 가져야겠다." 등의 의미 있는 성찰 내용이 보였다. 잘못된 식습관에 대한 반

---

21 『건강을 위한 식품과 영양』 권기한 외 5명, 백산출판사, 2017

성과 건강한 식습관에 대한 관심을 가지고 자신의 식단을 분석하였다.

식단 분석 및 성찰을 통해 식생활지침 6개 항목 제안하기

자신이 구성한 식단 성찰을 바탕으로 6개 항목의 식생활지침을 작성하고 발표했다. 교과서에도 청소년 식생활지침 6개 항목이 제시되어 있다. 그러나 학생들이 식생활지침을 세우는 것은 실제적인 의미가 있었다. 실천할 수 있는 지침을 세우며 식생활의 건강한 변화를 기대할 수 있었다. 94명의 학생이 제시한 식생활지침 중 공통된 항목을 많은 순서대로 정리하여 학생들과 공유하였다. 첫 번째는 음료보다 물을 더 마시겠다는 내용이었고, 두 번째는 아침 식사를 꼬박꼬박 챙겨 먹겠다는 내용이었다. 그리고 세번째는 짠 음식과 기름진 음식을 적당히 먹겠다는 내용이었다. 아래와 같이 성찰 내용을 학생들과 공유하였는데 모두 흥미로워했다. 이 자료는 지속가능한 식생활을 위한 건강, 환경, 배려를 기반으로 자신의 건강을 고려하는 지침을 구성한다는 점에서 의의가 크다는 것을 알 수 있다.

많은 순서	내용
1	음료보다 물을 마신다.
2	아침 식사를 꼬박꼬박 챙겨 먹는다.
3	짠 음식과 기름진 음식을 적당히 먹는다.
4	즉석식품 섭취를 줄인다.
5	각 식품군을 골고루 먹는다.
6	무리한 다이어트를 하지 않는다.

충남삼성고 3학년 학생들의 식생활지침

식생활지침 발표 및 질문

각 모둠에서 식단 지침을 발표한 후 분홍색 포스트잇으로 모둠원 3명이 질문하고 노란색 포스트잇으로 발표자가 질문에 대답하였다. 이러한 과정을 통해 모둠원은 친구의 식습관에 대해 알게 되고, 청소년기 공통된 식문화의 문제점을 공감하며, 식생활의 특징을 이해하게 된다. 피드백을 살펴보면 "영양소가 골고루 들어간 음식으로 구성한 것이 좋다.", "물을 어떻게 하루에 1L를 마실 수 있을까요?" 하고 물으니 "가지고 있는 500mL 물병으로 하루 2번 마시겠다."고 답했다. "청소년기와 관련된 밀키트의 장점이 무엇인가요?" 질문에 자신이 좋아하는 음식을 맛있게 먹을 수 있다는 대답도 있었다. "월남쌈을 소재로 균형 잡힌 식단의 중요성을 강조한 점이 좋다. 채소를 선호하지 않는 사람을 위한 새로운 형태의 월남쌈도 제안해 보면 좋겠다."는 피드백도 눈에 띄었다. "식습관을 개선하기 위해 어떤 노력을 하고 있는가?" 하는 질문이 보였다. 이 질문을 받은 학생은 "패스트푸드의 지방과 나트륨 문제를 드러내고 적게 섭취하겠다."고 했으며 "생체주기를 위해 아침밥을 꼭 챙겨 먹어야 한다."고 강조했다.

이러한 하브루타 질문 활동을 통해 학생들이 친구의 식생활에 관심을 보이고 친구의 식생활에 대해 알아가며 공감하는 모습이 인상적이었다. 활동이 끝난 후 학생의 수업 피드백을 들었다. "우리의 프로젝트 수업이 연속성이 있어서 학습의 의미가 더 컸고, 식생활지침을 교과서로 알기보다 각 개인에게 자신의 식생활 습관을 알아차리고 자신을 위한 실제적인 지침을 세우는 것이 의미가 컸다."고 했다. 역시 수업은 실제성이 부여될 때 학생들에게 의미가 부가되는 좋은 수업이 되는 것을 확인할 수 있었다.

가정간편식 보고서 작성하기

가정간편식은 가정에서 간편하게 요리하여 먹을 수 있게 미리 만들어 파는 음식이다. 현대를 살아가는 각 사람에게 근접하기 쉬운 식재료 형태라고 할 수 있다. 코로나19 팬데믹 상황에서 가정간편식 관련 시장이 급격한 성장세를 보이고 있었다. 내 수업을 듣는 학생들은 고등학교 졸업 후 집을 떠나 1인 가구 형태로 대학 생활을 시작할 학생들이 많았다. 그래서 〈가정간편식과 밀키트에 대한 보고서〉를 작성하며 현대적인 식문화를 이해하도록 하였다. 밀키트(간편 조리 세트)의 개념을 이해하고 밀키트의 장단점을 분석하였다. 그리고 2022년 현재 규제가 제정되지 않아 영양성분을 표시하지 않은 제품이 16개 제품 중 15개였는데, 영양 성분표시에 대한 중요성도 알게 되었다.

가정간편식 중 밀키트와 소금, 설탕 섭취에 대한 정보를 보면 밀키트 판매액은 2019년 1,017억 원에서 2020년 1,882억 원, 2023년 4,681억 원으로 추정(출처: 유로모니터)하고 있었다. 세계보건기구(WHO)는 〈세계 나트륨 섭취 저감 보고서〉[22]에서 2025년까지 나트륨 섭취를 30% 저감하기를 권장하고 있다. 한국인의 식생활 문제 중 나트륨 섭취가 많다는 것은 다 아는 사실이다. 아동과 청소년의 당류 섭취를 섭취 열량의 10% 이하로 낮추어야 한다고 한다. 우리 청소년들이 점점 달게 먹고 있다는 것이다. 이와 같은 식문화 문제를 이해하고 개선책을 알아보며 지속가능한 식생활에 대해 구체적으로 근접해볼 수 있었다.

그리고 한국농촌경제연구원의 〈2018년 가공식품 소비자 태도 조사통계 보고서〉를 기초로 가정간편식을 구매하는 이유를 알아보았다. 재료를 사서 조리하는 것보다 저렴해서(23.1%), 조리하기 귀찮아서(19.3%), 맛있어서(15.2%), 시간이 없어서(13.4%), 다양한 맛을 볼 수 있어서(10.5%), 조리방법을 몰라서(6.8%), 조리식보다 쓰레기를 줄일 수 있어서(6%), 보관성(5%), 균형 잡힌 영양소(0.6%) 때문에 구매한다는 것을 확인할 수 있었다.

---

22 WHO GLOBAL REPORT ON SODIUM INTAKE PRDUCTION, WHO, 2019

염도와 짠맛 정도 알아보기

염도 수치를 가지고 음식의 짠맛을 어떻게 느끼느냐는 사람마다 다를 수 있다. 그래서 음식의 염도에 따라 느낄 수 있는 짠맛의 정도를 파악하기 위해 자료를 검색하던 중 서대문구 보건소 자료를 보게 되었다. 이것을 바탕으로 음식의 짠 정도를 학생들과 공유하였다.

염도	〈 0.0	0.1~0.2	0.3~0.5	0.6~1.1	1.1 〈
짠 정도	싱겁게	약간 싱겁게	보통	약간 짜게	짜게

염도에 따른 짠 정도

밀키트 구성하기

청소년인 자신을 위한 건강식을 밀키트로 구성하였다. 왜 그 식품을 선정했는지 그 이유를 구체적으로 작성하고 밀키트 이름, 재료 및 분량, 만드는 방법을 기록하였다. 밀키트 회사의 직원이 되어 시장 판매를 극대화하기 위한 밀키트로 구성하도록 하였다. 아래는 학생이 구성한 밀키트 음식의 선정 이유를 정리하여 기록한 것이다.

[밀푀유나베]

칼로리 부담이 적으면서 영양소가 풍부, 원하는 재료를 넣을 수 있다는 점, 나베를 먹고 남은 육수로 죽을 만들거나 사리를 추가할 수 있다는 점, 판매한다면 다이어터, 운동하는 사람, 영양소, 맛을 생각하는 사람 등 다양한 사람의 요구를 충족할 수 있다고 생각하여서 선정하게 되었다. [밀키트 구성 이유 00학생의 사례 발췌]

[원스텝닭볶음탕]

　간편하면서 질 좋은 음식, 맛있으면서 영양성분을 골고루 갖추고 있는 음식, 육류단백질과 감자, 양파, 당근 등 여러 채소를 포함, 실제로 닭볶음탕을 만들어 먹는 것은 쉽지 않다. 요리를 못하는 사람들이 쉽게 요리다운 요리를 할 수 있을 것 같다는 생각이 들어 선정하게 되었다. [밀키트 구성 이유 OO학생의 사례 발췌]

　아래는 밀키트 구성의 선정 이유를 정리한 것이다. 이유가 중복된 경우도 인정하였다.

밀키트 구성 선정 이유	
1. 영양소를 고려해서	26%
2. 좋아하는 음식이라서	24%
3. 채소를 섭취하기 위해서	22%
4. 단백질을 섭취하기 위해서	16%
5. 조리가 간편해서	10%
6. 추억이 깃든 음식이라서	2%
합(94명)	100%

충남삼성고 3학년 학생들의 밀키트 구성 이유 분석 결과

　자료를 정리한 결과에서 특이한 점은 조리하기 간편하다는 이유가 낮은 비율을 보였다는 것이고 추억이 깃든 음식이라서 선정했다는 것이 눈에 띄었다. 음식을 먹으며 함께 한 사람들과 좋은 추억이 식단 구성에 영향을 준다는 것을 알아차릴 수 있었다. 밀키트 구성 선정 이유가 단순히 자신이 좋아하는 음식을 선정한 것이 아니라, 건강을 고려하여 영양소가 골고루 든 밀키트를 구성하고, 채소를 싫어하지만 채소를 섭취하기 위한 밀키트를 구성한다는 이유가 많았다. 환경을 고려하여 육류를 안 먹겠다는 학생은 한 명도 없었다.

밀키트 포장 디자인하기

밀키트를 구성한 후 밀키트 회사 직원이 되어 판매를 위한 포장디자인을 하도록 하였다. 나는 2022년 AI를 활용한 앱으로 그림을 그릴 수 있다는 것을 알게 되었고 이것을 활용하여 밀키트 포장디자인을 하도록 하였다. Portraitai.com, Text2art.com, Wombo.art, Deepai.org 등의 사이트(수업할 당시 4개 사이트가 모두 무료로 사용할 수 있었는데 현재는 유료이거나 지원하지 않는 것으로 확인됨)를 알려주었다. 몇몇 학생들은 앱을 활용해서 그린 그림이 자연스럽지 않다는 이유로 직접 그리겠다고 해서 허용하였다. 물론 AI 앱 활용 능력을 확인한 후 그림으로 그릴 수 있도록 하였는데 직접 그리는 그림도 판매 전략일 수 있다는 생각이 들었기 때문이다.

밀키트 포장디자인 결과 학생의 창의성과 주도성이 드러나는 사례를 볼 수 있었다. 사례의 학생은 교사가 제시한 조건에 맞춰 AI 앱을 활용하여 포장지를 디자인하였다. 중간평가 시 그림의 색이 소비자의 욕구를 자극하는 중요한 역할을 한다고 알려주었다. 색을 어떻게 사용하느냐에 따라 식욕을 떨어뜨릴 수도 있다고 말했다. 교사의 피드백을 적용하여 새롭게 구성하는 것을 보고 평가를 위한 평가가 아니라 수업 중 코칭이 자연스럽게 이루어진다는 것을 알아차릴 수 있었다. 그뿐만 아니라 한 학생은 SNS를 활용하여 학교 밖 대중에게 밀키트 만드는 방법을 공개하고, 구매사이트와 연결하여 밀키트 재료를 구매할 수 있도록 하였다.

이 학생의 자기 주도성은 누구에게서 언제부터 습득이 된 것일까? 궁금해졌다. 현재(2023.10.12.)도 학생이 구성한 밀키트와 포장디자인을 온라인에서 확인할 수 있다. 네이버 만개의 레시피(www.10000recipe.com)에 학생 이름으로 밀키트 구성 과제 결과물이 올라가 있다. 레시피를 클릭하면 만드는 방법을 알 수 있고 원한다면 재료를 구입할 수도 있다. 특히 채소를 먹지 않는 학생들이 많은데 채소를 먹기에 좋은 요리를 선택하였다. 밀푀유나베는 채소를 좋아하지 않는 사람이 채소를 맛있게 먹을 수 있는 방법 중하나이다.

누구나 즐기는 밀푀유나베 조리법	
1. 밀키트 선정 이유	체중 관리에 신경쓰는 다이어터도 부드러운 걸 좋아하시는 어르신들도, 술을 좋아하는 부모님도 즐길 수 있어서 선정하였다.
2. 구성 재료	물, 표고버섯, 알배기배추, 깻잎, 소고기, 매운 소스, 땅콩소스, 우동사리 또는 즉석밥
3. 만드는 방법	1) 물 500mL에 디포리 육수팩을 넣고 우립니다.
	2) 표고버섯을 원하는 모양으로 손질하고 육수에 넣어줍니다.
	3) 알배기배추, 깻잎, 소고기 순으로 차곡차곡 쌓아줍니다.
	4) 3)을 삼 등분 합니다.
	5) 가운데에 표고버섯 자리를 남겨두고 3)번의 재료를 냄비 바깥 부분부터 돌려줍니다.
	6) 5)번의 냄비에 육수와 표고버섯을 넣고 재료가 익을 때까지 약 15분간 끓여줍니다.
	7) 기호에 맞게 매운 소스를 첨가합니다
	8) 다 익은 재료를 건져 땅콩소스와 함께 즐깁니다.
	9) 남은 육수에 우동사리를 넣어 끓여줍니다. 우동사리는 약 20초간 끓인 후 젓가락으로 저어주며 3분 더 끓여줍니다.
	10) 혹은 남은 육수에 즉석밥과 개인 취향에 맞는 재료들을 추가하여 죽으로 즐깁니다.

체중관리에 신경쓰는 다이어터도,
부드러운 걸 좋아하시는 어르신들도,
술을 좋아하는 부모님도

누구나 즐기는
밀푀유나베

조리법은 여기에

유통기한: 제조일로부터 7일

12,000₩

40181 700982

www.10000recipe.com 의 밀키트구성 활동 00학생 사례 [포장지 앞면과 뒷면]

[네이버 만개 레시피에 과제를 올린 00학생 사례 QR코드]

수업 공개

　수업 공개는 2차에 걸쳐 진행되었는데 1차는 포장지 디자인을 하는 수행평가 시간으로 교육과정센터장(일반 학교의 연구부장)이 참관하였다. 2차 수업 공개는 수업 피드백 활동 시간으로 교장선생님이 적극적으로 수업에 참여하여 인상적이었다. 수업 진행은 교사가 프로젝트수업 과정을 발표하며 학생들에게 발표하는 방법을 먼저 보여주었다. 'PBL, 하브루타로 식품과 영양 수UP하자'는 브랜드 이름을 가지고 프로젝트 수업의 구성요소와적용 수업사례를 이야기했다. 그 후에 학생들이 밀키트 구성 및 포장디자인 결과물을 칠판에 붙이고 설명하는 형식으로 발표하였다. 발표 후 질문을 받고 대답하는 형식으로 진행되었다. 학생 발표 자료는 내가 미리 제시한 자료를 참고하여 작성하도록 하였는데 일정한 양식을 제시하지 않아서 오히려 학생들의 개성과 창의성이 돋보였다. 발표 자료는 PPT로 준비하였으며 식품과 영양 수업 전 내용을 담았고, 가정간편식을 다양하게 설명하였다. 한 학생이 발표를 마치면 다른 학생들이 포스트잇에 피드백 및 질문을 써서 붙였다. 수행평가였기에 발표하는 학생들의 긴장한 모습이 눈에 띄었고, 즉흥적인 질문에도 성의껏 대답하는 모습을 볼 수 있었다. 그리고 가정간편식을 정리한 자료는 눈에 띌 만큼 학생 주도성이 잘 드러났다

가정간편식 밀키트(간편 조리 세트)	
HMR(Home Meal Replacement)	RMR(Restaurant Meal Replacement)
1. RTE: 조리없이 바로 먹을 수 있는 음식(샌드위치, 반숙란 등) 2. RTC: 간단히 조리한 뒤에 먹을 수 있는 음식(냉동 부대찌개 등) 3. RTH: 간단하게 데워서 먹을 수 있는 음식(볶음밥, 냉동만두 등)	유명 맛집 레스토랑의 메뉴를 집에서 즐길 수 있도록 한 대체 식품(빕스(스파이시 바비큐 폭립), 신세계푸드(구슬함박스테이크) 등)

수업 공개 시 수업 발표 활동 00학생 사례

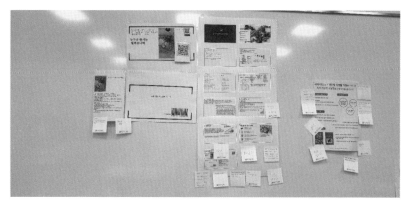

수업 발표 후 포스트잇으로 질문하고 답하기 OO학생 사례

밀키트 구입 및 요리 실습(염도 및 당도 실험 · 실습 보고서)

수능 후 안전을 최우선으로 실습을 준비하였는데 4명 한 모둠으로 구성하였다. 학생이 구성한 밀키트로 실습을 하기에는 어려움이 있어서, 시중에서 판매되는 밀키트를 구입하게 되었다. 2시간 블록 수업으로 실습한 후 음식의 염도와 당도를 측정하도록 하였다. 시식할 때는 식당에서 사용하는 투명 아크릴판을 세워놓고 안전하게 식사할 수 있도록 하였다.

밀키트를 만드는 방법에 맞추어 만든 후 염도를 측정하였는데 측정 결과 대부분 보통 이상의 짠 정도로 측정되었다. 학생들은 판매되는 밀키트가 짤 것으로 예상은 했지만, "그 짠 것이 맛이 있다."는 말과 함께 자신들의 입맛이 짠 것에 길들여 있다는 것을 알아차리는 모습을 볼 수 있었다. 그리고 건강을 위해 짜지 않게 먹는 것이 필요하다는 피드백이 있었다.

무엇을 먹고 어떻게 분배할 것인가? 독후 활동

학년 말 수업 마무리 단계에서 독후 활동으로 감상문을 제출하도록 하였는데 이 활동은 좀 더 시간을 두고 진행했다면 좋았겠다는 생각을 한다. 왜냐하면 학생들의 독서를 통한 배움이 실제 삶에 적용하는 데에는 어려움이 있을 수 있기 때문이다. 그러나 짧은 시간이지만 학생들은 독서를 통해 지속가능한 식생활을 하려면 육류소비를 줄여야 한다는 것을 이해하고 있었다. 육류소비로부터 시작된 생각들은 환경문제로 이어졌다. 더 깊이 있게 다루어졌으면 좋았겠지만 그러지 못해 아쉽다. 지속가능한 식생활은 내 집 주방에서 시작할 수 있지만, 지속적인 논의가 광범위하게 이루어질 때 의미가 있다고 생각한다. 학생들은 식생활 주체자로서 지속 가능한 식생활에 대한 관심을 가지게 된 것에서 수업의 의미를 찾을 수도 있다. 이 수업이 바로 몇 년 후를 생각하는 단기간의 계획일 수 있으나 성인으로 식문화를 이끌어갈 차세대 리더로서의 지속 가능한 식생활을 만들어 갈 역량으로 자리매김하길 기대하게 되었다.

학생의 수업 평가

학교에서 정규수업에 대해 학생 설문조사를 한 후 수업을 재구성하는 시간이 있는데 학생이 수업을 평가하는 질문들로 구성되었고 교사로서 실제적인 수업 피드백을 받는다는 생각을 하게 되었다. 그 내용을 PBL의 7가지 구성요소에 적용해 보면 아래와 같다.

학생의 의사와 선택권에 대한 질문으로 "본 수업에 대해 학생들이 가장 좋아했던 점은 무엇입니까?"라는 질문에 "나의 실제 식단을 파악하고 건강한 식단으로 재구성할 수 있어서 좋았다.", "AI 앱을 활용하여 밀키트 포장디자인 하는 것이 재미있었다.", "결과물을 발표한 후 질문지를 통해 각자 궁금한 점을 질문하고 답하는 것이 좋았다."는 답변이 있었다. 교사도 자신의 결과물에 친구들이 어떤 피드백, 어떤 질문을 했는지 궁금해하는 학생들을 보며 동료 간 교수 활동이 긍정적이어서 인상적이었다. 특히 이 부분에서 학생들에게는 비평이 일어나는 시간이었다. 자신의 식단을 파악하는 과정에서 본인 식습관에 대한 성찰이 일어나고 개선하고자 하는 분명한 의지가 보였다. 그리고 성공적인 수업을 위해서 학생들이 제시한 방법 중 '인터넷이나 책으로 자료를 조사하고 에세이를 적는 수행평가가 진행되면 좋겠다'는 학생들의 의견이 있었는데 에세이를 쓰는 것에 대한 부담을 가지지 않고 적극 의견을 제시하였다. 교육과정상 수행평가를 수정하기에는 시간이 부족했다. 아쉽지만 다음 기회로 미룰 수밖에 없었다.

"자신이 관심을 두지 않았던 생애주기 영양에 대해 배우고 실제 자기 삶에 적용해 보는 것이 의미 있었다."는 학생의 말은 내 수업의 실제성을 학생들이 의미 있다고 평가하는 것을 볼 수 있었다. 실천학문으로서 과목 특성상 실제성이 드러나기 쉬운 장점이 있는데 학생들이 스스로 자신의 삶과 연결되어 있음을 깨달았다는 것이 의미가 있다.

'식품과 영양' 하면 생각나는 단어로 학생들은 '로컬푸드, 농업, 환경, 미래, 밀키트, 영양소, 식습관, 세계시민, 식생활, 꾸준히, 적당, 자제' 등의 단어를 제시하였다. 이 단어들을 조합하여 '지속가능한 식생활이란 환경적 영향을 고려하고 미래 세대에게 영양을 보장하며, 건강한 식습관을 영위하며 지역 농업인을 존중하고 로컬푸드 사용에 동참하며 세계시민으로서 지속가능한 생활을 영위하는 것이다.'라고 정의를 내려보았다.

알수록 더 어렵다는 말이 있는데 수업을 하며 학생들에게 더 알고 싶은 것들이 생겼다. "가정간편식에 관한 수업에서 깊이 배워보고 싶거나 학교 밖 전문가와 연계하여 배우고 싶은 것이 있다면 무엇이 있을까?"라는 교사의 질문에 "유통기한을 정하는 기준을 알고 싶다.", "밀키트를 제작하는 과정에서 수요조사는 어떻게 진행되는지 궁금하다."고 하였다. 학교 밖 전문가와 연계하여 실제적인 진로 교육도 이루어질 수 있었다.

수업과 관련해서 학생들이 가장 아쉬웠다고 한 부분은 "수업 시간을 꽉 채워서 활동 수업을 하는 것이 아쉬웠다."고 했다. 3학년 2학기 수업에 대한 부담을 갖는 불안함에 공감할 수 있었다. 그래서 나는 조금 여유를 두고 수업을 진행하게 되었다.

이 외에 수업 공개(2차) 때 드러나는 학생의 배움의 순간을 카메라에 담고 싶어서 담당자에게 녹화를 부탁했는데 화면으로라도 수업 중에 알아차리지 못한 장면을 보고 뭉클하였다. 밀키트 포장디자인 결과물을 발표하는 시간에 한 학생이 조용히 다가와서 "발표를 안 했으면 좋겠다."며 그렇게 해달라고 부탁했다. 아주 작은 목소리에 담긴 그녀의 마음을 알아차릴 수 있었다. 그래서 그렇게 하라고 했다. 하지만 결과물은 칠판에 붙여 놓으라고 하고 다른 학생들은 읽어본 후 피드백을 포스트잇에 써서 붙이라고 했다. 몇몇 친구들이 포스트잇에 피드백을 해주었다. 그 장면에서 부탁하던 학생이 화면에 들어왔다. 그녀는 조용히 자신의 과제물에 친구들이 붙여준 포스트잇에 쓰여 있는 것을 읽고 있었다. 앞에 나서서 발표하기는 어려워도 친구들의 피드백을 궁금해하는 학생의 모습을 보며 학생들끼리의 피드백이 중요하다는 것을 또다시 깨닫는 시간이었다. 그 학생은 다음 발표 시간에는 좀 더 용기를 내보지 않을까 하는 기대가 된다.

교사의 수업 성찰

첫째, 학생들에게 선택권을 줘서 자유롭게 의사를 표현하고 수업을 이어갈 수 있었던 것은 교사로서 잘했다고 생각한다. 이것은 학생 주도성으로 나타났는데 학생들이 자신의 식습관을 알아차리고 자신을 위한 건강한 식생활지침을 제정한 것이 의미가 크다. 그리고 실천한다고 하던 말들이 수업을 삶에 연결시키는 실제성이 잘 드러나는 결과라고 말하고 싶다. 밀키트 포장디자인을 만드는 등 전 과정을 통해 문제해결 능력, 의사소통 능력, 정보 활용 능력 등 핵심역량을 잘 보여줄 수 있도록 하였다. 예를 들면 근육질의 몸을 만들고 싶은 남학생이 밀키트를 다이어트식으로 구성하는 것 또한 교육과정 재구성이 학생들의 주도성을 발현시키도록 하는 좋은 방법이라는 것을 알았다.

둘째, 실제성이 잘 드러나도록 교육과정을 재구성하였다. 학생들이 자신의 식문화를 돌아보며 성찰하고 개선하고자 하는 모습, 그리고 성찰의 결과를 적용하여 식생활지침을 만들어 가는 것을 보며 수업의 실제성이 학생들이 재미있게 적극적으로 수업에 참여하도록 한다는 것을 알았다. 특히 "점심시간에 친구들과 놀고 싶어서 밥을 빨리 먹는다."던 남학생이 식생활지침을 세우고 "이제는 밥을 천천히 먹고 있다."고 발표했는데, 듣던 친구들과 교사들이 함박웃음과 함께 손뼉을 쳤다. 자신의 식생활에 배운 바를 적용하여 건강한 식습관을 형성해 갈 모습을 상상하며 수업의 실제성이 현실에서 실제적인 변화를 가져온다는 것을 알았다.

셋째, 2022년 수업 축제에 학생과 함께 참여한 것이다. 나는 수업의 주체가 교사만이 아니라 학생과 교사라고 생각한다. 그래서 교사와 학생이 함께 수업 축제에 참여한다는 것은 의미가 컸다. '고3 학생이 시간이 있겠어!' 하는 부정적인 생각을 극복했기에 가능했던 일이다. 학생과 함께 수업 성찰을 할 기회를 가질 수 있어서 좋았다.

넷째, 내 수업의 탐구질문은 '세계시민으로서 충남삼성고 3학년 수험생의 식생활지침은 무엇이며 지속가능한 식생활을 위해 무엇을 해야 할까?'이다. 자신의 식습관을 알아차리고 식생활지침을 세워 실천하는 것은 자신의 건강을 위한 지속성에서 의미가 있었다. 그러나 '당 섭취와 염분 섭취가 많다, 아침 식사를 거르는 학생이 많다.' 등의 문제의식을 갖게 된 것은 앞으로 변화 가능성이 있다고 볼 수 있다.

다섯째, 환경 지속성을 생각한다면 아직은 이론에 그칠 수밖에 없었다는 반성을 하게 된다. 식생활 주체로서 청소년기 성장을 위한 단백질과 기타 중요 영양소를 골고루 섭취하기 위해 각자의 기호를 바꾼다거나 육류섭취로 인한 환경적인 지속성을 추구하는 실제적인 식습관의 변화를 기대하기는 쉽지 않을 것이다. 그리고 음식산업의 변화를 기대하는 것은 오랜 시간이 필요하다는 생각이 든다. 하지만 밀키트 제품의 포장지가 너무 많다는 알아차림, 동물복지를 고려하자는 등의 말을 통해 조금은 환경적인 지속성의 기초를 놓지 않았나 위안을 삼는다.

매년 새로운 학생들과 만나는 교사로서 또 다른 학생들을 만나는 것에 대해 기대하게 된다. '어떻게 PBL 하브루타로 수업을 만들어 갈까?' 내 마음이 뛴다. 그리고 설렌다.

5부

지구 공동체를
가꾸는
프로젝트 수업

슬기로운 환경 시민 프로젝트

박준일 온양여자고등학교

더 나은 세계를 향한 배움

"학습은 세계로의 입문인 동시에 더 나은 세계를 향한 것이기도 하다."
– 존 듀이[23]

국어 수업 활동지 맨 위에 '살아가는 힘을 기르는 국어 교실'이라는 슬로
건을 적었다. 우리는 태어나면서부터 세계와 연결되어 끊임없이 상호작용
하며 살아간다. 이때 세계는 나 자신, 타자, 비인간 존재 모두를 포함한다.
우리가 맺고 있는 연결을 좋은 상태로 만들기 위해 노력하는 과정에서 인
간은 진정한 행복을 느낀다. 국어는 이 과정에서 필요한 힘, 즉 삶을 위한
리터러시를 기르는 교과이다.

어떻게 하면 학생들이 내 수업을 통해 세계와 연결된 나를 발견하고, 좋
은 연결을 만들 수 있는 힘을 함양할 수 있을까? 여전히 우리는 '배움을 알
기 위한 학습(Learning to know)'과 '하기 위한 학습(Learning to do)'으로 나누어
무엇이 더 중요한가를 두고 논쟁한다. 이제는 이러한 이분법을 넘어 '존재

---

23 존 듀이, 민주주의와 교육, 교육과학사, 1980.

하기 위한 학습(Learning to be)'을 실현하고 싶다. 듀이의 말처럼 학습은 우리가 맺고 있는 연결을 좋은 상태로 만드는 과정이다. 학습을 통해 다른 존재와 연결된다는 것은 내가 그 존재의 세계를 받아들인다는 말이다. 그 과정에서 나는 끊임없이 변화해 간다. 내가 생각하는 존재하기 위한 학습이란 더 나은 세계를 만들기 위해 세계와 연결되어 나를 끊임없이 변화시키는 과정이다. 프로젝트 수업은 존재하기 위한 학습을 실현할 가능성을 보여주는 좋은 그릇이었다.

슬기로운 환경 시민

우리 학교는 구도심에 있다. 학생들이 학교 밖과 연결될 수 있는 기회가 별로 없고, 학생 대부분은 오직 대입을 위해 성실하게 내신 공부를 한다. 이런 학생들과 '시민'에 대해서 깊이 생각해 볼 수 있는 시간이 있으면 좋겠다고 생각했다. 내가 생각하는 시민은 '내가 세상과 연결된 존재라는 사실을 이해하고, 좋은 연결을 만드는 데 함께 행동하는 사람'이다.

좋은 시민은 나의 작은 행동이 세상에 어떤 영향을 미칠지 생각한다. 또 우리가 사는 사회 시스템이 제대로 작동하고 있는지, 시스템에 사각지대는 없는지, 시스템의 작동을 불가능하게 하는 기저의 원인이 무엇인지 탐구한다. 그들은 우리 사회에 해결해야 할 문제가 있다고 판단했을 때 이를 주변 사람들에게 이해시키고, 이들과 연대해 목소리를 낼 수 있다.

기후변화, 플라스틱 쓰레기, 미세먼지와 같은 환경 문제는 우리가 서로 연결된 존재라는 걸 알게 하는 좋은 주제다. 현세대가 해결해야 할 가장 시급한 문제이기도 하다. 학생들과 토론을 하고, 건의문을 쓰며 '우리와 우리 다음 세대를 위해 지구(학교)에 어떤 환경 정책이 필요할까?'라는 탐구질문을 해결해보면 좋겠다고 생각했다.

토론의 목적은 정신없고 화려한 '말빨(?)'로 상대를 설득하거나 굴복시키는 것이 아니다. 토론은 우리 사회에 필요한 가치가 무엇인지, 그 가치를 실현하기 위해 필요한 제도나 정책이 무엇인지를 시민들이 면밀히 검토하는 과정이기 때문에 중요하다. 따라서 토론은 민주주의를 건강하게 유지하는 핵심 장치 중 하나다.

학생들은 주 1회 프로젝트 수업에 참여하며 모둠원들과 환경 정책과 관련된 논제를 분석해 찬성과 반대의 입장에서 자료를 조사하고, 논증을 준비하고 토론했다. 이 과정에서 최근 전 세계가 기후 위기 등의 환경 문제를 해결하기 위해 어떤 입장을 취하고 있는지, 그 입장의 이면에는 어떤 이해관계들이 있는지 생각해 볼 수 있기를 바랐다. 그리고 논리적인 의사소통은 어떻게 하는 것인지, 민주사회에서 이것이 왜 중요한지를 알고 삶에서 실천할 수 있기를 바랐다.

토론 후에는 탐구의 범위를 좁혀 우리 학교에 필요한 환경 정책을 건의하는 활동을 했다. 교장 선생님, 담임 선생님, 학생회, 우리 반 친구들 등을 대상으로 환경 문제를 해결하기 위한 실천 방안을 담은 건의문을 작성해 배움을 교실 밖으로 연결하는 것이다. 이 과정에서 자기 주변을 되돌아보고 문제를 해결하기 위해 글로써 다른 사람을 설득하는 능력을 기르길 바랐다. 또 우리가 실천한 한 학기의 배움이 세상을 변화시킬 수 있다는 사실을 느끼길 바랐다.

프로젝트 개요

슬기로운 환경 시민 프로젝트		
과목 국어	학년 고등학교 1학년	기간 17차시

핵심 가치

- 인간, 자연환경, 사회 환경이 연결된 방식을 이해한다.
- 지속가능한 지구를 만들기 위해 협력적으로 학습하고 논리적으로 토론한다.
- 지속가능한 학교를 만들기 위해 필요한 것이 무엇인지 고민하고, 실현가능한 해결방안을 제시한다.

성취기준

[10국01-03]논제에 따라 쟁점별로 논증을 구성하여 토론에 참여하고 의사소통 과정을 점검 조정하며 듣고 말한다.

[10국01-05]의사소통 과정을 점검하고 조정하며 듣고 말한다.

[10국03-01]쓰기는 의미를 구성하여 소통하는 사회적 상호작용임을 이해하고 글을 쓴다.

[10국03-02]주제, 독자에 대한 분석을 바탕으로 타당한 근거를 들어 설득하는 글을 쓴다.

[10국03-04]쓰기 맥락을 고려하여 쓰기 과정을 점검 · 조정하며 글을 고쳐쓴다.

탐구질문

1. 우리와 우리 다음 세대를 위해 지구에 어떤 환경 정책이 필요할까?
2. 우리와 우리 다음 세대를 위해 우리 학교에 어떤 환경 정책이 필요할까?

프로젝트의 흐름

1~2차시: 환경 피라미드 토론을 하고, 아돌프 아이히만을 다룬 영상을 시청한다. 이를 통해 탐구질문과 프로젝트의 필요성을 이해하고 모둠을 구성한다.

3~8차시: 논증의 구조, 반론하기, 입론서 쓰기, 예상 반론에 대한 재반론 마련하기 등을 학습한다.

9~10차시: 교내 선생님들을 환경에 관심이 많은 시민으로 초청해 환경 정책에 대한 찬반 토론을 실시한다.

11~12차시: 설득하는 글의 쓰기 맥락, 건의문의 구성요소, 설득력을 높이는 표현 방법 등을 학습한다.

13~16차시: 우리 학교에 필요한 환경 정책을 찾아 건의문을 작성해 교장 선생님, 담임 선생님, 학생회 등 독자에게 전달한다.

17차시: 프로젝트 전 과정을 성찰하고 축하한다.

주요 결과물

모둠 결과물: 환경 정책 토론회 개최하기

개인 결과물: 우리 학교를 위한 환경 정책 건의문 작성하기

채점기준표

슬기로운 환경 시민 프로젝트 환경 정책 토론하기 채점기준표

평가요소	채점 기준(점수)			
	매우 잘함	잘함	보통	노력 필요
정책 논제의 필수 쟁점을 이해하고 주장-이유-근거를 갖춘 입론을 구성할 수 있는가?	기준에 도달한 수준을 초과하는 적절한 논증을 구성함.	논제의 필수 쟁점에 대해 찬성과 반대의 입장에서 각각 1가지씩 주장-이유-근거를 갖춘 논증을 구성함.	논제의 필수 쟁점에 대해 찬성과 반대 중 1가지의 입장에서 주장-이유-근거를 갖춘 논증을 구성함.	논제의 필수 쟁점에 대해 찬성과 반대의 입장에서 주장-이유-근거를 갖춘 논증을 구성하는 데 어려움이 있음.
타당성, 신뢰성을 갖춘 논증을 할 수 있는가?	3개 이상의 논증이 모두 타당성과 신뢰성 조건을 만족함.	2개의 논증 모두 주장과 이유, 이유와 근거 사이의 연결이 논리적이며, 신뢰할 만한 이유와 근거를 갖춤.	논증 중 1가지만 타당성과 신뢰성 조건을 만족함.	타당성과 신뢰성을 갖춘 논증을 구성하는 데 어려움이 있음.
상대의 반론을 예측하고 재반론을 준비할 수 있는가?	자신이 마련한 주장에 대한 예상 반론과 재반론을 준비한 후 모둠원의 주장에 대한 예상 반론과 재반론을 1가지 이상 준비함.	찬성과 반대의 입장에서 나의 주장에 대한 상대측의 반론을 예측하고, 이를 방어할 수 있는 재반론을 준비함.	찬성과 반대 중 1가지 입장에서 나의 주장에 대한 상대측의 반론을 예측하고 이를 방어할 수 있는 재반론을 준비함.	상대의 반론을 예측하고 재반론을 준비하는 데 어려움이 있음.
토론 과정에 적극적으로 참여하였는가?	①과 ②를 수행하였으며, 청중으로서 토론자의 논거를 검증할 수 있는 질문을 2번 이상 함.	① 적절한 말의 속도와 목소리 크기로 입론을 하였으며 ② 자유 토론과 질의응답 과정에 적극적으로 참여함.	①과 ② 중 1가지 조건을 충족함.	토론자의 역할을 수행하는 데 어려움이 있음.
자기평가 및 동료 피드백 활동에 성실히 참여할 수 있는가?	–	① 자신 수행 수준을 평가한 후 앞으로 해야할 일을 구체적으로 작성할 수 있으며, ② 모둠원의 수행에 대해 도움이 되고, 구체적이며, 친절한 피드백을 제공함.	①과 ② 중 1가지 조건을 충족함.	자기평가 및 동료 피드백 활동에 참여하는 데 어려움이 있음.

슬기로운 환경 시민 프로젝트 건의문 쓰기 채점기준표

평가요소	채점 기준(점수)		
	잘함	보통	노력 필요
건의문의 예상 독자의 특성을 분석하고 이를 고려하여 건의문을 쓸 수 있는가?	① 예상 독자의 배경지식과 관심사를 구체적으로 분석하여 ② 이를 고려해 건의문을 작성하였으며 ③ 정중한 어투와 표현을 사용함.	①, ②, ③ 중 두 가지의 조건을 지키며 건의문을 작성함.	①, ②, ③ 중 한 가지 이하의 조건을 지키며 건의문을 작성함.
독자가 건의 내용을 수용해야 하는 타당한 이유를 충분히 들었는가?	문제 상황을 명확히 정의하고, 문제 해결의 필요성, 건의 내용이 실현되었을 때의 이점, 유사한 사례, 실현 가능성 등 3가지 이상의 이유 들어 독자가 건의 내용을 수용해야 하는 이유를 작성함.	문제 상황을 명확히 정의하고, 문제 해결의 필요성, 건의 내용이 실현되었을 때의 이점, 유사한 사례, 실현 가능성 등 2가지의 이유 들어 독자가 건의 내용을 수용해야 하는 이유를 작성함.	문제 상황을 명확히 정의하고, 문제 해결의 필요성, 건의 내용이 실현되었을 때의 이점, 유사한 사례, 실현 가능성 등 1가지 이하의 이유 들어 독자가 건의 내용을 수용해야 하는 이유를 작성함.
건의문에 포함되어야 할 구성요소를 갖추고 있는가?	인사 및 자기소개, 문제 상황, 해결 방안, 재차 강조, 끝인사의 구성요소를 모두 갖추어 건의문을 작성함.	–	인사 및 자기소개, 문제 상황, 해결 방안, 재차 강조, 끝인사의 구성요소 중 한 가지 이상 빠진 요소가 있음.
설득력을 높일 수 있는 표현 방법을 효과적으로 활용하였는가?	예상되는 반론에 대해 재반론하기, 구체적인 수치 활용하기, 인용하기 등 설득력을 높일 수 있는 표현 방법을 2가지 이상 활용함.	예상되는 반론에 대해 재반론하기, 구체적인 수치 활용하기, 인용하기 등 설득력을 높일 수 있는 표현 방법을 1가지 활용함.	설득력을 높일 수 있는 표현 방법을 활용하는 데 어려움이 있음.
자기평가 및 동료 피드백 활동에 성실히 참여할 수 있는가?	① 자신 수행 수준을 평가한 후 앞으로 해야할 일을 구체적으로 작성할 수 있으며, ② 모둠원의 수행에 대해 도움이 되고, 구체적이며, 친절한 피드백을 제공함.	①과 ② 중 1가지 조건을 충족함.	자기평가 및 동료 피드백 활동에 참여하는 데 어려움이 있음.

수업 속으로

다음 세대는 우리보고 뭐라고 할까?

일상에서 누구나 경험할 수 있는 환경 딜레마를 제시하고 피라미드 토론을 했다. 피라미드 토론은 토론의 규모를 1:1-2:2-4:4-전체 순으로 점차 확산시키는 방식의 토론이다. 과거의 적이 현재의 아군이 되고, 현재의 적이 미래의 아군이 되므로 토론을 한 번도 경험해보지 않았던 학생들도 가벼운 마음으로 토론에 참여할 수 있다. 피라미드 토론은 주로 가장 적절한 아이디어를 선정하는 목적으로 활용되지만, 찬반 토론에도 활용할 수 있다.

학생들에게 제시한 딜레마 상황과 논제는 "나는 OO중학교 3학년 △반 반장이다. 졸업을 앞두고 후배들을 위해 정든 교실을 친구들과 정리했다. 한 시간 동안 열심히 청소를 하다가 우연히 쓰레기가 모인 자루를 봤다. 그런데, 자루 안에는 각종 쓰레기가 분리되지 않고 종이, 캔, 플라스틱 비닐, 먼지 등이 함께 섞여 있는 것이 아닌가. 나는 반장으로서 반 친구들에게 자루에 섞인 쓰레기들을 다시 분리하자고 제안해야 할까?"였다. 찬성과 반대 입장에 대한 이유와 근거를 생각할 시간을 준 뒤 토론을 시작했다.

▶ 토론을 시작하기 전 미리 찬성 또는 반대의 이유와 근거를 떠올려 봅시다.

입장	이유와 근거
찬성	• 아직 졸업식을 한 것이 아니므로 우리 반이다. • 분리 배출하지 않으면 환경이 오염된다. • 마지막으로 반 친구들과 협동할 수 있는 기회이다. • 다 같이 만든 쓰레기이므로 다 같이 치우는 것이 맞다
반대	• 이미 반 친구들의 마음이 떠난 상태이므로 반발이 클 수 있다. • 고생하는 과정에서 오히려 분리배출에 대한 인식이 나빠질 수 있다. • 내년에도 반장을 하기 위해서는 친구들이 싫어할 행동을 하면 안 된다. • 먼지와 섞인 쓰레기들을 분리하면서 건강이 나빠질 수 있다.

토론 준비 활동 학생 예시

1:1로 토론을 시작해 전체 토론을 마친 후 흥미로웠던 점과 어려웠던 점을 생각해 보는 시간을 가졌다. 나는 학생들의 말을 정리하며 토론의 필요성, 토론의 재미, 예상되는 어려움을 극복하기 위해 할 수 있는 일 등을 짚어줬다.

　　"여러분들이 이야기한 것처럼, 내 생각과는 다른 입장에서 토론에 참여하는 것은 어렵지만 의미 있는 일이에요. 우리는 내가 옳다고 생각하는 신념만 점점 강화하고, 다른 견해는 생각하지 않는 경향이 있거든요. 우리는 토론을 하며 균형 잡힌 생각을 하는 연습을 할 수 있어요.
　　수빈이의 말처럼 세상에 100% 옳은 건 없어요. 흔히 상대방과의 경쟁에서 승리하는 것이 토론의 목적이라고, 이건 오해예요. 토론의 진정한 목적은 어떤 가치나 정책이 현재의 시점에서 수용 가능한 것인지를 면밀히 검증해 보는 거예요. 찬성이든 반대이든 그에 맞는 나름대로의 이유와 근거가 있습니다. 그래서 검증이 더 필요한 것이기도 하고요.
　　찬성이나 반대의 입장에서 생각이 떠오르지 않아 어려움이 있었던 친구들도 있고, 내가 한 말이 사실인지 검증하지 못해 자신있게 생각을 이야기하지 못했던 친구들도 있고, 친구의 반론에 크게 당황했던 친구들도 있었을 거예요. 하지만 크게 걱정하지 않아도 괜찮아요. 앞으로 입론, 반론, 재반론하는 방법을 함께 공부하며 토론에 참여하기 위해 알아야 할 요소들을 하나하나 연습해 볼 거고, 논제에 대한 생각을 정리하고 자료를 조사하는 시간도 있을 겁니다. 선생님은 이번 수행평가에서 여러분들이 얼마나 말을 화려하고 있어 보이게 하는가가 아니라 논제에 대해 얼마나 깊이 생각했는가를 평가할 겁니다."

다음으로 왜 우리가 환경 정책을 고민해야 하는지 생각해 보기 위해 아돌프 아이히만을 다룬 지식채널e「너무 평범한 사람」을 시청했다. 학생들에게 던진 질문은 세 가지였다. "1. 아돌프 아이히만은 왜 제2차 세계대전 당시 6백만 명의 유대인을 학살하는 일을 저질렀나요? 2. 그럼 한나 아렌트가 이야기한 '시민 되기에 실패한 평범한 인간'은 어떤 인간일까요? 3. 국어쌤이 우리의 프로젝트 이름을 '슬기로운 환경 시민'이라고 짓고 환경 정책 토론 활동을 제안한 이유는 무엇일까요?"가 그것이다.

학생들과 질의응답 하며 악의 평범성에 대해 생각해 볼 수 있었다. 우리가 환경 문제를 손 놓고 보고만 있으면 우리의 다음 세대는 우리를 시민 되기에 실패한 세대라고 부를지도 모른다는 이야기를 나눴다. 수업의 마지막에는 이번 프로젝트의 탐구질문인 '우리와 우리 다음 세대를 위해 지구(학교)에 어떤 환경 정책이 필요할까?'를 소개했다.

모두의 동의를 얻은 모둠 구성 방법

학생들에게 내가 구상한 모둠 구성 방법을 소개하고, 혹시 수정하고 싶은 절차가 있거나, 더 좋은 방법이 있으면 새로운 제안을 해도 좋다고 안내했다. 모든 학생이 아래의 방법에 동의했다. 어떤 방법으로 모둠을 짜느냐보다 절차에 대한 동의를 얻는 게 중요한 것 같다. 그래야 모둠 활동 중에 갈등이 생겨도 학생들 스스로 문제를 해결하도록 이끌 수 있다.

1. 모둠원의 역할은 눈, 입, 손, 귀 4가지 역할로 나누어진다.
2. '눈'은 모둠장으로서 우리 모둠이 어디로 향해야 하는지, 현재 어디에 있는지, 지금 무엇을 해야 하는지를 파악하여 모둠원을 이끄는 역할을 하고, '입'은 모둠 토의의 내용을 잘 정리하여 모둠을 대표해 전체 학생들에게 전달하는 역할을 하고, '손'은 모둠 토의의 내용을 모둠원들이 잘 알아볼 수 있도록 글로 정리하는 역할을 하고, '귀'는 모둠 토의 시 긍정적인 리액션을 통해 모둠원들이 적극적으로 의견을 제시할

수 있는 편안한 분위기를 조성하는 역할을 한다.

3. 눈 역할을 맡을 학생 8명을 자원받는다. 눈은 내가 함께하고 싶은 입 학생을 마음대로 뽑을 수 있다.

4. 눈은 입을 뽑고, 눈과 입 짝꿍은 복도로 나가 교실 안을 보지 않도록 조용히 바닥에 앉는다.

5. 교실에 남은 학생들은 교실 뒤로 나갔다가 모둠 책상에 두 명씩 짝을 지어 앉는다.

6. 교사는 모둠 번호가 적힌 제비를 가지고 복도로 나가 눈과 입 짝꿍이 뽑게 한다.

7. 눈과 입 짝꿍과 나머지 학생들이 만나 4인 1모둠을 완성한다.

8. 반갑게 인사를 나누고 토의를 통해 손과 귀의 역할을 누가 맡을 것인지 정한다.

학생들에게 제안한 모둠 구성 방법

모둠 구성 후 모둠 안의 어색함을 풀고 협동을 연습할 수 있는 활동으로 '이면지탑 쌓기 게임'을 했다. 눈 역할을 맡은 학생이 활동을 주도했고, 귀 역할을 맡은 학생은 계획대로 되지 않거나 탑이 쓰러지는 경우에도 긍정적인 말을 해 모두가 과정에 최선을 다할 수 있는 분위기를 조성했다. 나는 학생들이 이런 역할들을 연습할 수 있도록 계속해서 돌아다니며 역할 수행에 대한 피드백을 제공했다.

탑 쌓기가 끝난 후 탑의 높이에 따라 1등부터 8등까지의 순위를 매기고, 게임에 대한 보상을 이야기했다. 게임 보상은 환경 정책 토론의 논제를 먼저 선택할 수 있는 권한이었다. 학생들에게 5가지의 환경 정책 논제를 제시했다. 게임에서 꼴찌를 한 모둠도 큰 불만은 없었다. 5가지 논제의 난이도에 큰 차이가 없었고, 여덟 개의 모둠 중 두 모둠씩 하나의 논제를 선택하는 것이므로, 선택지가 다양한 편이었기 때문이다.

원자력 에너지를 그린 택소노미에 포함시켜야 한다.
우리나라에 탄소세를 도입해야 한다.
일회용 플라스틱 제품 사용을 전면 금지해야 한다.

우리나라의 동물원은 사라져야 한다.

교육부는 학교 급식을 주 1회 비건 식단으로 바꿔야 한다.

환경 정책 논제

토론 방법 학습하기

먼저 논증의 구조가 무엇인지 탐구했다. 논증이 어떤 구조로 되어 있는지, 논증의 구조를 잘 갖추는 것이 토론에서 왜 중요한지를 이해시키기 위해 tvN 코미디 빅리그의 〈사망토론〉을 편집해서 보여줬다. 학생들은 영상을 시청하기 전, 토론의 논제에 대한 자신의 생각을 활동지에 써보고 모둠원들과 이야기를 나눴다. 논제는 '연봉 6천만 원, 휴가 없는 회사 vs 연봉 3천만 원, 휴가 두 달 있는 회사'였다.

영상을 시청하고 나서 누가 더 설득력이 있었는지를 물었다. 학생 대부분이 이상준 씨(연봉 6천만 원, 휴가 없는 회사)가 김기욱 씨(연봉 3천만 원, 휴가 두 달 있는 회사)보다 설득력 있게 토론했다고 답했다. 하지만 왜 이상준 씨가 더 설득력이 있었냐는 질문에는 제대로 대답하지 못했다.

그래서 논증의 구성요소를 설명한 후 각 토론자의 논증 구조를 분석해보게 했다. 이 과정에서 학생들은 주장의 이유와 근거가 서로 어떻게 구별되고, 이유가 주장을, 근거가 이유를 어떻게 뒷받침하고 있는지를 살펴볼 수 있었다.

다음으로 각각의 논증 구조를 신뢰성, 타당성, 충분성의 기준에 따라 상, 중, 하로 평가해보게 했다. 직접 논증을 평가해보고 교사와 함께 이야기를 나누면서 토론의 신뢰성, 타당성, 충분성이 무엇인지, 이 기준들을 충족하기 위해서는 어떤 세부 요소들을 갖추어야 하는지 이해할 수 있는 시간이었다. '왜 이상준 씨의 논증이 더 설득력 있었는가?'라는 질문에 대한 답으로 "김기욱 씨에 비해 이상준 씨의 논증이 주장과 이유와 근거가 서로 논리적으로 잘 연결되어 있기 때문이다."라고 이야기하는 학생들이 많아졌다.

과거에 토론 수업을 해보면 학생들은 반론, 재반론하기를 가장 어려워했다. 그래서 경기도토론교육연구회의 『토론이 수업이 되려면』[24]

에 소개된 김준호 선생님의 수업 방법과 신광재 외의 『즐거운 토론 수업을 위한 토론 교과서』[25]에 소개된 반론과 관련된 내용 지식을 활용해 학생들과 효과적인 반론 방법을 탐구했다. 학생들에게 간단한 논증을 제시하고 이 논증에 대해 반론 다섯 개를 만들어 보라고 했다. 모둠별로 한 학생이 모둠에서 만든 반론을 발표했다. 나는 학생들이 만든 반론을 판서하며 학생들에게 이것이 반론으로 가능한지, 가능하다면 반론의 유형 5가지 중 어디에 해당하는지에 대해 물었다.

▶ 다음 논증을 읽고 5개의 반론을 만들어 봅시다.
  주장: 영희는 반장이 되어야 합니다.
  이유: 왜냐하면 성실하기 때문입니다.
  근거: 저는 지난 몇 년 동안 영희와 같은 반이었는데, 영희가 남들이 싫어하는 분리수거를 도맡아 해왔습니다.

순	반론	유형
반론1	분리수거 하나만 보고 성실한 학생이라고 할 수 없다.	충분성 관련 반론
반론2	성실함보다 더 중요한 반장의 자질이 있다.	관련성 관련 반론
반론3	영희가 매번 분리수거를 했다는 것은 사실이 아니다.	사실성 관련 반론
반론4	성실한 사람이 반장이 되었을 경우 급우들이 힘들어질 수 있다.	부작용 관련 반론
반론5	영희보다 철수가 더 성실하며, 리더십도 있다.	새로운 대안 제시 반론

반론 만들기 활동 학생 예시

---

24 경기도토론교육연구회, 토론이 수업이 되려면, 교육과실천, 2019.
25 신관재 외, 즐거운 토론 수업을 위한 토론 교과서, 창비, 2013.

토론 준비하기

　토론 준비는 우리 모둠이 선정한 논제에 대한 찬성 측과 반대 측 모두의 입장에서 입론, 반론, 예상되는 반론, 재반론을 준비하는 과정으로 구성했다. 학생들에게 환경 정책 토론회에 청중으로 환경에 매우 관심이 많은 우리 학교 선생님들이 참석할 예정이라고 이야기해뒀다. "선생님들이 토론회에 오시는 이유는 우리를 평가하거나 감시하기 위해서가 아니야. 평소 환경 정책에 관심이 많았고, 우리 토론을 보고 함께 공부하고 싶으시대."라고 이야기하니 '절대 안 된다'고 이야기하는 학생은 없었다.

　입론서를 작성하기 전에 시범을 통해 쟁점을 분석하는 방법을 가르쳤다. 토론 준비 과정에서 학생들이 인터넷에서 남이 만든 논증을 그대로 가져오는 경우가 많은데, 쟁점 분석을 먼저 시키면 학생 스스로 논증을 구성할 수 있다. 학생들은 정책 논제의 필수 쟁점인 '문제의 심각성, 해결 및 실행 가능성, 효과 및 이익'에 따라 이유를 떠올렸다. 환경 정책과 관련하여 신뢰할 만한 자료를 탐색하는 방법과 출처를 정확히 밝히는 방법도 알려줬다. 뉴스 빅데이터 분석 사이트인 빅카인즈에 접속해 핵심 단어들을 조합해 뉴스 기사를 찾아 정보를 수집하는 시범도 보였다.

논제: 우리나라에 탄소세를 도입해야 한다.		
반대 측 주장: 우리나라에 탄소세를 도입하면 안 된다.		
이유	근거(자료의 출처 밝히기)	관련 쟁점
탄소세를 도입하면 상품 가격이 상승해 저소득층이 피해를 입을 수 있다.	한국은행이 발표한 '기후변화 대응이 거시경제에 미치는 영향' 보고서에 따르면, 지구 평균 온도 상승 폭을 산업화 이전 대비 1.5도 이하로 억제하기 위해 탄소세를 부과하는 경우 2021~2050년 GDP 성장률이 연평균 0.32%p 떨어졌고 소비자물가 상승률은 0.09%p 증가했다. 출처: 최지은(2021.09.17.), 한국은행 "탄소세 부과, 경제 성장률 낮추고 물가는 높인다.", 조선미디어.	효과 및 이익

입론서 작성 활동 학생 예시

입론서 작성 과정에서 학생들은 찬성 측과 반대측 모두의 입장에서 논증을 구성해야 했다. 이렇게 한 것은 학생들이 균형 있는 사고를 했으면 하는 바람 때문이다. 또 양측의 입장을 모두 살피면 다음에 이어질 활동에서 반론과 재반론을 준비할 때 훨씬 수월하다.

반론을 예측할 때에는 앞에서 학습했던 반론의 유형 5가지를 활용하도록 했다. 우선 자신이 입론 단계에서 발언할 이유와 근거를 요약해서 적었다. 그리고 반론의 유형 5가지를 활용해 나의 입론에 대해 상대측이 어떤 반론을 할 수 있을지 생각했다. 끝으로 상대측의 반론에 대한 재반론을 준비했다. 이 과정 역시 어려움을 느낄 학생들을 위해 반론과 재반론을 준비하는 과정을 예시와 시범을 통해 보여줬다.

내가 찬성 측일 때		
나의 논거에 대해 예상되는 상대측 반론	반론 유형	상대측 반론에 대한 나의 재반론
탄소배당 제도를 통해 늘어난 세금을 저소득층을 위해 사용할 수 있다.	새로운 대안 제시 반론	2012년에 탄소세를 도입했던 호주는 늘어난 세금으로 복지 지원을 늘렸지만 기업의 비용 전가로 물가가 상승하자 2014년에 탄소세 정책을 폐지했다.

반론, 재반론 준비 활동 학생 예시

실전 토론 전에 토론에 대한 부담감을 떨치고, 모둠 안에서 토론 준비가 잘 되었는지 함께 점검해 볼 수 있도록 연습 토론 과정을 마련했다. 4:4 모둠 대항으로 이루어지는 실전 토론 절차를 간추려 모둠 안에서 2:2로 연습 토론을 했다. 모둠 안에서 눈과 귀 학생이 찬성 역할을, 입과 손 학생이 반대 역할을 맡았다.

학생들은 연습 토론 후에 배움확인표를 작성하고 자신의 수행에 대한 성찰과 모둠원의 수행에 대한 피드백을 서술형으로 작성했다. 모둠원의 수행에 대한 피드백을 작성할 때 구체적으로, 친절하게, 도움이 되도록 하는 것이 중요하다는 것을 예를 들어 설명했다.

• 소소한 수업 팁 •

다양한 피드백의 예시를 살피며 무엇이 좋은 피드백인지 토의해 보세요. 저는 학생들에게 피드백의 3원칙을 안내합니다.
- 친절하게: 긍정적인 피드백과 부정적인 피드백을 함께 제공한다. 비난하는 말을 하지 않는다. 사람이 아닌 과제에 대해 피드백한다.
- 구체적으로: 어떤 부분을 어떻게 개선하면 좋을지 구체적으로 피드백한다.
- 도움이 되도록: 피드백의 목적은 친구가 피드백을 수용해 결과물을 개선할 수 있도록 도움을 주는 것이라는 걸 항상 생각한다.

교내 환경 정책 토론회 개최하기

드디어 교내 환경 정책 토론회 날, 학생들은 미리 안내한 토론 대형으로 앉아 있었다. 논제별로 8명의 토론자가 찬성과 반대로 나뉘어 토론을 준비하고 있었고, 나머지 학생들과 선생님들은 청중의 역할을 맡아 토론자들을 둘러앉았다. 나는 사회자로서 프로젝트의 탐구질문을 소개하며 오늘의 토론회가 개최된 이유와 목적을 이야기하고 그날의 논제를 소개했다.

먼저 찬성 측 토론자 4명이 9분 동안 입론을 하고, 이어서 반대측 토론자 4명이 9분 동안 입론을 했다. 입론이 끝나면 8분 동안 팀별로 모여 반론과 재반론을 준비하는 작전 회의 시간을 줬다. 이때 청중들은 종이에 메모한

양측의 입론에 대해 질문을 만들었다. 작전 회의가 끝나고 반대측부터 5분씩 반론과 재반론을 하는 자유 토론을 했다. 토론의 마지막 단계는 청중 질의응답이었다. 토론자들에게 질문이 있는 청중은 손을 들어 질문하고, 토론자들은 답변했다.

토론회를 마치기 전, 청중으로 참여한 교내 선생님들의 소감을 들었다. 미리 교내 메신저로 청중의 역할을 구체적으로 안내했기 때문에 선생님들은 환경에 관심이 많은 시민으로서 토론을 지켜보며 무엇을 배우고 생각했는지, 토론회에서 학생들의 어떤 점이 대단하다고 느꼈는지, 이번 시간 학생들이 한 토론이 어떤 의미가 있었는지를 말씀해주셨다.

김OO 선생님

"학생들이 너무 잘 준비를 해서, 치밀한 데이터와 전문적인 지식을 가지고 토론하고 질문에 답변한 모습이 너무 인상적이었습니다. 토론자들뿐만 아니라 청중으로 참여한 친구들도 토론자들이 어떤 말을 하는지 경청하고 메모하는 모습이 정말 인상적이었습니다. 최고예요!"

강OO 선생님

"저도 환경에 관심이 많은 시민 중 하나인데 여러분들의 토론을 듣고 근거에 대한 명확한 출처를 밝히며 본인의 주장을 이야기한 측면이 매우 인상 깊었어요. 또 탄소세 도입과 관련해서 우리 시민이 개인적으로 실천할 수 있는 것이 무엇이 있는지를 생각해 볼 수 있는 의미 있는 시간이었습니다."

교실 밖 청중들의 격한 피드백을 듣고 학생들은 어깨가 으쓱해졌다. 토론회를 준비하기까지 모둠원들과 함께 노력한 만큼 토론을 지켜본 청중들에게 긍정적인 영향을 줄 수 있었다는 것을 깨달은 듯했다. 수업이 끝나고 토론자로 참여했던 한 학생은 "선생님, 저 손이 달달 떨려서 죽는 줄 알았어요."라고 말했는데 표정은 참 행복해 보였다.

프로젝트 중간 성찰하기

듀이는 교육에서의 '경험'을 중요시하면서도 이 경험에도 '질적 차이'가 있다고 말했다. 그는 교육을 '경험의 계속적인 재구성 혹은 재건'으로 정의했다. 경험에서 배움이 일어나려면 교과의 핵심 지식을 습득하는 과정과 경험을 지속적으로 성찰하는 과정이 중요하다는 의미이다.

이번 프로젝트에서도 학생들이 질 높은 배움을 경험할 수 있도록 비평과 성찰과 개선의 과정을 수업 사이사이에 넣었다. 우선 토론을 준비하기 전에 간단하게 수행평가의 채점기준표를 함께 살펴보는 시간을 가지며 학생들이 스스로 내가 수업에서 도달해야 할 목표가 어디인지, 지금 나는 어디에 위치해 있는지, 앞으로 무엇을 해야 하는지를 생각할 수 있게 했다.

토론을 준비하는 과정에서는 교사가 계속해서 학생들의 활동 모습을 관찰하며 이 수행평가 채점기준표를 기준으로 피드백을 제공했다. 예를 들어 학생이 입론서를 작성하면서 참고한 자료의 출처를 명확히 밝히지 않았을 때, 다음과 같은 대화를 나눴다.

"민지야, 문제의 심각성이라는 쟁점을 잘 분석해서 그 쟁점에 맞는 타당한 이유와 근거를 썼네. 그런데 우리 수행평가 채점기준표에서 두 번째 평가요소를 한번 볼까? 민지가 이 요소에서 '잘함' 수준에 도달하려면 어떤 점을 보완하면 좋을까?"

"음… 신뢰성이요?"

"그렇지! 토론을 할 때 너의 발언이 믿을만한 것이어야 설득력이 높아질 거야. 만약 상대측 토론자가 너에게 출처를 물었을 때 했을 때 제대로 답변하지 못한다면 어려움이 있겠지? 그럼 출처를 잘 밝히려면 활동지에서 어떤 내용을 참고하면 좋을까?"

"(활동지를 넘기고)여기요."

"그래 알고 있었구나! 아직 시간이 남았으니 출처를 정확히 밝혀보자."

환경 정책 토론회를 마친 후에는 최종 성찰지를 작성했다. 연습 토론 후에 작성했던 것과 같이 배움확인표에서 자신이 도달했다고 하는 수준을 스스로 점검해보고 몇 가지 질문에 대해 생각을 적어보게 했다. 배움확인표에 교사의 피드백을 할 수 있는 칸도 만들어 학생이 가지고 있는 오개념을 바로잡을 수 있는 도움말을 적었다.

학교 환경 정책 건의문 쓰기

건의문 쓰기 첫 시간, 청소년들이 노력을 통해 세상을 변화시킨 사례들을 간단히 소개했다. 먼저 '세상을 바꾸는 시간 15분' 프로그램의 영상 '사소한 것에 집착할 때 생기는 일들'[26]을 보여주며 영상의 주인공이 자신의 삶에서 어떤 문제를 발견했고, 그 문제를 해결하기 위해 어떤 과정들을 거쳤는지, 노력의 결과는 어땠는지 질문했다. 이 영상 외에도 청소년 체인지메이커 동아리 활동, 그레타 툰베리의 이야기, 우리나라의 청소년 환경 운동가들의 단체인 '청소년 기후행동'의 활동을 소개했다. 마지막에 이 말도 덧붙였다. "그런데 얘들아, 이 친구들이 한 번에 바로 성공했을까? 실패해도 좋아. 기꺼이 실패하고자 했을 때 오히려 우리는 더 성장하니까."

글쓰기를 가르칠 때 자주 사용하는 방법 중 하나는 학생이 썼으면 하는

---

26 세바시 강연, 2019, 사소한 것에 집착할 때 생기는 일들, https://youtu.be/Le4t-jDUW_Y.

글의 예시를 제시하고 이 글을 학생들과 비평해보는 것이다. EBS 수능특강 화법과 작문에 수록된 건의문을 건의문 쓰기 채점기준표로 평가해보는 활동을 했다. 먼저 채점기준표의 평가요소와 각 수행 수준별 내용을 확인하게 했다. 다음으로 건의문 예시 글이 채점기준표에 따르면 어떤 수준에 해당하는지, 그렇게 평가하는 근거는 무엇인지를 직접 찾고 생각을 공유했다. 좋은 건의문의 기준을 학습한 후에는 채점기준표의 내용 중 내가 '이미 알고 있는 것'과 '앞으로 알아야 할 것'을 구분해서 적도록 했다.

이제 직접 건의문을 쓸 차례다. 반 친구들과 우리 학교의 환경 문제를 브레인스토밍했다. 우리 학교를 장소별로 나누고 그 장소에서 나타나는 환경 문제를 찾았다. 먼저 자기 생각을 적은 후 모둠원과 공유하고 반 친구들과 모둠 토의의 결과를 나눴다. 그 후, 이 중 내가 해결하고 싶은 환경 문제는 무엇인지, 내 건의문을 읽을 예상 독자는 어떤 사람인지 분석했다.

글쓰기 맥락을 분석한 후에는 개요를 썼다. 개요 작성 활동지에는 학생이 배움확인표의 내용을 잊지 않도록 도움말을 비계로 제공했다. 학생들은 30분 정도 개요를 작성하고 교사의 피드백을 받았다.

건의문을 쓰는 시간은 고쳐쓰기까지 75분 정도 줬다. 초고를 쓴 후에는 배움확인표를 바탕으로 자기가 쓴 글에서 수정·보완할 부분이 없는지 점검해보게 했다. 그다음엔 친구의 글을 읽고 피드백을 적게 했다.

건의문 결과물 공개하고 성공을 축하하기

건의문 쓰기 첫 시간에 학생들이 쓴 건의문 중 정말 우리 학교의 환경 정책이 되었으면 하는 내용을 담은 글을 뽑아 독자에게 전달해 줄 것이라고 이야기했다. 국어 교사 세 명이 모여 좋은 글을 선정하고 독자에게 전달했다. 건의 사항 중 일부는 실제 변화로 이어졌고, 우리가 만든 변화에 대해 함께 이야기하는 것으로 축하 활동을 대신했다.

우리 학교에는 음료나 과자를 구입할 수 있는 자판기가 설치되어 있다. 그런데 자판기 옆에 배치된 쓰레기통이 하나뿐이어서 각종 쓰레기가 분리배출되지 않는다는 문제가 있었다. 그래서 행정실장님에게 분리배출이 가능한 쓰레기통을 새로 놓아달라는 건의문을 전달했고 얼마 뒤에 건의 사항이 반영되었다.

다음으로 영양사 선생님에게 급식실과 관련된 환경 정책 건의문을 보냈다. 영양사 선생님과 건의문의 내용에 대해 이야기를 나누던 중 학교에서 이미 '비건 급식'을 월 1회 실시하고 있다는 사실을 알게 되었다. '초록급식의 날'을 운영하고 있었지만 이에 대한 홍보가 잘 이루어지지 않고 있었기 때문에 나도 학생들도 사실을 인지하지 못했다. 영양사 선생님은 건의문을 통해 이런 문제점을 발견하고 바로 초록급식의 날의 취지를 알리는 게시물을 제작해 적극적으로 홍보를 시작했다.

마지막으로 총학생회장단 후보들에게 학교 환경 정책 건의문들을 전달했다. 후보들이 제시한 공약 중에는 정수기 옆에 종이컵을 비치하는 등 환경을 고려하지 않는 사업들이 다수 있었다. 회장단 후보들은 건의문을 읽고 공약들을 수정하는 회의를 진행했다. 어떤 후보는 기존의 공약을 어떻게 수정할 수 있는지 직접 보내오기도 했다. 또 최종 후보자 연설에서 각 후보가 2분간 학교의 환경 정책과 관련된 공약을 발표할 수 있는 시간을 마련했다.

학생들은 슬기로운 환경 시민 프로젝트에서 배움을 통해 학교 구성원들에게 선한 영향력을 주는 경험을 한 것에 뿌듯해했다. 나는 학생들에게 이번 프로젝트에서 우리가 함께 배우고 교실 밖 세상과 연결되었던 과정을 되짚었다. 학생들은 구글 설문지를 작성하며 프로젝트 전체 과정에 대해 성찰하는 시간을 가졌다.

수업을 마치며

교학상장의 기쁨

　여름방학에 슬기로운 환경 시민 프로젝트에 참여했던 학생들에게 인터뷰를 요청했다. 수업 끝에 학생들이 제출한 구글 설문지만으로는 수업에 대한 학생들의 생각을 구체적으로 알기 어려웠기 때문이다. 국어 성적이 성취도 A부터 D까지 다양한 수준인 네 명의 학생이 자원해줬다. 이 학생들이 함께 수업한 150명을 대표할 수는 없지만 긴 시간의 대화를 통해 내 수업을 깊이 되돌아볼 수 있었다. 인터뷰 전문은 아래 QR 코드를 촬영해 읽어볼 수 있다.

학생 인터뷰 QR 코드

　학생들에게 가장 기억에 남는 수업 장면이 무엇인지 물었다. 네 명의 학생 모두 토론 과정이 기억에 남는다고 답했다. 특히, 마지막 교내 환경 정책 토론회에서 배운 것이 많다고 이야기했다. 다른 모둠의 발언을 들으며 해당 문제를 다양한 관점에서 살필 수 있었고, 청중이 생각지도 못한 질문을 했을 때 깊이 있는 지식의 필요성을 알게 되었다고 했다. 학생들은 이 과정이 재미있었다고 이야기했다. 수업을 설계하며 혹시나 학생들에게 너무 큰 부담을 느끼게 하는 것이 아닌가 걱정했었다. 하지만 모든 토론 준비를 수업 시간에 마칠 수 있도록 하고, 모둠원과 협동하며 문제를 해결하도록 했기 때문에 중도에 포기하는 학생이 없었던 것 같다.

이번 프로젝트가 삶에 도움이 된다고 생각하냐는 질문에 대해 학생들은 내가 국어 수업의 목표로 생각했던 것들을 그대로 이야기했다. 프로젝트를 하며 정보를 수집하는 방법, 출처를 밝히는 방법, 상대를 설득하는 방법, 모둠원과 상호작용하는 방법을 알 수 있었다는 이야기를 들을 수 있었다. 무엇보다 기뻤던 건 수업 외의 시간에도 환경 문제를 자발적으로 탐구하는 학생들이 있었다는 것이다. 환경을 주제로 한 소프트웨어 대회에 참가해 보거나 친구들과 책을 읽고 토론을 한 학생들이 있었다. 이 수업을 통해 세상에 좋은 영향을 미치는 배움의 가치를 깨닫게 된 것 같다.

모둠 활동에 대한 이야기를 좀 더 나눴다. 이 학생들은 모둠으로 활동하며 배운 것이 많다고 이야기했다. 모둠원과 소통하며 생각의 폭을 넓혔고, 모둠 안에서 일어난 크고 작은 갈등을 거치며 어떻게 하면 더 효과적으로 협력할 수 있을까를 생각해 볼 수 있다고 했다. 수행평가 기준에 모둠 점수가 없었음에도 토론회에서 모둠원들과 다 같이 준비가 잘 된 모습을 보여 주고 싶었기 때문에 무임승차 현상은 거의 발생하지 않은 것 같았다.

자기평가, 동료평가, 교사의 피드백 과정이 어땠는지도 물었다. 수업의 전반부에 배움확인표를 확인하고, 이것을 활용해 자기평가, 동료평가를 하는 과정이 자기의 현재 수준을 가늠해보고, 무엇을 보완해야 할지 생각하는 데 도움이 되었다고 했다. 그러나 배움확인표에 있는 기준에 도달했다고 판단하면 그 이상을 하려는 마음이 들지 않았다거나 동료평가에서 쓴소리를 하기가 쉽지 않았다는 이야기도 있었다. 교사 피드백에서도 나의 피드백이 과제 해결에 도움이 되었고, 모든 학생에게 공평하게 제공되었지만 다소 답을 알려주는 경향이 있었다고 답했다. 앞으로의 수업에서 개선해야 할 점이라고 생각한다.

학생의 의사와 선택권 측면에서도 아쉬움이 남는다. 토론 논제를 정하거나, 반론을 만들 때 나는 학생들에게 몇 가지 선택지를 주고 그 안에서 선택하게 했다. 일정한 틀을 주지 않으면 수업을 어려워하는 학생들이 생길 것으로 판단했기 때문이다. 그런데 학생들은 이 틀이 창의적인 생각이나 개인적 관심에 따른 선택을 방해했다고 이야기했다. 학생의 의사와 선택권을 설정할 때 학생 개개인의 수준과 관심사를 조금 더 개별화할 필요가 있다고 느꼈다.

학생들을 인터뷰하는 동안 참 많은 생각들이 스쳐 지나갔다. 수업을 설계하며 생각했던 나의 수업 의도를 학생들도 충분히 이해하고 있음에 놀랐고, 내가 평소에 잘하고 있다고 생각했던 부분들에 대해 그렇지 않다는 답변을 들을 때에는 얼굴이 빨개졌다. 프로젝트 수업의 가장 큰 매력은 교사가 학생들과 함께 배운다는 점이다. 수업을 하며 나도 슬기로운 환경 시민이 되기 위해 삶의 생태적 전환을 꿈꾸게 되었다. 인터뷰를 하며 교사로서 어떤 부분을 더 보완해야 하는지 알 수 있었다.

앞서 더 나은 세계를 만들기 위해 세계와 연결되어 나를 끊임없이 변화시키는 과정으로서의 '존재하기 위한 학습'을 실현하고 싶다고 이야기했다. 이때 학습의 주체는 주로 학생을 의미하지만 교사도 포함된다고 생각한다. 교수자와 학습자의 경계를 넘어서는 일이 내가 꿈꾸는 수업을 실현하는 가장 중요한 열쇠가 될 것 같다.

꿈 그림, Story Writing

오서현 충남외국어고등학교

학생의 배움과 성장이 있는 수업

지난 몇 년간 학생 참여·활동 중심 수업은 빠르게 확산하였다. 학생들은 강의식 수업에서보다 덜 졸고 더 활기찼으며 교사로서 자괴감도 많이 줄었다. 하지만, 여전히 시끄러운 활동 속에서 학생들이 '의미 있는 배움'을 하고 있는지는 의문스러웠다. 강의식 혹은, 단순한 학생 참여·활동 중심 수업에서 채워지지 않는 '의미 있는 배움'과 그 배움을 통한 '학생의 성장'으로 이어지는 수업에 관해 관심이 커졌는데, 이런 고민을 해결해 줄 수 있었던 것은 프로젝트 수업이었다. 이전에는 늘 새롭고, 흥미롭고, 자극적인 활동들을 찾느라 많은 에너지를 쏟았다면 프로젝트 수업을 하면서부터는 '의미 있는 배움'과 그 배움을 통한 '학생의 성장'을 위한 방안에 대해 많이 고민하게 된다.

주도적으로 배우며 성장하는 학생

수업에서 자신들이 무엇을 배우게 될지 어디로 갈지를 알고 있는 학생들은 마치 나침반을 지참하고 망망대해를 항해하는 선장과 같이 목표 지점과 가고자 하는 방향을 잘 인지하고 있다. 학생들은 매 수업 시간 교사가 다양하고 새로운 활동으로 자신들을 즐겁게 하거나 깜짝 놀라게 해주기를 기대하기보다는, 자신의 배움과 성장을 위해 무엇을 해야 할지에 관심이 많고 이를 위한 수고를 기꺼이 감내할 준비가 돼 있다. 프로젝트 수업을 실천하면서 학생들이 '배움'을 경험하며 이에 대해 희열을 느끼고 교과서와 교실을 넘어 스스로 배움의 장을 넓혀가려고 애쓰는 것을 볼 때가 있다. 단순히 시험에서 고득점을 받는 것과 같은 산술적 성장을 넘어 다양한 자신의 역량을 신장시키려고 스스로 애쓰고 노력하는 모습을 목격할 때 정말 뿌듯함을 느낀다.

Extensive Reading으로 영어에 노출 기회 증대

Krashen은 그의 책 『크라센의 읽기 혁명』[27]에서 "즐겁게 책을 읽을 때, 노력하지 않아도 언어 실력이 는다."(Krashen, 2013)라고 했다. 그의 말이 시사하듯이 영어 원서를 활용한 영어 수업이 교과서 중심의 Intensive Reading의 한계를 보완하고, 상대적으로 영어에 노출될 기회가 적은 우리나라의 영어 학습자들에게 영어에 노출 기회의 증대와 더불어 방대한 언어 입력(input)을 가능하게 한다. 또한, 영어책을 활용한 Extensive Reading은 학생들의 영어 실력 향상 및 영어 학습에 대한 지속적인 동기부여 차원에서 꼭 필요하다고 생각한다. 그래서 학기마다 영어 원서를 수업에 활용하고 수행평가뿐만 아니라 지필평가로까지 연계하고 있다. Extensive Reading을 위한 영어책 읽기는 내가 수업에서 매우 중요하게 생각하는 부분 중 하나이다.

학생 특성을 고려한 프로젝트 아이디어 구상

이번 학기에 맡게 된 학생 특성으로 봤을 때, 지난 학기와 같이 1인당 10편의 글이 포함된 글 밥이 꽤 많은 책 쓰기 프로젝트는 다소 무리한 수업이

---

27 크라센의 읽기 혁명, Krashen, Stephen D 저, 조경숙 역, 르네상스, 2013

될 것 같았다. 그러던 중 학교 밖 교사학습공동체에서 그림책 소모임을 시작하게 되었다. 이야기와 그림이 함께 있는 '이야기 쓰기(Story Writing)' 프로젝트 수업을 진행한다면 여러 편의 글을 써야 하는 부담은 줄이고 흥미와 참여는 높이며 학생들의 특성에도 잘 부합할 것 같았다.

세계시민으로서 지속가능발전목표(SDGs)에 동참

내가 근무하는 학교는 유네스코 학교로 '세계시민의 산실'임을 자처하고 있다. 그래서 영어 수업 시간에 지속가능발전목표(SDGs 17개)를 이해하고, 세계시민으로서 이 목표 달성을 위한 활동에 동참할 목적으로 '이야기 쓰기(Story Writing)'를 하는 프로젝트 수업을 설계하였다. 본교의 학생들은 물론이고 이 책을 읽는 어린이들의 세계시민 교육에도 선한 영향을 끼쳤으면 하는 바람이 있었다.

주 2회 영어 수업 시간의 반은 원서, 『Animal Farm』[28]을 읽고 나머지 반은 이 프로젝트를 진행하였다. 이 책은 다양한 동물 캐릭터들을 통해 사회 · 정치 문제를 비판적으로 지적하는 디스토피아적 소설인데, 동물 캐릭터들을 통해 국내 · 외 주변에서 일어나는 지속가능발전목표(SDGs 17개) 관련 이슈를 비판적으로 바라보고 주변에 선한 영향력을 끼칠 수 있는 '이야기 쓰기' 프로젝트를 하기에 적절한 도서라 생각되었다.

과정 중심 글쓰기(The Process Writing)로 영어 글쓰기에 대한 자신감 고취

영어 수업에서 글쓰기 지도는 대체로 우선순위에 밀리는 경향이 있어 학생들도 긴 글이나 다양한 글을 써본 경험 부족으로 글쓰기에 자신감이 떨어진다. 이런 어려움을 극복하기 위해 글쓰기 활동을 할 때는 항상 과정 중심 글쓰기(The Process Writing) 방식을 활용한다. 글쓰기를 시작하기도 전에

---

28 Animal Farm, George Orwell, Signet Book, 2004

생길 수 있는 학생들의 자포자기를 어느 정도는 방지할 수 있다. 초고를 쓰고 피드백을 받고 이를 토대로 수정의 기회가 있어서 처음부터 완성도 높은 글을 써야 한다는 부담감에서도 벗어날 수 있다.

단계	목적	전략
사전 쓰기	아이디어 생성 및 수집	대화, 브레인스토밍, 클러스터링, 개요 작성
초안 작성	빠르게 아이디어 종이에 표현	빠른 쓰기, 매일 쓰기, 대화 형식의 일지 등
고쳐쓰기	문장 검토 또는 변경	공유하기, 동료 피드백, 교사 피드백
편집	철자, 문법, 구두점, 기법 교정	동료 편집, 교정, 컴퓨터 프로그램 활용 등
발행(출판)	다른 사람들과 글 공유	게시판, 온·오프 공유, 학교 북페어 공유 등.

글쓰기 진행 과정과 단계별 지도 전략 (Edited from Peregoy, 2005)

프로젝트 개요

새 학기가 시작되기 전에 프로젝트에 대한 대략적인 아이디어를 가지고 'PBL센터'의 동료 교사들과 이야기를 나누며 계획을 다듬고 구체화하였다. 프로젝트명도 'Storybook Writing'에서 '꿈 그림, Storybook Writing'으로 근사하게 바뀌었다.

꿈 그림, Storybook Writing		
과목 비판적 사고와 영어작문	학년 고등학교 2학년	기간 16차시

핵심 가치
• 세계시민으로서 지속가능발전목표(SDGs)의 필요성에 공감하고 이해한다.
• 지속가능발전목표(SDGs)의 실현 필요성을 알리고 실천을 촉구하는 글을 쓴다.
• 지속가능발전목표(SDGs) 달성을 위한 실천에 동참한다.

기간 16차시

성취기준

[12비영작02-01] 문학 텍스트를 분석하여 합리적 근거를 토대로 자신의 의견을 말한다.
[12비영작02-03] 연설을 분석하고 자신이 분석한 내용을 반영한 연설을 구현한다.
[12비영작03-01] 주장하는 글을 비판적으로 읽고 글의 구조와 논리적 흐름을 분석한다.
[12비영작03-04] 글을 정확하게 해석하기 위하여 세부사항에 집중하며 정독한다.
[12비영작04-02] 주장에 대해 철저하고 비판적인 논평을 작성한다.
[12비영작04-04] 자신의 주장에 대한 비판적, 분석적 글을 작성한다.

탐구질문

1. 우리는 어떻게 세계시민교육에 선한 영향을 미칠 수 있는 어린이를 위한 스토리북을
   만들 수 있을까?
2. 후보 탐구질문: 우리는 어떻게 인간의 품성을 기를 수 있는 스토리북을 만들어 세계시민
   교육에 선한 영향을 미칠 수 있을까?

프로젝트 수업 흐름

• 꿈 그림, 스토리북 라이팅 모둠구성(희망 주제별)
• 선정한 주제(SDGs) 탐색 (자료 제공)
• 이야기 쓰기 및 공유
1~3차시: 오리엔테이션, 재미있는 이야기 탐색과 공유, 모둠별 프로젝트 계획서를 짠다.
4~5차시: 브레인스토밍, 스토리 개요 짜기, 스토리 라이팅(초안)을 하고 이를 공유한다.
6~7차시: 피드백(자기평가, 동료평가, 교사평가)을 실시하고 이를 반영하여 글을 고쳐 쓴다.
8~9차시: 이야기에 맞는 그림을 포함하여 적절히 배치하고 편집 작업을 한다.
10~11차시: 갤러리워크 및 피드백을 실시하고, 피드백을 반영하여 레이아웃을 보완한다.
12차시: 가출판을 하고 마지막 편집을 한다.
13차시: 책출판을 위한 온라인 출판사('부크크')에 글을 업로드하는 작업을 한다.
14~15차시: 관객을 초대하고 시청각실 무대에서 스토리텔링을 실시한다.
16차시: 책 공유회 및 성찰과 축하의 시간을 갖는다
• 평가
  – 지필평가(중간, 기말 포함 / 수행평가 20%)

주요 결과물

모둠 결과물: 스토리텔링, 책(Storybook)
개인 결과물: 활동 소감문

채점기준표

꿈 그림, Story Writing 채점기준표(Rubrics)

채점기준표는 학생들이 수시로 볼 수 있도록 구글 클래스룸에 게시하였
다. 두 개 영역 중 '이야기 쓰기'는 모둠 평가로, 'Storytelling'은 개인별로

평가하였다. 학생들은 이런 '모둠별＋개인별' 조합의 평가 방식에 대해 긍정적이었다. 협업으로 이룬 모둠 활동에 대해서는 같은 점수를 부여하면서 개인별 역량을 발휘할 수 있는 부분은 개별 평가를 병행하여 모둠별 협업과 개인별 노력이나 역량을 모두 평가할 수 있는 것 같다.

영역	평가 요소	채점 기준(점수)		
		잘함(20)	보통(15)	노력 필요(10)
Story writing (80점)	과제 완성도 • 분량 • 조건	글의 분량이나 형식이 글쓰기 과제로 제시된 조건에 매우 충족함.	글의 분량이나 형식이 글쓰기 과제로 제시된 조건에 대체로 충족함.	글의 분량이나 형식이 글쓰기 과제로 제시된 조건에 미흡함.
	내용 및 언어 • 적절성 • 다양성 • 창의성	지속가능발전목표라는 주제와의 관련성이 매우 높고, 이야기의 전개(도입-전개-위기-해소-결말)가 매우 자연스럽고 창의적이며 교훈이 잘 드러남.	지속가능발전목표라는 주제와의 관련성이 있으나 이야기의 전개(도입-전개-위기-해소-결말)가 다소 매끄럽지 못하고 창의적인 면이 다소 떨어지거나 교훈이 잘 드러나지 않음	지속가능발전목표라는 주제와의 관련성이 명확하지 않고 이야기의 전개(도입-전개-위기-해소-결말)가 다소 매끄럽지 못하고 기존 작품을 일부 혹은 많은 부분 베끼거나 교훈이 잘 드러나지 않음
	상징 • 비유, 은유, 상징 • 암시	매우 적절하고 다양한 어휘를 사용하고 비유, 은유, 상징 등을 충분히 활용하고 문장을 생생하고 구체적으로 묘사하고 표현함.	다소 적절하지 않거나 단순하고 똑같은 어휘를 반복적으로 사용하고 비유, 은유, 상징 등을 충분히 활용하지 않고 문장을 단조롭게 묘사하고 표현함.	적절하지 않거나 단순하고 똑같은 어휘를 반복적으로 사용하고 비유, 은유, 상징 등을 전혀 활용하지 않고 전반적으로 문장을 부적절하고 단조롭고 생생하지 않게 묘사함.
	문법 등 • 문법 • 구두점 • 대·소문자	철자나 문법적 오류가 1~3개 있지만, 의미 전달에 지장을 초래하지 않으며 구두점, 대·소문자 등이 매우 적절하게 사용됨.	철자나 문법적 오류가 4~6개 있지만, 대략적인 의미의 전달이 이루어지며 구두점, 대·소문자 등이 가끔 부적절하게 사용됨.	철자나 문법적 오류가 7개 이상 있어서 명확한 의미 전달에 지장을 초래하고 구두점, 대·소문자 등이 빈번히 부적절하게 사용됨.

내용(Contents)	잘함(10)	보통(8)	노력 필요(6)
• 등장인물 • 배경 • 세팅 • 전개 • 갈등(문제)&해결 • 교훈(lesson)	이야기 구성에 필요한 등장인물, 배경, 세팅, 전개, 갈등과 문제 해결, 교훈 등이 모두 포함되어 이야기가 매우 자연스럽게 전개되는 순수 창작품.	이야기 구성에 필요한 등장인물, 배경, 세팅, 전개, 갈등과 문제 해결, 교훈 등이 모두 포함되어 이야기가 대체로 자연스럽게 전개되는 순수 창작품임.	이야기 구성에 필요한 등장인물, 배경, 세팅, 전개, 갈등과 문제 해결, 교훈 등이 모두 포함되지 않고 이야기가 부자연스럽게 전개되거나 혹은 다른 작품을 일부 혹은 많은 부분을 베끼거나 모방한 흔적이 많음.
유창성(Fluency) • 발음, 강세, 리듬, 억양 • 올바른 언어 형식 • 비언어적 요소 (제스처, 시선, 태도 등)	전반적으로 자연스러운 발화로 적절하고 다양한 표현, 올바른 언어 형식의 사용, 비언어적 요소의 활용으로 매우 효과적으로 내용을 전달함.	부분적으로 자연스러운 발화로 적절하고 다양한 표현과 올바른 언어 형식을 사용하고 비언어적 요소를 활용하여 무난하게 내용을 전달함.	전반적으로 부자연스러운 발화로 부적절하거나 단순한 표현을 반복적으로 사용하고 비언어적 요소를 적절히 활용하지 못하여 효과적이지 않게 내용을 전달함.

(표 왼쪽 병합 셀: Story-telling (20점))

수업 속으로

물꼬 트기: '지속가능한 목표'가 있는 힙합 속으로

　프로젝트 수업 책자, 『처음 시작하는 PBL』[29]에서는 첫 시간의 도입 활동을 '물꼬 트기' 활동이라 칭하는데 뭔가 "뺑!" 하는 임팩트 있는 활동으로 시작하여 학생들의 관심을 끌 것을 권한다.(벅 교육협회, 2021) 나의 프로젝트 수업에서는 매번 이 활동이 제대로 되지 않아 아쉬움이 컸었는데, 학교 축제에서 보니 무대에서 랩이 흘러나올 때, 학생들이 흥겹게 같이 따라 하던 모습이 생각나, 랩을 듣는 것으로 도입 활동을 시작하였다. UN에서 만든 'Sustainable Development Goals : Improve Life All Around The Globe'라는

29　처음 시작하는 PBL, 벅교육협회 저, 이예솔, 오서현, 김정민, 박준일 역 외 1명, 지식프레임 2021

제목의 홍보 영상이다. 리듬을 타며 신나게 들으면서 지속가능발전목표에 관한 관심을 끌어보려 하였는데, 학생들도 키득키득하며 따라했다. 이후 오리엔테이션으로 프로젝트 수업의 필요성과 계획을 간단히 안내하였다.

모둠 구성: 관심 분야끼리 모여라!

모둠 구성을 할 때 프로젝트 수업의 필수요소인 학생의 '의사와 선택권'을 최우선으로 고려하였다. 구글 독스를 사용해 먼저 학생들에게 17가지 지속가능발전목표 중 희망하는 주제를 써서 제출하도록 안내하고 같은 주제를 선택한 학생끼리 같은 모둠으로 구성하였다. 자신이 가장 관심이 있는 주제를 가지고 프로젝트를 할 때 활동에 대한 책임감이 더 커질 수 있다고 생각했다. 또한, 같은 분야에 관심을 가진 학생들끼리 함께 활동할 때 서로에게 쉽게 동질감을 느끼고 협업이 더 잘 이루어질 수 있을 것 같아서 모둠 구성을 할 때 종종 이 방법을 쓰고 있다.

간혹 모둠 활동이 진행될 때 혼자 모든 일을 떠맡거나 무임승차하는 학생이 있는데 역할 분담은 물론, 모든 모둠원이 자신의 활동지에 모둠 활동 내용을 작성하여 제출하도록 했다. 모둠원 간 결속을 다지며 협업하여 과업을 완수하도록 필요할 때 피드백을 주거나 'bamboozle' 게임 등 모둠 세우기 활동을 하였다.

탐구활동

이 프로젝트의 탐구 질문은 "우리는 어떻게 세계시민교육에 선한 영향을 미칠 수 있는 어린이를 위한 스토리북을 만들 수 있을까?"이다. 탐구 질문은 프로젝트를 진행하는 동안 프로젝트의 방향을 안내해주는 나침반, 혹은 프로젝트 진행 상황을 점검해보는 체크리스트와 같은 역할을 한다. 좋은 탐구 질문을 만들기 위해 빈 종이에 수없이 많은 질문을 적어보고, 프로젝트의 본질을 가장 잘 표현해주며 아이들의 관심을 끌만 한 것을 최종 탐구 질문으로 정한다. '세계시민 교육', '선한 영향력', '어린이를 위한 스토리 북'을 항상 상기시키고자 세 개의 키워드를 포함한 탐구 질문을 만들었다.

프로젝트 수업을 진행하는 동안 학생들은 비교적 긴 시간 동안 탐구를 하며 의미 있는 배움을 경험하게 된다. 이 프로젝트 수업에서 학생들이 하게 될 주요 탐구활동은 크게 네 가지로 나누어 볼 수 있을 것 같다.

1) 지속가능발전목표(SDGs)의 이해 및 적용
2) 좋은 이야기의 구성에 대한 이해
3) 영어 글쓰기
4) 영어 말하기

지속가능발전목표(SDGs)의 이해 및 적용

지속가능발전목표(SDGs)에 대한 이해를 위해 모둠별로 학생들이 선택한 지속가능 발전 목표에 해당하는 2~3분 정도의 짧막한 영상 링크를 정리하여 안내하였다. 동영상을 시청하며 활동지에 주요 내용을 정리하고, 이후 학급 전체에 공유하게 해서 다른 모둠들이 탐구하고 있는 목표에 관해서도 관심을 두고 이해할 수 있게 하였다.

모둠별 선택 SDGs	지속가능 발전 목표(SDGs) 설명 링크
1. No poverty	https://www.youtube.com/watch?v=WYGlpP2NaI0 https://www.youtube.com/watch?v=A2O1HU6FMfk
5. Gender Equality	https://www.youtube.com/watch?v=vNv4WAGZAak https://www.youtube.com/watch?v=VjoLWvQJ1iw
6. Clean Water and Sanitation	https://www.youtube.com/watch?v=LCKsU4bPFOQ https://www.youtube.com/watch?v=U5TxygvcmU8
8. Decent Work and Economic Growth	https://www.youtube.com/watch?v=dyIOM3GY9PY

13. Climate Action	https://www.youtube.com/watch?v=6YqmEYIg4lY https://www.youtube.com/watch?v=x68J435E0S4
14. Life Below Water	https://www.youtube.com/watch?v=pBn8ZCQvFoo https://www.youtube.com/watch?v=muMwekvfmBY
15. Life on Land	https://www.youtube.com/watch?v=556QXoUpjUY https://www.youtube.com/watch?v=N5YR2GMhYcl
16. Peace, Justice and Strong Institutions	https://www.youtube.com/watch?v=6aqY-iY7s_Q

모둠별 선택한 지속가능 발전 목표 관련 동영상 링크 안내

우리 모둠이 선택한 SDGs	Peace, Justice and Strong Institutions
영상을 보면서 새롭게 배운 것과 느낀 점	전쟁의 주요 원인 중 하나는 석유와 연료와 같은 에너지를 더 많이 원하기 때문이다. 강한 나라가 전쟁에서 승리하고 많은 에너지를 얻는다. 나는 국가 간에 공정무역이 얼마나 중요한지를 배웠다. 다른 나라와 원만하게 무역할 수 없으면 전쟁이 발생하고 전쟁으로 인해 피해는 가난한 나라에 사는 사람들이 입게 된다. 이는 국제사회에서 해결해야 할 불공정한 문제라고 생각한다.
우리 모둠의 이야기 쓰기에 포함하고 싶은 점	우리의 이야기에 국가 간에 발생하는 무역 문제로 인해 발생하는 갈등을 풍자하고 싶다. 또한, 이러한 문제를 해결하기 위한 방법을 찾아나가는 과정에 관한 이야기도 포함할 것이다. 토끼, 여우, 코끼리 같이 아이들에게 친숙한 동물 캐릭터를 활용해 표현하고 싶다. 이야기를 통해서 독자들에게 국제사회에서 경제적으로 약탈당함이 없이 평등한 권리가 보장되고 존중되며 살아야 한다는 메시지를 전하고 싶다.

모둠별로 선택한 SDGs 동영상을 시청하면서 정리한 학생 활동지 예시

Children's Book(아동을 위한 책) 탐구

다양한 동화책을 교실에 가지고 가서 아이들이 읽어보도록 하였고 또한 이솝 우화를 비롯한 무료로 동화를 읽어볼 수 있는 다양한 웹사이트를 안내하여 모둠당 3개 이상의 이야기를 읽어보도록 하였다. 이야기를 읽어본 후 활동지에 이야기의 등장인물, 배경, 플롯, 주제, 교훈, 재미있는 이유 등을 정리하며 이야기의 구성에 대해 이해할 수 있게 했고 모둠 활동 내용은 전체 공유하는 시간을 가졌다.

Story Writing: 이야기 개요 짜기

이야기 구성에 필요한 주제, 등장인물, 세팅(장소와 시간), 문제, 해결 방안, 교훈 등에 대해 모둠원과 이야기를 나누면서 하나씩 정리해보도록 하였다. 학생들이 서로 이야기하며 부담 없이 아이디어를 냈으면 하는 바람으로 종이 활동지를 나눠주고 모둠별로 이야기 개요 짜기를 한 후, 전체 공유하도록 하였다.

Directions: Complete the following organizer before writing your fable. Remember that a fable is a short story used to teach a moral/lesson that often has animals as characters.

What is the theme? (SDGs)	Who are the characters? (Only 2-3)	What is the setting? (Place and Time)

What is the problem?

What is the solution?

Moral (Lesson) :

이야기 개요 짜기

Story Writing: 단계별 이야기 구성하기

이전에 활동한 개요 짜기 내용을 토대로 단계별 이야기 쓰기를 하였다. 모둠원들과 의견을 나누며 '도입-전개-위기-해소-결말'에 해당하는 내용을 어떻게 구성할 것인지 활동지에 간단히 작성하였다. 이렇게 함으로 학생들이 처음 해보는 이야기 쓰기에 큰 부담감 없이 또 갈팡질팡하지 않고 '이야기 쓰기'를 해나갈 수 있었다.

Steps	Content
1. The Beginning(발단) - Introduce the main characters and describe the setting. - What will your opening sentence be?	A fish thought that his habitat's water quality was so bad. Then the fish determined that he should start to find a new habitat.
2. The Build-Up(전개) - What things happen? - What clues are there? - What is said? - How do you build up the excitement?	The fish traveled around to look for better water quality. He reached tropical and polar regions. And there, he met monkeys and polar bears. They confide in fish their difficulty about their habitat environment.
3. The Problem or Dilemma(위기) - Things might go wrong! Is there a mystery, or do terrible things happen? - Are there any disagreements?	The fish asked to leave together to search for a better habitat, but both polar bear and monkey expressed disappointment toward humans, saying it's difficult to expect a better environment. They lost their will to overcome, so eventually the fish continued to seek a better habitat alone.
4. The Resolution(해소) - How are things going to be sorted out? Problems have to be solved, and people made happy again	The fish had suffered time to find a better habitat, and he finally found a fantastic place to live. This place was cared for by the environmental movement organization, so it was a good place to live for animals. A fish wanted to spread this place for the polar bear and the monkey. Then, a fish started to go to the polar climate and the tropical climate.
5. The Ending(결말) - Does the story end happily ever after? - What have people learned? - Have characters changed?	A fish arrived in the polar climate, but it was devastated by the climate change. There wasn't even a polar bear. Then a fish swam to the tropical climate, but it was also devastated, wasn't the monkey

단계별 이야기 구성하기: 학생 활동지 예시

Story Writing: 초고 쓰기 및 피드백

이전에 활동한 단계별 이야기 쓰기를 중심으로 초고쓰기를 하여 제출하도록 하였고, 구글 독스의 피드백 기능을 활용하여 초고쓰기 한 것에 대한 피드백을 제공하였고 피드백을 토대로 고쳐쓰기를 하는 과정을 두세 차례 진행하였다.

(April 1) Draft Writing

Directions: Write a fable based on your group member's assignment.
- Write a fable(It should be at least 250 words.).
- 2 or 3 characters that are usually animals that talk or act like humans
- A lesson or a moral stated at the end of the story.
- Be original (not based on example fables).
- Use appropriate language and correct grammar, punctuation, etc.
- Be sure to include appropriate pictures or illustrations related to the text.

Once upon a time, there was a peaceful, harmonious Rabbit Village in an animal kingdom. Although they were not that rich, they were happy with selling fresh carrots as their local food. They often made carrot juice from their carrots. Almost all animals love the carrot juice they make. They spent almost all their time hanging out with animal friends. All of Rabbits were pleasant. One day, Foxes came to the rabbits village and suggested that they would act as they are trade brokerage. As a third party, the Foxes stand between the Rabbits and other villages by brokering. The proposal that can make rabbits' income double was so attractive that the rabbits were obliged to agree to that sweet suggestion. But, what a surprise? As they accepted the offer, their income increased for a while, but after a while, the commission was so high that despite the fact that their work doubled, the rabbits only earned half of their usual income, so they were not able to live the normal life as they used to since they didn't have time and money either. Therefore the happy but little poor rabbit village soon became so poor, and unhappy. One day, Monkey visited the Rabbit Village he had already visited and noticed that the village suddenly became poor and unhappy. The monkey tried to guess the reason and found that all the reason was Foxes. He revealed it to the animal Kingdom so that could save Rabbit Village. The animal society was shocked by the horrendous event that happened in Rabbit Village, and this news had been heard by the king. The king had called the foxes and punished them . Animals were shocked at the reality and they criticized Foxes. Foxes were punished and Rabbits overcame the difficulties and lived happily ever after.

오서현 2022. 4. 4.
-> the village

오서현 2022. 4. 4.
삭제해도 될듯...

오서현 2022. 4. 4.
-> figure out what was happening~

오서현 2022. 4. 4.
-> the United Animal Kingdom??

오서현 2022. 4. 4.
주어?

오서현 2022. 4. 4.
the animal Kingdom에 신고할 때 이미 들은 것 아닌가요?

오서현 2022. 4. 12.
-> to the king 혹은,
-> this news was passed on to the king

오서현 2022. 4. 4.
어떤 벌을 줬는지도 한 번 묘사해보세요~

오서현 2022. 4. 4.
구체적으로 묘사~~ the Animal Kingdom에서 공정무역을 위한 새로운 법안이나 지침을 마련했느지...? (당위성)

초고 쓰기 및 피드백 예시

Story Writing: 갤러리워크 및 동료 피드백

 최종 출판되기 전의 원고를 출력하여 갤러리워크 활동에서 활용하였는데, 구글 독스와 같은 온라인상에서 보는 것과는 다르게 글자 크기, 그림의 배치나 조화 등 실제성이 더 느껴졌다. 피드백이나 갤러리워크 활동을 할 때 대조표를 제공하여 친절하고, 유용하고, 도움이 되는 피드백을 주도록 했다. 활동이 끝난 후, 피드백을 받은 것과 갤러리워크 활동 소감 등을 정리하여 학급에서 공유하였다. 갤러리워크 활동이 학생들이 결과물의 퀄리티를 향상하게 시키고 좋은 작품에 대한 안목을 기를 수 있다.

Steps	Comments
1. The Beginning(발단) – Introduce the main characters and describe the setting. – What will your opening sentence be?	쉬운 어휘를 사용함으로써 스토리에 대한 이해를 어렵지 않도록 함. 배경과 등장인물에 대해 최소로 설명을 함으로써 작품구성에 대한 이해도를 높일 퀄리티 있는 그림을 그림으로써 흥미도를 높임.
2. The Build–Up(전개) – What things happen? – What clues are there? – What is said? – How do you build up the excitement?	문제점에 대해 묘사적 표현을 사용하여 구체적으로 작성함. 주제에 걸맞은 내용을 구상함으로써 스토리를 탄탄하게 만듦. 위기(문제점)에 대한 실마리를 적절하게 제공함.
3. The Problem or Dilemma(위기) – Things might go wrong! Is there a mystery, or do terrible things happen? – Are there any disagreements?	흥미진진한 스토리를 구상함으로써 내용에 대한 흥미도를 높임. 동물의 신체 부위가 바뀐다는 설정을 함으로써 상징적인 내용과 묘사적 표현을 적절하게 사용함. 내용과 잘맞는 그림을 그림으로써 내용에 대한 이해를 높임.
4. The Resolution(해소) – How are things going to be sorted out? Problems have to be solved, and people made happy again	기후변화로 인해서 코끼리와 토우칸의 코가 바뀌었다는 부분이 인상 깊고, 신선했음. 적절히 문단을 나눔으로써 내용 이해를 쉽게 할 수 있도록 도움을 주었고, 가독성을 높임.
5. The Ending(결말) – Does the story end happily ever after? – What have people learned? –Have characters changed?	적절한 단어를 사용함. 감탄사를 적절하게 사용함으로써 이야기에 대한 흥미를 높임. 끝맺음을 주제에 대한 강조로 마무리 지음으로써 내용에 대한 이해도를 높였음

갤러리워크 활동에서의 동료 피드백 학생 활동지 예시

Story Telling: 청중 앞, 무대 위에서

학생들의 영어 말하기 능력 향상과 대중 앞에서 발표에 대한 자신감 향상을 위해 '이야기 쓰기'와 '스토리텔링'을 연계하였다. 모둠원들과 역할을 분담하여 '스토리텔링' 연습을 하는 동안 나는 모둠별로 순회하며 '잘한다.', '훌륭하다'라는 칭찬 세례를 쏟아부으며 발표에 자신감을 느끼도록 하려고 애썼다. 틈틈이 발음, 제스처, 청중과 눈 마주침, 큰소리로 자신감 있게 말하기 등에 대해 피드백도 해주었다. 발표날에는 시청각실로 선생님들을 초대하여 무대 위에 서서 '청중' 앞에서 '스토리텔링'을 했다. '이야기 쓰기'로 그치지 않고 자신이 직접 쓴 이야기를 들려주는 활동이라 더 신나게 한 것 같다. 이 활동은 쓰기와 말하기를 통합지도할 수 있어서 영어 의사소통 능력 향상에도 도움이 된다.

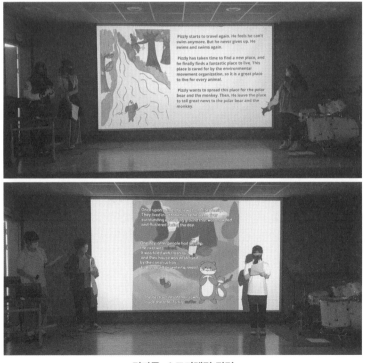

결과물, 스토리텔링 장면

성찰의 시간

학생들이 그동안 고생한 프로젝트 수업을 마치면서 소감 및 성찰의 글을 써보도록 하였다. 많은 학생이 프로젝트 수업에 참여하면서 의미 있는 주제에 관해 탐구하고 글을 쓰고 주변에 영향력을 끼치고자 노력했던 경험에 대해 뿌듯함을 토로하였다. 아이들의 얘기를 들으면서 교사인 나도 보람을 느꼈고 앞으로 학생의 배움과 성장에 도움이 되는 프로젝트를 더 열심히 하고 싶다는 생각을 다시 하게 되었다.

When I was young, I always wanted to publish a book with my drawings, and now it has come true. I am excited to draw pictures for our storybook. We have learned so much about storytelling, expressions, and more. I am proud of our team and our storybook. I hope to create another storybook in the future.(어릴 적부터 항상 제 그림이 담긴 책을 출판하고 싶었고, 이제 그 꿈이 이뤄졌습니다. 우리 이야기책을 위해 그림을 그리는 것에 기대돼요. 우리는 이야기를 풀어가며 표현력 등을 많이 배웠어요. 저는 우리 팀과 우리의 이야기책에 자랑스럽습니다. 앞으로 또 다른 이야기책을 만들고 싶어요.)

I am proud of myself and all my classmates for publishing our excellent storybook. Although the process of publishing the storybook was not easy, we have learned many things through this process. Especially, we have learned how to write storybooks more effectively and how to incorporate environmental pollution to deliver a moral story to children. So, I hope our storybook can help children develop global citizenship.(우리 훌륭한 이야기책을 출판한 저와 제 동기들을 자랑스럽게 생각해요. 이야기책 출판 과정은 쉽지 않았지만, 이 과정을 통해 많은 것을 배웠어요. 특히, 더 효과적인 이야기책 작성 방법을 배우고, 환경 오염을 담아 아이들에게 도덕적인 이야기를 전달하는 방법을 배웠어요. 그래서 우리 이야기책이 어린이들의 지구 시민성을 발전시킬 수 있기를 바랍니다.)

The purpose of publishing this book — to inform children about the Sustainable Development Goals (SDGs) and help less fortunate individuals — makes me feel honored. I had a little difficulty combining fair trade for adults and fairy tales for kids, but I managed to do it somehow. Through this experience, I have gained storytelling abilities, learned about various issues related to labor exploitation and their solutions, and realized my responsibility in making our world a better place.(이 책을 출판하는 목적 — 어린이들에게 지속가능한 발전 목표(SDGs)에 대해 알리고 불우한 사람들을 돕는 데 도움을 주는 것 — 은 저에게 영광스럽게 다가옵니다. 성인을 위한 공정무역과 아이들을 위한 동화를 어떻게 결합할지 약간의 어려움이 있었지만, 어쨌든 해냈습니다. 이 경험을 통해 저는 스토리텔링 능력을 갖추게 되었고, 노동 악용과 그 해결책에 관련된 다양한 문제에 대해 배우게 되었으며, 우리 세상을 더 나은 곳으로 만들기 위한 책임을 깨달았습니다.)

수업 소감 및 성찰의 글 예시

드디어 출판!

책을 정식으로 출판하기 전에 모둠별로 쓴 이야기를 인쇄해서 이상 유무를 살펴보고 글자 크기가 너무 작은 경우는 좀 크게 하고 글과 그림 배치 등을 수정하였다. 그리고 한 권에 6~7편의 모둠별로 쓴 이야기를 담은 책을 학급당 한 권씩 인터넷 출판사를 통해 자가 출판하였다. 요즘은 다양하고 편리한 자가 출판 사이트가 많은데, 그동안 책 출판을 몇 번 한 적이 있는 인터넷 자가 출판사 '부크크'를 이용하였다.

결과물은 보통 평가가 끝나면 서랍 속이나 캐비닛 안으로 들어가기 일쑤인데 프로젝트 수업에서는 학생들이 글을 쓰고 난 후 실제로 작가들이 하듯이 자신이 쓴 글을 통해 다른 이들과 소통할 수 있도록 책으로 출판되는 과정을 경험하였다. 프로젝트 수업의 필수요소 중 하나는 '실제성'인데, 탐구 과정뿐만 아니라 결과물을 '실제적'으로 만들어 학생들의 참여 동기와 성취도를 높이는 데 중요한 역할을 한다.

1모둠 이야기(2-4반)

2모둠 이야기(2-4반)

3모둠 이야기(2-4반)

4모둠 이야기(2-4반)

5모둠 이야기(2-4반)

6모둠 이야기(2-4반)

책 출판 전, 모둠별 이야기 가 출판

결과물을 공유하고 성공을 축하하기

책이 출판되고 교과 예산으로 책을 구매해서 1인당 한 권씩 학생들에게
나눠줬다. 자신이 쓴 책을 구매하는 거라 저자 할인 혜택이 있어서 비교적
적은 액수로 모든 학생에게 1권씩 책을 구매해 줄 수 있었다. 학생들은 책
을 받았을 때 자신이 쓴 글이 책으로 출판된 것에 대해 모두 감격했다. 다
른 사람들에게 책을 소개하고 자축하는 '저자와의 만남' 이벤트를 기획했
을 때 책을 구경하러 오는 동아리 선후배와 선생님들에게 자신의 쓴 글을

보여주고 열심히 설명하며 신이 났다. 동아리 선후배들이나 선생님들로부터 "와, 정말 대단해요!", "너무 멋지다!", "이것 정말 너희들이 한 거니?" 등의 칭찬과 격려를 받고 뿌듯해하며 기뻐하는 모습을 보니 그동안 고생이 보람을 얻는 듯 보여서 기뻤다.

결과물, 책(2-4반)

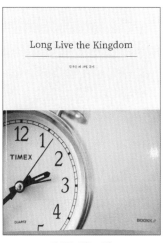

결과물, 책(2-5반)

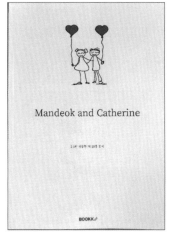

결과물, 책(2-6반)

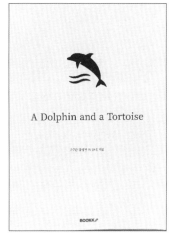

결과물, 책(2-7반)

결과물, 학급별로 출판된 책(Storybook)

결과물 공유회, '저자와의 만남'

수업을 마치며

학생 참여 · 활동 중심 수업의 꽃, 프로젝트 수업!

　이번 학기에 나와 같이 2학년 '비판적 사고와 영어 작문'이라는 과목 수업을 맡아서 '꿈 그림, Story Writing' 프로젝트 수업을 같이 완료해 준 김유미 선생님과 프로젝트 수업에 참여하여 잘 따라와 준 학생들에게 감사한 마음이다. 동료 교사와 학생들과 가까이서 소통하며 다양한 활동을 기획하고 학생들과 더불어 즐겁게 활동할 수 있었다. 프로젝트 수업이 아니고도 이야기를 쓸 수 있는 수업을 할 수는 있었겠지만, 이번만큼 즐겁고 유의미한 경험을 통한 배움과 성장은 이루어지지 않았을 듯싶다. 이번 프로젝트 수업을 완료하면서 또 한 번 '학생 참여 · 활동 중심 수업의 꽃은 프로젝트 수업이다.'라는 생각을 하게 된다.

　지금껏 5년 동안 학교 밖 교사학습공동체, 'PBL센터' 선생님들과 제대로 된 프로젝트 수업을 하기 위해서 정기적으로 모임을 하고 있다. 이 프로젝트 수업을 하면서도 함께 모여 수업을 계획하고, 고민하고, 피드백을 서로 주고받는 시간을 계속해서 가졌다. 늘 응원과 지지 보내주는 'PBL센터' 동료 교사들이 있어서 지쳐도 포기하지 않고 힘을 낼 수 있었다. 하루가 다르게 빠르게 변화하는 세상에서 교사의 필수적인 자질 중 하나는 '잘 배울 줄 아는 것'이라는 말을 들은 적이 있는데, 이 말을 몸소 실천하는 교사학습공동체 동료 교사들과 함께라서 조금은 어렵고 신경이 많이 쓰이지만 더 나은 수업을 위해 늘 정진할 수 있었다. 감사하는 마음과 좋은 프로젝트 수업 실천을 위해 서로에게 도움이 되고 싶다.

인권감수성 키우기 프로젝트

조미경 설화고등학교

　'인권감수성 키우기' 프로젝트 수업은 인권에 대한 이해와 존중을 중심으로 학생들의 감수성을 향상하는 수업으로 설계하였다. 인권 그림책 토론을 통해 다양한 인권 이야기를 전달하고, 학생들의 감수성과 이해력을 발전시키는 데 초점을 두었다. 정서적으로 안전하고 개방적인 교실 환경 속에서 학생들이 자기 생각과 감정을 자유롭게 표출할 수 있도록 수업 환경 조성에 노력하였다.

　인권 그림책 토론수업을 통해 2015 개정 교육과정에서 사회과 핵심역량으로 제시한 창의적 사고력, 비판적 사고력, 문제 해결력 및 의사 결정력, 의사소통 능력이 향상될 것이라고 기대하였다. 토론 수업의 경험을 통해 학생들이 자기 삶에서 직면하는 다양한 사회 문제에 대해 비판적으로 생각하고 해결 방안을 결정할 수 있는 능력을 기를 수 있는 시간이 될 것이라고 기대하며 '인권감수성 키우기' 프로젝트 수업을 시작하였다.

'사회문제 탐구' 과목에 대한 수업 고민

　3학년 대상 진로 선택 '사회문제 탐구' 과목을 맡아 처음 단독으로 수업하게 되었다. 2시간 연속 이루어지는 블록 수업을 어떻게 운영해야 할지 고민이 시작되었다. 사회 교사이지만 전공(지리)과목만 담당하여 수업해 온 관계로 과목에 대한 깊이와 이해가 매우 얕았기 때문이다. 또한 함께 수업 계획을 세우고 수업에 대해 의논할 교사가 없었다. 전년도 수업을 맡은 선생님의 수업 자료와 평가 계획안을 참고하기는 했지만, 어떻게 수업을 이끌고 나가야 할지 수업에 대한 고민이 깊었다.

학기 초 학습자 분석 결과, 선택 과목 특성상 여러 개 반 남·여 학생으로 구성되었으며 코로나19 기간 개인 및 비대면 수업 경험 탓인지 수업 참여 태도가 다소 소극적이고 조용하였다. 과목을 선택한 이유는 자신의 진로와 연계해서 현대 사회의 각종 현안과 문제를 좀 더 깊게 탐구하고자 선택한 학생이 다수였지만 비진학, 정시 진학, 위탁 학생, 친구 권유 등 진로와 관계없이 다양한 이유로 과목을 선택한 학생도 있었다.

학습자 파악을 통해 학생 활동 중심 수업을 위해서는 관계 형성을 통한 수업 분위기 정착이 급선무라고 판단하였다. 학생들이 선호하는 자신의 진로와 연계하는 사회 문제 탐구 활동 수업에 앞서 친밀한 관계와 상호 신뢰 관계를 바탕으로 심리적 안전지대 형성과 자기 생각을 자유롭게 표현할 수 있는 그림책 수업을 구상하게 되었다.

그림책 수업을 통한 '인권감수성 키우기' 프로젝트 수업

배움의 숲 나무학교 '프로젝트 수업' 연구회에서 그림책에 관심 있는 선생님들이 월 1회 한 학기 동안 '그림책 수업 연구' 소모임(꿈그림)을 만들었다. 짧은 기간이었지만 교사들이 실천한 학급운영과 수업 사례를 모은 그림책을 선정하여 수업에서 적용할 수 있는 방안을 모색하였다. 그림책 수업 설계(안)와 활동지를 함께 구안해 봄으로써, '사회문제 탐구' 과목에 그림책 활용 수업을 실천해 보기로 하였다.

먼저 사회문제 탐구 과목의 내용 체계와 성취기준 분석을 통해 5단원 '사회적 소수자에 대한 차별'이 그림책 활용 수업으로 적합하였다. 평소 인권에 대하여 관심이 많았지만, 교과 지식 전달 위주 수업이었다. '나와 학생들은 인권에 대해 얼마나 알고 있을까?', '인권감수성은 어느 정도일까?'라는 궁금증은 사회적 소수자들에 대한 '인권감수성 키우기'를 주제로 10차시 프로젝트 수업을 구상하게 되었다. 이를 위해 그림책 수업 사례를 시도교육청에서 발간한 교육자료와 SNS로 탐색하여 참고하였으며, 온라인 도서관을 통해 인권 수업에 활용할 그림책들을 살펴보았다. 그림책 독서 활동을 통해 편견과 차별에 대한 다양한 생각을 공유하고, 토의 과정을 통해 인권감수성을 키울 수 있는 수업을 구상하였다.

장애인, 비정규직 및 이주 노동자, 성적 소수자, 난민, 양심적 병역 거부자 등 인권 문제가 포함된 상황을 자각하고 해석할 수 있고, 그 상황을 해결하기 위한 실천적 태도를 갖출 수 있도록 하는 것을 '인권감수성 키우기' 프로젝트 수업의 목표로 정했다. 더 나아가 올바른 인권 안목을 가지고 자신의 권리를 주장할 수 있는 주체로, 자각하는 민주 시민으로 성장하기를 희망하였다.

프로젝트 개요

인권감수성 키우기 프로젝트		
과목 사회문제 탐구	학년 고등학교 3학년	기간 10차시

핵심 가치
일상생활에서 경험하는 인권 문제가 포함된 상황을 인권 관련 상황으로 지각하고 해석할 수 있다.
인권 문제를 바라보는 다양한 관점을 파악하고, 토의를 통해 편견과 차별 문제의 해결 방안을 모색할 수 있다.
올바른 인권 안목을 가지고 자신의 권리를 주장할 수 있는 주체로 자각할 수 있다.

성취기준
[12사탐 05-01] 사회적 소수자 및 차별의 의미를 이해하고, 대중매체(TV, 영화, 광고 등)를 통해 사회적 소수자에 대한 다양한 차별 양상을 파악한다.
[12사탐 05-03] 사회적 소수자에 대한 편견과 차별의 발생 원인에 대한 다양한 관점을 파악하고, 토의 등을 통해 사회적 소수자 차별 문제의 해결 방안을 도출한다.

탐구질문

우리가 살아갈 세상이 차별받지 않고 차별하지 않는 삶을 살기 위해 어떤 태도를 가져야 할까?

프로젝트의 흐름

1차시: 유사 진로 및 관심 분야로 4인 1조 모둠을 구성한다.

2차시: 그림책 활용 '인권감수성 키우기' 프로젝트 수업에 대해 안내한다.

3차시: 사회적 소수자에 대한 편견과 차별에 대한 기사 자료 및 영상을 제공하여 학습 동기를 유발한다.

4차시: 모둠별 인권 그림책 선정 및 선정 이유를 발표한다.

5차시: 모둠별 그림책 읽기 활동을 한다.

6차시: 그림책 속의 편견과 차별에 대한 양상을 파악하고, 토의를 통해 다양한 관점을 공유한다.

7차시: 독서 활동지를 작성한다

8차시: 사회적 소수자에 대한 인권 침해 사례에 대한 기사를 탐색하고, 편견과 차별에 대한 문제 해결 방안을 모색하여 패들렛에 작성한다.

9차시: 작성한 패들렛 내용을 발표한다. 발표 시 댓글 달기로 동료 피드백을 실시한다.

10차시: 프로젝트 수업에 대한 소감 나누기로 마무리한다.

주요 결과물

개인 결과물: 독서 활동지, 인권 차별 양상 분석 및 해결 방안 발표 자료(패들렛)

전체 결과물: 패들렛(4개 반 인권 차별 양상 분석 및 해결 방안 발표 자료)

채점기준표

평가 요소	배점		채점 기준
감상 나눔	20	20	그림책을 읽고 인상적인 구절과 그림을 선택하여 그 이유와 감상평을 모둠원과 나눔
		15	그림책을 읽고 인상적인 구절 또는 그림 중 한 가지를 선택하여 그 이유와 감상평을 모둠원과 나눔
		10	그림책을 읽었으나 인상적인 구절과 그림을 선택하지 않음
모둠 토의	30	30	그림책에 관련된 적절한 질문을 만들고 자신의 생각을 논리적으로 발표함
		20	다음 ①과 ② 중 하나에 해당함 ① 그림책에 관련된 적절한 질문을 만들었으나, 자기 생각을 정리하여 논리적으로 표현함 ② 자신의 생각을 논리적으로 표현하였으나, 그림책에 관련된 적절한 질문을 만들지 않음
		10	그림책에 관련된 적절한 질문을 만들지 않았으며 자기 생각을 표현하지 않음

사례 탐색	30	30	그림책과 관련된 사회적 소수자에 대한 적절한 차별 사례를 찾아 발표함
		25	사회적 소수자에 대한 차별 사례를 찾아 발표하였으나 그림책과 관련성이 없음
		20	사회적 소수자에 대한 차별 사례를 찾지 않고 발표하지 않음
활동 참여도	20	20	프로젝트의 전 과정에 참여하여 자기 생각을 이야기하고 다른 모둠원의 의견을 존중하는 태도를 보임
		15	다음 ①과 ② 중 하나에 해당함 ① 프로젝트의 전 과정에 참여하여 다른 모둠원의 의견을 존중하는 태도를 보였으나, 자기 생각을 이야기하지 않음 ② 프로젝트의 전 과정에 참여하여 자기 생각을 이야기하였으나, 다른 모둠원의 의견을 존중하는 태도를 보이지 않음
		10	의도적으로 자기 생각을 이야기하지 않고, 다른 모둠원의 의견을 존중하지 않음

수업 속으로

원활한 소통 공간 'SNS 단톡방' 개설

고3 학생에게는 다소 생소한 그림책 활용 '인권감수성 키우기' 프로젝트 수업이 잘 진행되기 위해서는 온라인 소통 공간이 필요했다. 주 1회 이루어지는 이동 수업과 일반 교실에서 수업이 이루어지는 상황이라 수시 소통이 이루어질 수 있도록 'SNS 단톡방'을 개설하였다. 자발적으로 희망한 학생 중 수업 도우미를 선정하여 공지 사항 전달과 그림책 등 수업 물품 등을 담당하게 함으로써 불편한 학습 환경을 보완하였다. '인권감수성 키우기' 프로젝트 수업이 과정형 수행평가임을 강조한 후, 활동 과정과 채점 기준표를 제시하였다. 수업에 대한 궁금점은 온·오프라인 질의응답을 통해 충분히 이해될 수 있도록 상시 안내함으로써 빠르게 수업 분위기가 정착되었다.

진로 연계 모둠 구성

프로젝트 수업의 첫 단추는 '모둠 구성'이다. 프로젝트 수업의 단위는 모둠이기 때문에 모둠이 어떻게 구성되느냐에 따라 프로젝트 수업의 성공 여부가 달려 있다고 본다. 그래서 학습자 분석을 통해 모둠 구성을 어떻게 해야 할지 매번 고민하게 된다. 성공적인 프로젝트 수업을 위해서는 모둠 구성과 모둠 세우기는 필수라고 생각하고 공을 많이 들인다. 이번 모둠 구성은 여학생이 남학생보다 다소 많은 남·여 혼합반, 30명 이상의 과밀 교실, 학생 수 대비 수업 공간 협소, 코로나19로 인한 모둠 수업 경험 부족 등을 고려하였다. 교실의 크기나 학생 수에 따라 모둠을 나누는 한계는 분명히 있지만, 개인적으로 수업을 해오면서 가장 이상적인 모둠원 수는 4명이다. 모둠 구성 시 육각 자석 메모 보드를 활용하여 관심과 진로가 유사한 학생들 중심으로 4인 1조 또는 3인 1조로 모둠을 구성하였다.

모둠을 구성할 때 '육각 자석 메모 보드'를 자주 활용한다. 학생 개개인이 자신의 최소 정보를 적고 칠판에 붙이면, 진로 희망을 중심으로 유목화하는 과정을 통해 학생들의 관심을 집중시키고, 모둠 구성 과정을 시각적으로 파악할 수 있기 때문이다. 모둠 완성은 개개인의 의향을 물어본 후 최종적으로 결정함으로써 모둠 구성에 있어서 학생들의 불만을 최소화하고 있다.

모둠 구성 후 학생들의 관계성과 참여도를 높이기 위해 '모둠 세우기'를 하였다. 모둠 세우기를 통해 모둠원들끼리 신뢰 관계가 형성되고 정서적으로도 친숙해져야 비로소 모둠 활동이 활발히 이루어질 수 있기 때문이다. 활동지는 MBTI 유형, 장점, 진로/전공 희망 분야, 모둠에서의 역할 희망, 탐구하고 싶은 사회 문제, 사회 문제와 관련된 읽고 싶은 도서 등으로 구성하였다. 작성한 내용을 바탕으로 서로를 알아가는 활동을 통해 모둠 역할을 자연스럽게 정하고 신뢰 관계 및 정서적 안전지대를 형성함으로써 프로젝트 수업이 원활하게 이루어지는 데 디딤돌이 되었다.

진로 연계 모둠 구성

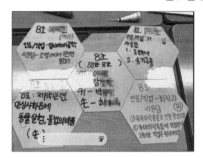 

학번 이름	MBTI 유형	나의 장점	진로 희망
모둠 역할	이끎이: 토론 진행, 의견 조율, 모둠원 역할 조정 세움이: 학습 분위기 조성, 모둠원 챙기기 나눔이: 학습 자료 전달 및 수합 기록이: 학습 내용 기록, 학습 물품 및 자료 정리	나의 역할은? [ ]	
사회문제 탐구 과목을 선택한 이유는?			
탐구하고 싶은 사회 문제와 이유는?			
사회 문제와 관련하여 읽고 싶은 책은?			
모둠 활동 소감			

모둠 세우기 활동지

동기유발 자료 제시

최근의 뉴스나 기사를 통해 알려진 인권 침해 사례 영상(성차별, 비정규직 노동자 차별, 이주 노동자 차별, 장애인 차별, 성적 소수자 차별 등)을 제시하였다. 인간으로서의 기본적 권리를 보장받지 못하고 차별적 대우를 받는 인권 차별 문제가 발생하게 된 배경이나 원인이 무엇인지, 자신을 비롯해 가족이나 친척 혹은 주변 지인 중에서 차별을 경험하고 있거나 자신도 모르는 사이에 편견과 차별을 당연시하고 있지 않은지 등 모둠을 중심으로 서로의 생각을 나눔으로써 학습 흥미와 동기를 유발하였다.

탐구질문 제시

탐구질문 없는 프로젝트 수업은 등대 없는 밤바다와 같다고 한다. 그래서 탐구질문을 만드는 데 늘 고민하며 긴 시간이 걸린다. 탐구질문에 대한 답으로 프로젝트 수업의 결과물이 만들어지기 때문이다. 탐구질문을 만들 때 가장 염두에 두고 있는 것이 학습 목표와의 일치, 다양한 해답과 해결책이 도출되는 질문이다. 지금도 매력적인 탐구질문을 만드는 데는 늘 어려워하고 있다. 학습 목표에 도달하기 위한 성취기준 분석을 통해 '우리가 살아갈 세상이 차별받지 않고 차별하지 않는 삶을 살기 위해 어떤 태도를 가져야 할까?'라는 탐구질문을 만들어 학생들에게 제시하였다. 제시한 탐구질문에 대해 학생들이 이해할 수 있는지 의견을 나누고 수정·보완이 가능함을 열어 두었다. 최종적으로 만들어진 탐구질문은 학습자가 프로젝트 학습 주제에 대해 깊이 있게 이해하고, 의미 있는 학습 경험을 할 수 있도록 하는 나침반이 되었다.

그림책 선정하기

교사들의 인권 그림책 수업 사례와 그림책 도서의 서평을 통해 가정 폭력, 성차별, 비정규직 노동자 차별, 이주민 차별, 장애인 차별, 성적 소수자 차별을 담은 그림책 8종을 준비하여 제시하였다. 모둠별 토의를 통해 한 권의 그림책을 선정한 후 선정한 이유를 발표하게 함으로써 그림책 속의 다양한 차별과 편견에 대해 함께 생각해 보는 시간을 가졌다.

'일상생활에서 경험하는 인권 문제가 포함된 상황을 인권 관련 상황으로 지각하고 해석할 수 있어야 하고, 올바른 인권 안목을 가지고 자신의 권리를 주장할 수 있는 주체로 자각할 힘을 키워야 한다.'라고 함으로써 '인권 감수성 키우기' 프로젝트 수업의 핵심 가치임을 강조하였다. '우리가 살아갈 세상이 차별받지 않고 차별하지 않는 삶을 살기 위해 어떤 태도를 가져야 할까?'라는 탐구질문을 자주 상기시켰다.

손 탠, 매미, 풀빛,
2019

앵그리맨, 그로 달레,
내인생의 책, 2014

돼지책, 앤서니 브라운,
웅진주니어, 2001

인어를 믿나요?,
제시카 러브,
웅진주니어, 2019

돌아오지 못한 아이들,
고정순,
노란상상, 2021

내가 개였을 때,
루이즈 봉바르디에,
씨드북, 2017

아나톨의 작은 냄비,
이자벨 카리에, 씨드북, 2014

밀어내라, 이상옥, 한솔수북, 2019

그림책 8종

그림책 읽기 및 생각 나눔

　모둠별로 선정한 그림책을 함께 읽고, 상황과 감정을 공유함으로써 인권 감수성을 키우는 데 도움이 될 수 있도록 독서 활동지를 구상하였다. 인상 깊은 구절과 그림, 질문 만들기, 질문 나누기, 그림책 내용과 비슷한 경험 나누기, 활동을 통해 알게 된 점, 활동 소감 등으로 제작하였다. 모둠 토론을 통해 차별과 편견에 대해서 생각해 보는 인식 전환의 학습 경험의 장이 되기를 바랐다. 돌아가며 질문과 답변을 통해서 성차별, 인종 차별, 성폭력과 가정 폭력, 학교폭력 등 불편하고 외면했던 문제들을 자신을 포함한 '인권' 차원의 문제로 인식하는 시간이 되었다.

그림책 읽기

질문 만들기

생각 나눔

그림책 독서 나눔

독서 활동지 완성

3-10반	2조	학번 이름	30△△△ ○○○	활동일시	2022.03.
도서명(저자)			돌아오지 못한 아이들(고정순)		
인상적인 구절/그림	글 [p.31]		저마다 좋아하는 일을 하며 사랑하는 사람 곁으로 무사히 돌아오는 행복한 노동자를 꿈꾼다.		
	이유		사회 초년생 노동자의 권익향상과 노동환경 개선에 대하여 생각하게 됨		
	그림 [p.21~22]		덩치가 큰 사람들의 검정 실루엣이 지면에 꽉 차게 그려진 그림		
	이유		작은 노동자들에 비해 위협적으로 그려진 그림에서 나약한 사회초년생들에게 부당한 대우와 이득만을 취하려는 사업주들의 모습이 떠오름		
감상평		그림책이지만 글과 그림은 매우 어둡다. 현재 우리 또래 청소년들의 열악한 노동 현장을 고발하고 있는 내용이다. 지금도 열악한 근무환경과 부당한 대우를 받으면서 죽음으로 내몰리는 청소년들과 사회초년생들에 대한 뉴스는 여전히 터져 나오고 있다. 책 내용처럼 청소년과 사회초년생이 저마다 좋아하는 일을 하며 행복한 노동자를 꿈꾸는 세상이 되기 위해서는 노동권에 대한 학교 및 사회 교육 강화, 노동권 보호 중심의 기업의 사회적 책임이 강화되어야 할 것이다.				

질문 만들기	① 책 내용에서는 어른의 모습으로 그려진 '피리 부는 사나이'가 나오는데 책 표지에서는 '피리 부는 아이' 모습이 그려진 이유는 무엇일까?
	② 화가 난 사나이의 피리 소리가 온 동네에 울려 퍼지자, 아이들이 일렬로 모여 어디론가 사라졌는데 그 이유는 무엇일까?
	③ 아이도 아니고 어른도 아닌 '작은 사람'은 우리 사회에서 어떤 사람을 지칭하는 것일까?
생각 나누기	모둠 대표 질문: 책 표지의 그림이 '피리 부는 아이' 모습으로 그려진 이유는 무엇일까? – 피리 부는 사나이의 어릴 적 아이의 모습으로, 그 문제가 사회적으로 지속된다는 의미일 것이다. – 피리 부는 사나이는 어린 시절에도 어른이 되어서도 노동에 대한 정당한 대가를 받지 못하고 있다는 것을 상징적으로 표현한 것이다. – 피리 부는 아이의 모습은 노동에 대한 부당한 대가와 누구도 지켜주지 않는 안전하지 못한 일터에서 죽어가는 외침일 것이다. – 우리 주변에서 '피리 부는 사나이'를 따라가는 아이들이 없도록 차별 없이 안전한 일터에서 보호받고 정당한 대가를 받을 수 있는 노동권이 강화되고, 보장되어야 한다.
책 내용과 유사한 경험 사례 나누기	– 2018년 12월, 한국발전기술 소속 비정규직인 김용균 씨가 태안 발전소 석탄 이송 컨베이어 벨트에 끼어 현장에서 즉사했다. 떨어진 석탄을 치우려다 사고가 난 것으로 밝혀졌으며, 시신은 5시간여 뒤에서야 경비원에 의해 발견되었다는 뉴스를 보고 우리 지역의 사건이라 굉장히 가슴이 아팠다. – 우리 또래의 특성화고 현장 실습피해자들의 기사를 분석해 보면 업무실적 압박, 괴롭힘과 폭행, 안전하지 못한 환경 등이 피해의 원인이다. 실습지도자의 책임과 노동 교육이 너무나 허술하다. 특성화고 현장실습생의 노동삼권이 보장된 노동자로 인정되어야 한다. – 주말을 이용하여 식당에서 아르바이트한 적이 있다. 식당 매니저의 억압적인 지시 또는 일이 서툴 때 필요 이상으로 화를 내고 말소리가 거칠어서 참기가 힘들었다. 손님이 많을 때는 그 정도가 더욱 심해 고통스러웠다. 집과 거리가 가까운 장점이 있어서 다른 아르바이트를 찾을 때까지 눈치 보고 견뎌냈던 경험이 있다.
활동 소감	– 토론을 통해 청소년의 노동과 비정규직의 노동 실태와 문제점에 대해 깊이 이해하게 되었다. 나 자신도 앞으로 노동자가 될 것이기에, 어떤 근무 환경에서 일할 수 있는지에 대해 생각하게 되었다. 그림책 속 이야기처럼, 우리 주변의 '작은 사람'들이 각자가 좋아하는 일을 하며 사랑하는 사람들과 함께 무사히 돌아올 수 있도록 하는 것이 우리 모두의 숙제임을 알게 되었다.

그림책 독서 활동지 학생 사례

매미(손 탠)	'톡톡톡' 소리는 무슨 의미일까?
	17년 동안 일하고 퇴직하는 매미에게 악수도 없고 파티도 없는데 회사는 왜 매미에게 그런 대접을 했을까?
	매미가 숲으로 날아가면서 인간을 떠올리며 왜 웃음을 멈출 수 없었을까?
	매미는 우리 사회에서 어떤 사람들을 상징하는 것일까?
내가 개였을 때 (루이즈 봉바르디에)	토토의 엄마가 사망 후 남겨진 가족에 대해서 도움을 줄 수 있는 제도는 없었을까?
	자크가 형 토토를 버리고 떠났을 때 어떤 마음이었으며, 그 후 어떻게 되었을까?
	내가 토토의 동생이라면 어떻게 했을까?
	혼자 남겨진 토토가 '지붕이 없는 오두막'으로 올라갔는데, 지붕이 없는 오두막이 상징하는 의미는 무엇일까?
인어를 믿나요? (제시카 러브)	줄리앙이 가진 인어의 꿈은 정말 이루어질 수 있을까?
	인어가 되고픈 줄리앙이 커튼과 화초로 꾸민 모습을 보고 할머니는 어떤 생각을 했을까?
	인어로 변신한 줄리앙을 할머니가 진주 목걸이를 주며 인어가 가득한 장소로 데리고 가는 모습에서 어떤 생각이 드나요?
밀어내라 (이상옥)	표류하는 펭귄은 밀려난 것일까? 밀어낸 것일까?
	내가 누군가를 밀어낸 경험이 있었다면 그 이유는?
	자기영역에 다른 펭귄을 받아들이지 않는 것이 잘못된 것일까?
	어른 펭귄들이 아기 펭귄들이 떨어져 간 사실을 알았을 때 어떤 생각을 할까?
앵그리맨 (그로 달레)	아빠 속 앵그리맨을 만든 것은 무엇일까? 우리 안에도 앵그리맨인 존재할까?
	앵그리맨이 지나간 후 엄마는 아빠에게 다가가 다친 손을 치료하고, 아이는 아빠를 꼭 안아줄 때 세 사람의 마음은 어떤 상태일까?
	아빠가 선물을 사 왔지만 아이는 아빠에게 선뜻 다가갈 수 없는 그 마음은 어떤 상태일까?
	아빠의 마음속에 숨어있는'앵그리맨'을 다룰 수 있도록 도와주는 임금님은 어떤 사람일까?
돌아오지 못한 아이들 (고정순)	피리 소리는 무엇을 의미하는 것일까?
	피리 부는 사나이는 누구일까?
	피리 부는 사나이가 표지에서는 아이의 모습인데, 본문에서는 어른의 모습으로 그려져 있는데 그 이유는 무엇일까?
	피리 소리를 막을 수 있는 근본적인 방법은 무엇일까?

돼지책 (앤서니 브라운)	표지 그림에서 피곳 부인 등 위에 피곳 씨와 두 아들이 업혀있는데 피곳 부인의 얼굴은 무표정이다. 그 이유는? 피곳 씨와 두 아들을 왜 '돼지'라는 동물로 표현했을까? 피곳 씨와 두 아들의 이름은 있으나 엄마는 피곳 부인으로만 언급되어 있다. 그 이유는? 우리 집의 돼지는 누구일까?
아나톨의 작은 냄비 (이자벨 카리에)	아나톨에게서 냄비는 무엇을 의미할까? 어느 날 갑자기 아나톨의 머리 위로 '냄비' 하나가 떨어졌을 때 그때 심정은 어땠을까? 나에게도 냄비가 있다면 무엇일까? 아나톨에게 냄비를 지닌 채 살아가는 방법을 알려준 사람은 어떤 사람일까?

모둠 토론 주제 학생 사례

사회적 소수자 인권 침해 사례 기사 탐색 및 문제 해결 방안 기록

모둠별로 선정된 그림책 독서 토론 후 그림책 내용과 유사한 사회적 소수자에 대한 편견과 차별에 대한 기사를 개인별로 탐색하였다. 기사 내용 속에서 사회적 소수자의 인권 침해 현황을 분석한 후 문제 해결 방안을 패들렛에 기록하였다. 기록한 내용을 바탕으로 개인 발표를 실시하였으며, 발표 시 교육실습생, 참관 희망 교사들을 초청하였다. 발표내용과 패들렛에 기록된 내용을 참고하여 학생과 참관한 선생님들이 잘한 점, 보완할 점, 궁금한 점 등을 기록하여 주었다.

1. 그림책: 돌아오지 못한 아이들(고정순)
2. 제목(주제): 취업 교육 가장한 노동 착취, 안전 사각 특성화고 현장실습
(특성화고 현장실습 환경 개선)
3. 출처(URL): https://m.segye.com/view/20211031508672
4. 내용: 전남 여수의 한 특성화고 학생이 현장실습 중 사망하면서 특성화고 현장실습이 도마 위에 올랐다. 당 초 취지와 달리 위험한 곳에서 단순노동

에 시달리는 경우가 많아 제도를 폐지해야 한다는 목소리도 높다. 하지만 학생들은 꼭 필요한 제도이니 안전한 현장실습 환경을 만들어달라고 요구하고 있다. 현재 선도기업과 참여기업에서 현장 실습생을 받고 있다. 참여기업의 경우 선도기업에 비해 관리 감독이 어려운 편이다

5. 문제점

① 전공에 맞지 않는 현장실습

② 현장실습 안전에 대한 관리 감독 부족

③ 현장 실습생에게 무리한 노동 요구

④ 학교 내 노동 교육 부족

⑤ 전체적인 노동환경 열악

6. 문제 해결 방안

① 학교에서 노동교육을 의무화한다. 현재 학교에서 노동교육을 실시하고 있기는 하지만, 실제 현장에서 그 지식을 잘 활용하여 학생들이 자신의 권익을 주장할 수 있도록 실용적인 정보 제공과 노동교육이 필요하다. 더 나아가 중·고 학교에서 인권 과목 수업을 개설을 해야한다.

② 선도기업의 수를 늘린다. 현재는 선도기업의 수가 참여기업의 숫자에 비해 매우 적다. 선도기업에 대해 우대 정책을 강화하고 적극적인 홍보로 다양한 분야의 선도기업의 수를 늘린다.

③ 현장실습기업 평가제도를 실시한다. 참여기업의 경우 노동환경에 대한 국가나 학교 차원에서의 체계적인 점검이 부족한 실정이다. 이를 보완하기 위해 현장실습 기업에 대해 학생이 직접 평가를 하고 이를 학교 측에 제공한다면, 노동환경에 대해 학교가 지속해서 관심을 기울이고 점검할 수 있는 계기가 될 것이다. 또한, 학생의 평가가 직접 반영되는 것이므로 현장감 있고, 신빙성 있는 자료로 활용될 수 있을 것이다.

④ 법률을 강화한다. 현장 사고 시 책임자 처벌을 강화한다. 당시 현장 책임자뿐만 아니라 해당 기업체의 경영진에 대한 처벌을 실시함으로써 기업 내부에서 자체적으로 실습 학생 및 일반 노동자들의 안전한 노동환경을 만들 수 있도록 한다.

7. 활동 소감 : 그림책과 연계한 사회문제 탐구(청소년 노동 착취 문제)

특성화고 현장실습 문제에 대해서는 이번 활동을 통해 처음 알게 되었다. 개인적으로는 내 또래의 친구들 일이라 더욱 마음이 아팠다. 현장실습 제도는 특성화고 학생들의 취업을 위해 꼭 필요한 제도여서, 안전 문제가 꾸준히 제기되고 있음에도 불구하고 폐지할 수 없는 실정이다. 안전한 현장실습 환경을 만드는 것이 무엇보다 중요한데, 많은 학생의 사고에도 불구하고 지금까지 달라진 것이 거의 없음을 알게 되었다. 특성화고 학생들이 노동자이자 미성년자로서 노동 현장에서 더 많은 불이익을 받는 것 같다. 취업 교육을 가장한 노동 착취이다. 현장실습생도 노동자로 인정해야 한다는 특성화고 학생들의 외침에 적극 동의한다. 그림책을 매개로 모둠원들과 생각을 공유함으로써, 그동안 청소년 노동에 대해 편협했던 내 생각을 확장할 수 있는 계기가 되었다.

패들렛 기록 내용 중

발표 및 동료평가

학생들은 패들렛에 기록된 자신의 발표 자료가 링크를 통해 사회문제 탐구를 선택한 4개 반 전체 학생과 참관한 선생님들에게 공유하였다. 초청한 청중 대상으로 공개적으로 발표함으로써 더욱 능동적으로 수업에 참여하는 모습을 보였다. 동료평가는 발표내용과 태도를 종합하여 우수한 점, 보

교사 초청 발표 수업 공개

완할 점, 궁금한 점을 기록하게 하였다. 동료평가는 자신의 성취 정도를 파악하고, 상호 간에 배움을 완성을 위해 점검하고 조언할 수 있는 장치가 되었다. 이후 동료평가에 대한 긍정적인 태도와 협조적이고 우호적인 수업 분위기가 조성되었다.

수업을 마치며

우당퉁탕 프로젝트 수업을 되돌아보며

그림책 활용 '인권감수성 키우기' 프로젝트 수업을 10차시로 마무리했다. 짧은 시간에 추진하다 보니 프로젝트 수업의 필수요소 7가지(도전적 질문, 지속적인 탐구, 실제성, 학생의 의사와 선택권, 성찰, 비평과 개선, 공개할 결과물 등)가 제대로 충족되지 못한 수업이었다. 수업 자료로 활용할 그림책 선정과 준비 과정도 미흡했다. 아동, 여성, 소수자, 이민자 및 난민, 죄수 및 구금자, 노동자, 노인, 장애인 등 다양한 인권 그림책을 확보하지 못했을 뿐만 아니라, 확보한 그림책 내용도 충분하게 숙지하지 못한 채 학생들에게 안내되었다.

하지만 누구나 쉽게 접근할 수 있는 그림책을 매개체로 학생 자신들의 삶과 직결된 '인권'에 대해 동료와 생각을 나눔으로써 인권에 대한 사고 확장과 인권감수성을 높이는 시간이 되었음을 학생들의 활동 소감을 통해서 알 수 있었다. 또한, 자신이 살아갈 세상에서 시 · 공간적 상황에 따라 자신 또한 사회적 소수자가 될 수 있음을 알게 되었다고 하였다. 일상생활에서 만나는 크고 작은 사건에 대해서도 인권적 사고가 필요하며, 사회적 약자 및 사회적 소수자들의 인권에 관해서도 관심을 두게 되었다고 하였다.

'인권감수성 키우기' 프로젝트 수업을 통해 인권은 일부 사회적 소수자들에게만 관련이 있는 것이 아니고, 사회적 지위나 자신이 처한 상황과 관계없이 나를 비롯한 누구에게나 일어날 수 있음을 인식하는 수업이었다. 인권 문제가 포함된 상황을 인권 관련 상황으로 지각하고 해석할 수 있고, 올바른 인권 안목을 가지고 자신의 권리를 주장할 수 있는 주체로 자각하는 민주 시민으로 성장에 조금이나마 도움이 되었을 것이라고 본다.

프로젝트 수업 이후 새롭게 진행된 자신의 진로와 연계한 '사회 문제 탐구 보고서' 활동은 모둠원 간의 활발한 상호 작용과 자신이 맡은 역할을 충실하게 수행하는 모습을 보였다. 그동안의 수업에서는 무기력한 학생과 무임승차로 인한 갈등으로 교사의 개입과 조정이 수시 이루어졌었다. 1학기 4개 반 수업을 종합적으로 평가해본다면, 교사는 수업 전·후 전달 사항은 'SNS 단톡방'을 통해 친절하게 안내하고, 수업 후 모둠장들과 함께 모둠 활동 및 학습 활동에 대한 점검을 통해 수업을 진행했다. 교사와 학생이 함께 진행한 수업이었다고 말할 수 있다.

앞으로 이 과목의 이 단원으로 다시 수업이 이루어진다면 타 교과 교사 간 협업을 통한 융합 수업으로 진행하고 싶다. 누구나 사람답게 살아가는 보편적 권리가 인권이다. 사회에서 누구나 이 보편적 권리를 누리면 살면 된다. '나'의 소중함을 알고, '너'의 소중함을 인정하며, 모두의 인권을 존중하는 가치관을 함양하는 완성도 높은 프로젝트 수업을 구현해 보겠다.

저자 소개

강미영
나의 수업이 학생들의 삶에 작은 도움이 되길 바란다. 교실 속에서 매일매일 조금씩 성장하는 교사가 될 수 있도록 노력하고 있다. 나무학교와 PBL센터는 나의 작은 움직임에 늘 동력이 되는 고마운 존재이다.

강은영
교실과 삶을 연결하고, 학교와 세상을 연결하는 수업을 꿈꾼다. 나와 만난 아이들이 각자 삶의 주인공으로서 행복을 찾는 경험을 하기를, 따뜻한 어른으로 성장하기를 바란다. 아이들의 삶이 행복해지도록 돕는다는 사명을 갖고 괜찮은 어른이 되기 위해 끊임없이 노력하는 사람, 나는 행복한 교사이다.

김선명
학생들이 찬란한 삶의 의미를 찾고 만들 수 있도록 철학적 지혜를 심어주는 도덕 · 윤리 수업을 지향한다. 교실 안에서 나와 학생들이 연결되어 함께 만들어 가는 배움이 이 세상이 변화하는 데 선한 영향력을 미치고 있다는 믿음을 가지고, 끊임없이 수업을 연구하며 실천하고 있다.

박준일
내가 다른 존재들과 연결되어 있음에 행복을 느낀다. 국어 교사로서 내가 만나는 학생들과 함께 개인의 성공을 목적으로 하는 바벨탑의 리터러시가 아닌 존재와 존재를 연결하는 다리의 리터러시를 추구하고 싶다. 내가 바라는 수업을 실천하기 위해 꾸준히 동료 선생님들과 협력하고 연대하고 있다.

백순우
교사는 전문성 향상을 넘어서 더 성숙한 사람이 되어 다른 사람들을 포용하고 연대할 힘이 있어야 한다고 생각한다. 나무학교와 PBL센터라는 터전에서 좋은 사람들과 함께 힘을 주고받으며 열린 마음을 가지고 학생들을 만나며 학교 현장을 즐겁게 경험할 수 있기를 바라고 있다.

서유리

완벽한 수업을 추구하지 않는다. 열심히 준비한 수업이 망해도, 학생들과의 관계에서 때로 상처받아도 '그럴 수 있지'의 마음으로 더 나은 수업을 준비한다. 내가 살아가며 경험하는 많은 일들이 수업에 녹아드는 것처럼, 함께 하는 수업 시간이 아이들의 삶에 의미 있게 녹아들기를 바란다.

송수현

단순히 전통적인 방식을 탈피한 새로운 형태의 수업만을 지향하지는 않는다. 다만 학생들이 내 수업을 통해 꾹 닫았던 입을 열고, 배움의 즐거움을 느끼고, 마음이 일렁이는 순간을 경험하기를 바란다. 더 나아가 수업이 세상으로 나아가는 학생들의 발걸음에 힘을 실어줄 수 있기를, 세상으로 나아갈 길을 터줄 수 있기를 소망한다.

안소현

학생들이 수업 시간을 통해 자신을 알아가고 미래를 준비하는 힘이 되는 기회가 되길 바란다. 수업을 통해서 얻는 경험들이 가치롭기를 바라며, 사회에 나가는 학생들을 위해서 유용한 경험들을 설계하고자 삶과 연결 짓는 교육을 하고자 노력하고 싶다.

오서현

학생들이 자신의 꿈을 잘 가꾸어가도록 지지하고 응원하는 마음으로 아이들을 바라보고 수업을 준비한다. 교사로서 교육적으로 의미 있고 가치로운 것이라면 배우고 가르치는데 드는 용기와 수고를 기꺼이 감내한다. 동료 선생님들의 지지와 집단지성의 힘에 기대어 변화와 성장을 위한 새로운 일에도 과감히 도전한다. 동료 선생님들과 협력하며 교직의 길을 보람되고 즐겁고 걸어가고 있다.

유희수

학생주도성이 드러나는 수업이 되도록 임파워링을 잘하는 교사가 되고 싶다. 학생과 내가 함께 만들어 가는 수업을 통해 학생의 삶 어디쯤에서 꺼내 쓸 수 있는 에너지로 충전되기를 기대한다. 관계의 부족함을 채우는 지혜를 교사 공동체에서 얻어가고 있다. 감사하다.

이예솔

의미있는 배움과 소통이 일어나는 수업을 꿈꾼다. 교실 속 수업이 학생들의 삶, 나아가 세상과 연결되길 바라며 그 과정에서 학생들 각자가 주체적으로 생각하고 행동하는 어른으로 자라길 기대한다. 교사로서 꾸준히 성장하는 것을 목표로 나무학교와 PBL센터에서 활동하고 있으며 동료 선생님들과 함께 고민하고 연대하는 것에 큰 기쁨을 느낀다.

이지근

입시만을 위한 수학 수업이 아닌 급변하는 시대를 현명하게 살아갈 수 있는 힘을 길러주는 수학 수업을 지향한다. 작은 성공 경험으로 시작하여 학생들의 수학에 대한 부정적인 인식을 긍정적으로 변화시키고, 일정한 틀에 맞춘 교과서 속 실생활 문제에서 벗어난 실제 문제를 해결하는 실마리를 찾는 과정을 학생들이 직접 경험할 수 있게 만들고 싶다.

정윤희

학생 안에 숨겨진 의욕 스위치를 찾기 위해 다양한 수업을 시도해보며 학생들과 함께 성장 중이다. 학생 개개인의 독특한 학습 스타일과 관심을 고려하여 수업을 진행하고, 숨겨진 의욕을 찾아내는 데 주력하고 있다. 수업 중 수업 주제에 흥미를 느껴 반짝반짝 눈을 빛내며 몰입하는 학생들과 눈을 마주치는 것이 나에게는 가장 큰 보람이자 보상이다.

조나경

우리 학생들이 불신과 불의가 아닌, 믿음과 정의가 있는 세상에서 살아가길 바란다. 학생들이 내 수업을 통해서 타인을 보듬을 수 있는 다정함과 문제에 맞서고 이를 해결할 수 있는 용기를 배웠으면 좋겠다. 세상에 기여하는 수업을 하기 위해 노력 중이다. 그러는 과정에서 나 역시도 학생들과 함께 성장하고 있다.

조미경

급변하는 교육과정에 대한 적응과 배움 중심 수업에 대한 갈망으로 늘 허기져 있던 시기에 '배움의 숲 나무학교' 선생님들을 만나서 의미 있는 교육 경험과 교사로서의 삶을 온전하게 응원받고 있다. 프로젝트 수업을 지향하며 협력적으로 문제를 탐구하고 실천을 통해 학생과 교사의 변화와 성장을 도모한다. 늘 새로운 배움과 수업의 변화를 위한 도전을 즐기고 있다.

조원행

학생들이 자기주도성을 가진 배움의 주체로 성장하여 각자의 빛깔로 빛나길 바란다. 협업의 과정을 통해 서로 소통하고 격려하며 지식을 넘어 인간에 대한 이해와 사랑을 실천하는 교실을 만들어 가고자 지금 여기서 최선을 다하고 있다. 늘 학생들과 함께 배우고 새로운 도전을 두려워하지 않는다.